LE
CUISINIER
DURAND.

Tout Exemplaire qui ne sera pas revêtu de ma Signature sera réputé contrefait, et tout Contrefacteur poursuivi selon la rigueur des lois.

CDurand

LE
CUISINIER
DURAND.

NÎMES,
IMPRIMERIE DE P. DURAND-BELLE.

1830.

PRÉFACE.

Si le mérite intrinsèque des choses frappait plus notre imagination que les illusions où elle se complait, tout ce qu'il y a de positif, de simple et de vrai, attirerait le talent des écrivains, et les charmes du style ne consisteraient que dans l'exposition la plus naïve des faits. Ainsi se montrent les sciences exactes; elles sont sans réthorique; ainsi doit être la cuisine, science exacte s'il en fut une; aussi les brillans écrivains ont-ils dédaigné de consacrer leur plume à la description de cet art. La pensée veut errer, créer, transformer, se contredire même, et ici le champ, quoique vaste, est tellement compassé, que l'esprit, obligé d'en mesurer lentement tout l'espace, doit se contenter de la vérité toute nue.

Il est résulté, dis-je, de cette exactitude obligée, un mépris universel pour l'art, et quoique chacun soit convaincu de son importance, on tient à honneur d'en ignorer jusqu'aux moindres élémens; cette injustice ne peut durer: aujourd'hui que les idées positives s'étendent et prennent à leur tour de l'empire, comme les rêves de l'imagination, chaque chose appréciée à sa juste valeur va ramener sur l'art culinaire la portion de gloire qui lui est due.

Mais, dira-t-on, la poésie ne s'est-elle pas exercée sur la cuisine? Il est vrai, on l'a chantée; mais comment? N'a-t-elle pas été plutôt un objet de dérision, le sujet d'une boutade poétique, le but d'un trait malin, que le vrai fond d'un écrit scientifique? A peine si l'histoire s'est occupée d'elle; il est même à remarquer que tel écrivain qui recherche avec curiosité l'état de la cuisine chez les anciens, se fait un point d'honneur d'ignorer celle de son siècle, de son pays, de sa maison même.

Quoique les hommes n'en soient pas venus encore au

point de considérer toutes les choses sous leur véritable jour; quoique la faiblesse de l'esprit exige des images, des pensées, de l'éloquence; quoique la vérité, même celle qui flatte le goût, ne puisse encore se faire admettre comme de bonne compagnie, allez dire à l'homme du monde, qui vous a fêté, que sa table a été mal servie, il rougira de dépit et de honte; qu'un prince arrive, toutes les autorités seront aux genoux d'un cuisinier; qu'un vieil ami vous soit rendu, le moment de l'intimité, celui du plus doux épanchement, sera dû au cuisinier. Le cuisinier est l'homme nécessaire, indispensable, absolu; pourquoi donc n'a-t-il pas obtenu jusqu'à présent la considération qu'il mérite?

Nous avons deux cuisines en France, celle du nord et celle du midi. Les ouvrages qui ont été publiés jusques à ce jour ne traitent guère que de la première. Le midi attend un ouvrage: il paraît enfin; mais loin de se restreindre aux nécessités locales, il s'étend, au contraire, à celles des autres pays, de sorte que le nord pourra également en profiter. Ce premier avantage est immense; il rend le livre européen.

Il ne s'agit point ici d'une collection de mets empruntés à divers cuisiniers qui jettent à la tête d'un lettré ignorant des renseignemens vagues que celui-ci arrange comme il peut. Ici, l'homme lui-même dépose sur le papier le fruit de cinquante ans d'expériences et d'observations toutes dirigées vers le but d'une publicité vraiment patriotique; chaque article est le superlatif de cent essais que le goût le plus fin et le plus exercé a classé et fait éprouver par les gourmets. Tout a été fait avec cette conscience de perfectionnement qui, seule, peut faire arriver les produits de l'art à ce juste point, à cette précision pure, imperceptible, qui constitue le *nec plus ultra* du bien. Soyez donc d'une exactitude d'exécution absolument rigoureuse, vous qui voulez tirer parti de cet ouvrage ; l'ordre dans lequel une recette est écrite, est aussi l'ordre qui doit en assurer le meilleur résultat.

Il ne s'agit point ici non plus de ces apprêts qui flattent le goût aux dépens de la santé ; tout y est calculé de façon à satisfaire la sensualité la plus exquise, et à renforcer le tempérament le plus délicat.

Parmi les défauts du livre, celui du style, sans doute, est le plus frappant ; mais nous n'avons pas cru devoir sacrifier aux grâces, dans un ouvrage où la précision, le poids et la mesure font tout ; plus de dignité eût peut-être encore fait rire les uns, et aurait fait perdre aux autres le fil qui peut les conduire. Ce livre ne sera guère lu tout d'une haleine ; ce n'est point l'écrivain que l'on consultera, mais le cuisinier ; or, plus le premier a sacrifié au second, plus le livre, croyons-nous, sera vraiment utile.

Il a été conçu dans l'ordre le plus simple et qui doit, ce nous semble, entraîner le moins de confusion. Une série de numéros court du premier article au dernier. Les potages, les sauces mères, les farces, les cuissons, les viandes, les gibiers, la pâtisserie, la douceur, le poisson et le jardinage forment dix chapitres principaux, et chaque fois qu'une répétition devrait avoir lieu, pour l'apprêt du moment, le simple numéro des recettes nécessaires, se trouve exprimé dans l'article. Si, par cas même, une nouvelle combinaison qui doit avoir lieu, ressemble à une combinaison connue, le numéro de cette dernière est aussi rappelé, afin que l'analogie de l'une serve de guide pour l'autre. Que l'on ne s'effraie donc point si, au sujet d'une recette désignée, on trouve un numéro qui se rapporte à un article autrement intitulé ; on doit faire, sans s'inquiéter de cette apparente différence.

Des articles supplémentaires ont été ajoutés à la fin et entièrement hors de leur place naturelle ; c'était un inconvénient presque inévitable dans la composition d'un ouvrage qui, n'étant calqué sur aucun autre et sortant tout entier d'une seule tête, a dû nécessairement éprouver quelques oublis ; l'empressement de nos concitoyens acharnés à réclamer cette publication tant promise, et qui en a un peu précipité la confection, est encore une cause des petites irrégularités que l'on pourra trouver.

Quelques lignes de dictionnaire nous ont paru d'une nécessité absolue : tout le monde ne connaît pas les termes de cuisine, et tous les cuisiniers ne possèdent pas entièrement le Français.

Une table, à la fin de l'ouvrage, détermine, par des lettres en regard de chaque numéro, la nature des mets, potage, relevé, entrée, rôti, hors-d'œuvre, etc...., et la carte de quelques menus, immédiatement après, fait voir la place que chaque objet doit occuper dans un service.

Sans doute l'ouvrage pourrait être bien plus complet, mais ce n'est point tout le talent de notre auteur que nous publions ici, c'est la collection des mets qui doivent suffire à d'excellentes tables, comme à des tables bourgeoises. L'échelle parcourue, et qui s'étend depuis l'eau bouillie et les escargots, jusques aux mets les plus délicats, est assez vaste, quoique incomplète, pour suffire à tous les besoins. Le charlatanisme, qui se mêle de tout, aurait pu être employé avec succès dans ce livre et donner une importance excessive à des bagatelles ; mais ce ne sont point là les principes de Durand ; tout ce qui est nécessaire, sauf quelques oublis, se trouve contenu dans ce livre. Quant aux métamorphoses, elles sont infinies et toutes du goût de l'ouvrier ; un nom ne fait pas un ragoût ; une disposition nouvelle n'en change pas le mérite, elle ne fait que le déguiser. Ainsi donc les petites observations qui se trouvent à la fin de beaucoup de recettes, doivent être prises en considération ; elles donnent la clef de bien des transformations qui, au fait, ne sont pas des apprêts ; mais ces observations surtout doivent être lues parce qu'elles indiquent souvent la manière la plus économique d'opérer le même résultat. Attentif à toutes les fortunes, notre auteur a su dire à propos si le consommé, le jus, le bouillon, ou la simple eau bouillante pouvait suffire à l'apprêt ; l'économie, ce véritable, ce premier bien de nos jours, a été sévèrement consultée dans tout ce que nous avons écrit, et le cuisinier qui saura la remarquer dans les recettes qu'il va lire, trouvera une grande diminution dans ses dépenses au bout de l'année.

Qu'il nous soit permis maintenant de dire quelques mots sur l'auteur des recettes que nous offrons au public.

Durand, né à Alais, du Gard, en 1766, se sentit de si bonne heure des dispositions pour l'art culinaire, que le premier acte de sa jeune raison fut de rendre grâce à Dieu de ce qu'il l'avait fait naître assez pauvre pour le contraindre à suivre l'état de son père ; dès l'âge de dix ans il s'empressa de faire l'ordinaire de sa propre maison, et se livra à toutes les inspirations de son génie.

Dans sa treizième année, il entra au service de l'Évêque d'Alais où un excellent chef de cuisine, nommé Barry, lui donna l'essor et le plaça ensuite chez M. le Marquis de Cassagnoles. Notre jeune enthousiaste ne trouvant pas d'assez grands travaux dans cette maison, la quitta malgré les efforts de son maître pour le retenir, et vint à Nîmes où il entra dans les cuisines de l'Évêque M. de Ballore ; ce prélat lui témoigna beaucoup d'intérêt et lui facilita les moyens de travailler, lors des états de Languedoc, dans les meilleures maisons de Montpellier ; la première année, 1784, il fut employé à la cuisine de l'intendance ; en 1785, au gouvernement, chez M. le comte de Périgord ; en 1786, chez Monseigneur l'Archevêque de Narbonne, et, en 1787, chez M. de Joubert, trésorier des états. Les hommes les plus renommés dans la cuisine se rendaient, à cette époque, de Paris à Montpellier, et le jeune Durand les étonnait tous par ses heureuses dispositions et l'amour extrême de son art.

Dans les longs intervalles de liberté que laissaient à notre auteur les voyages de M. de Ballore à Paris, voyages pendant lesquels Durand demeurait investi de la confiance entière de son maître, il quitta Nîmes et fut servir chez le fameux bailli de Suffren, amiral de France, à l'époque où ce seigneur mariait son neveu à M.lle la vicomtesse d'Alais. Là, le désir de s'embarquer lui vint à l'esprit, et il crut devoir se rendre à Marseille où deux traiteurs, renommés alors, Fille et Simon, l'engagèrent à les seconder jusques au moment où il s'embarquerait.

L'Hôtel Bauveau s'ouvrit, et Durand y fut le premier chef de cuisine ; vers le même temps, le nommé Nicolas Rodeiron, l'un des meilleurs chefs de la cuisine provençale, eut, avec deux autres hommes de talens, l'entreprise de plusieurs grands repas que M. Albert de Rilhon donnait, à Toulon, pour la fête de la St-Louis ; notre auteur fut appelé par eux et alla se signaler dans cette ville.

Toujours désireux de s'embarquer, et craignant que M. de Rilhon, par attachement pour lui, n'usât de son crédit pour l'empêcher de se mettre à bord ; Durand quitta Toulon pour revenir à Marseille ; là, il reçut du marquis de Montmoirac, d'Alais, des lettres où étaient des offres si engageantes qu'il ne put se refuser à aller servir dans cette noble maison ; il retourna donc dans les Cevennes, et entra à l'office du Marquis de qui la table acquit alors la plus haute réputation.

Mais le désir de s'embarquer poursuivait toujours notre cuisinier, et une lettre de son ami Rodeiron qui lui offrait d'aller travailler avec lui dans les cuisines du Grand-Maître de Malte, vint encore augmenter ce désir ; d'un autre côté il fut vivement pressé pour aller, de compte à demi, avec un homme recommandable, diriger les cuisines du roi d'Espagne ; il flottait indécis sur le choix qu'il devait faire, lorsque le marquis de Montmoirac, instruit de ses projets et de ses hésitations, fit tous ses efforts pour le retenir, et lui promit, entre autres avantages, une pension à vie qu'il devait lui assurer par testament.

Le désir d'expatriation fut éteint, et Durand demeura chez son maître jusques en 1790, époque où il exerça à Alais comme restaurateur ; ce fut alors que les offres les plus avantageuses lui arrivèrent de Marseille, de Lyon, de plusieurs autres grandes villes, et même de Paris. De cette capitale surtout, lui furent proposés les bénéfices les plus positifs ; dans une association considérable on ne lui demandait que l'œuvre de son talent, lui garantissant une forte portion dans les bénéfices, et le mettant à l'abri de toutes les pertes ; deux ou trois années d'établissement, en garçon, à Paris, devaient assurer à notre auteur une carrière brillante et lucrative ; il donna parole, mais, au moment de partir, les amis, les parens, la femme et les enfans, car notre auteur s'était marié, s'opposèrent à sa résolution. Aimé, admiré dans sa province, assuré d'y acquérir de la fortune, que voulait-il aller faire à Paris ? Il céda, et le fameux Audibal, son compatriote, établi alors à Nîmes, lui ayant proposé de lui remettre son fonds, il se décida pour ce dernier parti, et vint dans cette ville pour remplacer un homme dont la réputation était colossale.

Les accords de cession n'étant pas déterminés d'une manière absolument incontestable, Audibal qui avait promis de rester inactif, se remit cependant au travail, et les deux amis devinrent deux rivaux. Il serait impossible de détailler tout ce que cette lutte développa de talens dans chacun d'eux. Notre auteur produisit alors sa pâte Durand qui fit crouler la pâtisserie d'Audibal. Ce dernier, moins entendu dans la direction générale d'un repas, que dans l'apprêt particulier de chaque met, ne put rivaliser avec lui pour le goût que celui-ci possédait au plus haut degré et qui s'étendait depuis l'apprêt jusques au moindre détail de coup d'œil. Audibal fut contraint de se retirer à Alais, et Durand, resté seul à Nîmes, fit oublier, par un talent toujours brillant, toujours nouveau, le mérite de son prédécesseur.

A l'époque où le maréchal Mortier se rendit à Nîmes, Durand fut chargé de sa cuisine qui devait fournir, tous les jours, à une table de soixante et dix couverts.

Lorsque le comte d'Artois, S. M. Charles X aujourd'hui, vint à Nîmes, Durand fut également chargé de sa cuisine, et la satisfaction du Prince ne fut point équivoque.

Enfin, le passage de Leurs Majestés Siciliennes a, dernièrement encore, fourni à notre auteur le moyen de se distinguer. Les éloges que le Roi lui a fait adresser par l'organe du Préfet ont été comme le complément de satisfaction que son rare talent devait obtenir.

Le nom de Durand est si répandu aujourd'hui que, dans la cession que notre auteur a faite du restaurant qu'il avait établi à Nîmes, dans l'Hôtel du Midi, l'autorisation de laisser ce nom sur la porte d'entrée de l'hôtel, a été regardée comme la plus sure garantie de réussite.

On voit, par le rapide exposé que nous venons de faire, combien l'homme dont nous publions l'ouvrage a été constamment appliqué au perfectionnement de son art. Ses désirs d'amélioration s'étendaient jusques aux scrupules les plus consciencieux. Dès le plus bas âge, il se priva de tout ce qui pouvait altérer en lui la finesse du goût; jamais liqueurs fortes ni vins capiteux n'approchèrent de ses lèvres; jamais le tabac ne put le tenter. Persuadé que l'art culinaire exige la délicatesse d'un palais toujours neuf, il s'est privé même des produits de sa propre cuisine; les mets les plus simples ont été sa constante nourriture; par là, il s'est constitué juste appréciateur de ses produits, et auteur sans préventions.

Mais cette pureté d'exécution n'a point nui à son éducation directrice; jamais tête n'a mieux connu à la fois et les ensembles et les détails; jamais homme n'a mieux entendu l'ordonnance et le service ; tandis que tous les friands de Nîmes rendent journellement justice à son double talent, Lyon, Bordeaux, Marseille, Paris, Amsterdam, Londres, Constantinople même, l'accablent de demandes, et sa pâtisserie est devenue européenne.

S'il peut, par la publication de cet ouvrage, faciliter à ses concitoyens et à ses compatriotes l'entente et l'exercice d'un art qui, depuis la révolution, semble ne plus avoir cet aliment que lui procuraient les grandes maisons ; s'il peut appeler sur ses collègues une considération si justement due et encore si peu acquise ; s'il peut procurer, à peu de frais, aux jeunes gens l'instruction qui leur est nécessaire, et faire naître en eux cet enthousiasme qui seul amène des résultats remarquables, il s'estimera heureux, et verra s'accomplir vers la fin de sa carrière le plus ardent de ses vœux.

PETIT POÈME

Composé pour l'éloge de DURAND, *premier Traiteur de Nîmes, et inséré au* Journal du Gard, *le 5 janvier 1810. Ce sujet, mis au concours, fut chanté par beaucoup de gens à talent ; le petit comité, choisi pour juger les divers morceaux, donna la palme au suivant :*

De tous les animaux le plus gourmand c'est l'homme ;
Et dans les jours brillans de la Grèce et de Rome,
A l'ombre des autels de Mars dévastateur,
On savait rendre hommage à l'art conservateur
Qui prépare les dons que nous fait la nature,
Au grand art d'engraisser le troupeau d'Épicure !

Nîmes, fille de Rome, aspire à l'imiter.
Pour ses gourmands fameux, c'est peu de se vanter
Et du Cirque et du Temple, orgueil de ses murailles ;
Ce Cirque fut témoin de cent tristes batailles.
Ils veulent rappeler un plus doux souvenir ;
Ils dispensent la gloire en cherchant le plaisir,

Et leur reconnaissance habile, généreuse,
Offre une récompense utile, savoureuse,
A celui dont la Muse aura le mieux chanté
Le mortel qui de tous a le mieux mérité.

Ma Muse, prends ton vol au haut de l'Empirée ;
Que ta voix, du sommet de la voûte azurée,
Remplisse l'Univers de ses sons éclatans,
Et me prête aujourd'hui ses plus nobles accens :
Dans un si grand projet, si je perdais haleine,
Le nectar de Bordeaux réchaufferait ma veine !

Maîtrisant, sans efforts, des élémens rivaux,
DURAND, tranquille et fier entre seize fourneaux,
A ses nombreux suppôts souffle, à son gré, son âme,
Voit tout d'un seul regard : au sein de cette flamme,
Qu'il nourrit avec l'air qu'un tube a comprimé,
De cent sucs différens un seul suc est formé :
Puisssante, industrieuse et sublime chimie,
Où l'humide élément, qu'avec économie,
Vers une main discrète, habile à prévoir tout,
Vient lier tout les corps, sans altérer leur goût !
Amalgames savans, combinaisons profondes,
Par où l'art, mariant les trésors des deux mondes,
Et flattant tous les goûts par la variété,
Sait reculer l'instant de la satiété !
Art charmant, qui doit être interdit au profane,
Art qu'adore Grimod, si Zénon le condamne,
Art où DURAND, doué d'un talent créateur,
A conquis le renom de Génie inventeur !

Mais par ses actions DURAND même se loue.
D'embarras ennemis sachez comme il se joue :
Demandez à dîner ; commandez cent couverts ;
Suscitez près de lui mille obstacles divers ;
Rapprochez le moment ; éloignez la distance,

Et créez la disette au sein de l'abondance ;
D'accidens imprévus qu'il soit environné :
Soucis oisifs ! Durand n'est pas même étonné !
Seul avec son génie, il vaincra la nature ;
De cent ragoûts nouveaux l'attrayante figure
Viendra vous éblouir, vous charmer, plaire à tous,
Et vous aurez en vain conspiré contre vous :
Tant il plane, d'en haut, sur l'art alimentaire,
Et descend, pour atteindre, ainsi que l'aigle altière ;
Quand l'artiste vulgaire au labeur assidu,
Gravissant lentement, le contemple éperdu !

Dirai-je de ses mets la savante imposture,
Et de ses entremets la brillante structure ;
Comme, avant le palais, il contente les yeux,
Et comme il étendit cet art ingénieux
D'allumer l'appétit, de service en service,
Par l'emploi raisonné de plus ou moins d'épice !
Mais si, dans les repas dont Durand est l'auteur,
Le plus grand, le plus long, est toujours le meilleur,
Il n'en est pas ainsi d'un auteur qu'on doit lire ;
Le secret d'ennuyer est celui de tout dire.

J'espère que, pour prix de ce lyrique encens,
Je pourrai, dans ces lieux passer quelques printemps,
Aimer Durand, le voir et le goûter sans cesse :
Mais si cette pensée, aimable, enchanteresse,
N'est qu'un rêve trompeur, et si j'étais jeté
Delà la mer d'Atlas, du sort persécuté ;
Que du même ouragan, bien loin de sa patrie,
Mon Héros fût porté jusqu'au fond de l'Asie,
Je garderais mes goûts a l'abri des revers ;
Je chanterais Durand, au bout de l'Univers ;
Et qu'un seul jour plus beau vînt pour moi luire encore,
J'irais chercher Durand au-delà du Bosphore !

LE CUISINIER DURAND.

BOUILLONS ET POTAGES.

N.° 1. *Bouillon gras.*

ÉCHAUDEZ la viande pour la bien laver, et mettez-la dans le pot plein d'eau ; quand elle bouillonne, ajoutez un verre d'eau fraîche pour faire monter l'écume ; cela s'appelle rafraîchir le pot. Écumez-le bien et jetez-y un bouquet fait de la manière suivante : Fendez une carotte par le milieu sur toute sa longueur, mettez entre les portions un porreau, une tige de céleri, un cœur de laitue et quelque peu de cerfeuil, et liez le tout ensemble ; ajoutez un oignon piqué d'un ou de deux gérofles, et un faible morceau de petit salé ou de lard. Ceci ôte au bouillon le goût de viande fraîche.

Faites bouillir doucement, et si vous êtes obligé d'allonger votre pot, n'y mettez que de l'eau bouillante, jamais d'eau froide.

Le bouillon se fait dans un pot de terre ou dans une marmite de cuivre étamé. Dans les petites cuisines, le premier est préférable parce qu'il se manie plus aisément et se place au feu de la cheminée. Je conseille de se servir d'un pot ou d'une marmite dont la capacité soit d'environ une pinte d'eau pour une livre de viande.

Si l'on se sert d'une marmite, il faut la faire partir sur le fourneau, et continuer ensuite la cuisson en la présentant au feu, par côté, soit à la cheminée, soit au fourneau même.

Si vous faites le bouillon avec du bœuf, demandez de préférence la culotte ou le gruineau.

Si vous vous servez de mouton, prenez la sellette : c'est, dans le mouton, ce qu'est la culotte dans le bœuf. On fait aussi quelquefois du bouillon rafraîchissant avec le cou.

Règle générale : La viande dont vous voulez vous servir pour le bouillon ne doit pas être mortifiée ; elle aurait perdu une partie de son suc.

N.º 2. *Bon Bouillon et Volaille au gros sel.*

Mettez à cuire comme pour le précédent, mais du bœuf ; toujours la culotte de préférence. Après avoir écumé et assaisonné, faites bouillir à petit feu. Deux heures plus tard, ajoutez un bout de gigue de mouton, un morceau de jarret de veau, une vieille poule, les cuisses troussées en dedans et bardée de lard ficellé ; si la poule est plutôt cuite, ôtez-la et vous la réchaufferez dans le bouillon. Avant de servir, ôtez le lard et la ficelle, mettez trois grains de sel sur l'estomac, trois cuillerées à bouche de bouillon bien dégraissé, et présentez-la sur un plat, comme hors d'œuvre.

N.° 3. *Bouillon de Poisson.*

Mettez dans une casserole toute sorte de Poissons. Les meilleurs sont : la Rascasse, la Moraine, le St-Pierre, le Pagel, le Loup et le Merlan. Faites bouillir en les couvrant d'eau, et assaisonnez avec un oignon, une carotte coupée à tranches, du céleri, un cœur de laitue, du cerfeuil, du persil, une demi-feuille de laurier, deux clous de gérofle, un peu d'excellente huile ou de beurre, du sel, et un ail si vous ne le craignez pas. Après une bonne cuisson, passez au tamis ; ce bouillon sert pour vos potages et vos sauces blanches de poissons.

Observation.

On peut faire ce bouillon d'une manière économique avec les têtes et les arêtes seulement.

N.° 4. *Bouillon maigre.*

Mettez au pot ou dans la marmite, de petits pois secs et de l'eau, du sel, un bouquet et un oignon piqué (Voy. n.° 1.); faites cuire et passez votre bouillon au tamis, un instant avant que les pois tombent en purée. Comme ce bouillon est destiné à mouiller les jus maigres, il faut qu'il demeure un peu clair.

N.° 5. *Consommé.*

Videz et flambez deux vieilles poules ou un vieux dinde dont vous trousserez les pattes en dedans ; mettez-les dans une marmite avec un jarret de veau, des parures, des abatis, des carcasses de volailles et deux ou trois pieds de veau désossés, dont vous aurez coupé les batillons ; mouillez le tout avec du bouillon qui ne soit pas trop salé, ou bien avec de l'eau chaude ; écumez ; ajoutez un bouquet (Voy. n.° 1) ; couvrez et faites bouillir par côté, à petit feu, jusqu'à ce que la viande soit bien cuite ; ensuite vous le passerez au tamis.

N. B. *Consommé.*

On peut le faire économiquement avec des parures, des carcasses et des abatis de volaille, un jarret et des pieds de veau ; mouiller avec du bouillon ou de l'eau chaude.

N.° 6. *Blond de Veau*

Placez au fond d'une casserole une barde de lard sur laquelle vous poserez des tranches de veau, une carotte et un oignon ; mettez sur le feu, en ajoutant une cuillerée à pot de bouillon ; quand il commencera de se réduire, transposez votre casserole sur un feu plus doux, pour que la viande ait le temps de suer et de faire une bonne glace. Veillez à ce qu'elle ne se brûle pas en s'attachant à la casserole ; mouillez-la avec du bouillon ; faites cuire doucement, et à petit feu, sur l'angle du fourneau ; écumez, et quand la viande est cuite, passez-la au tamis.

N.º 7. *Potage au Restaurant.*

Faites bouillir un instant du consommé dans une casserole et joignez-y un peu de glace d'entrée piquée (Voy. n.º 177), ou tablette.

N.º 8. *Croûte au pot.*

Mettez, dans une terrine, de la croûte de pain bien colorée, jetez-y quelque peu de bouillon un peu gras et faites mijoter sur un feu doux. Lorsque votre croûte sera assez gratinée, ajoutez un peu plus de bouillon, et servez après avoir bien dégraissé.

N.º 9. *Croûte, Gratin au consommé.*

Passez des croûtes de pain au four et mettez-les un moment dans le pot ; placez-les ensuite dans une terrine et faites-les gratiner à petit feu, en y mêlant un peu de bouillon graisseux ; après vous égoutterez cette graisse, verserez sur les croûtes du consommé ou du bouillon et servirez dans la même terrine.

N.º 10. *Julienne.*

Coupez à filets, dans une petite casserole, une carotte, un navet, un porreau et un oignon ; ajoutez un peu de graisse de votre pot ; faites roussir en remuant de temps en temps avec une cuiller de bois : ayez ensuite de la laitue, du cerfeuil, de l'oseille, du céleri ; lavez-les, donnez-leur quelques coups de couteau et passez-les avec vos racines. Vous pouvez, dans la saison, y joindre quelques grains de fèves ou de pois verts.

Après avoir passé le tout, un instant, mouillez avec du bouillon et faites bouillir, soit dans votre casserole, soit dans un petit pot ; trempez ensuite avec du bouillon bien dégraissé.

Lorsque les carottes sont fortes, il faut les faire blanchir avant de les utiliser.

N.° 11. *Potage aux Raves.*

Pelez vos raves, coupez-les en forme de pierre à fusil, faites-les blanchir à l'eau bouillante pendant six à sept minutes, jetez-les au passoir et puis dans une petite marmite ou dans un pot aux trois quarts plein, mêlez-y un peu de graisse de votre bouillon et un léger morceau de petit salé ou de porc frais.

Faites roussir en entourant le pot de cendres rouges, et en faisant sauter de temps en temps ; mouillez ensuite avec du bouillon, et, après cuisson, trempez votre potage à l'ordinaire, ayant soin de dégraisser le bouillon que vous versez le premier.

N.° 12. *Potage à la Savoyarde.*

Mettez quelques croûtes de pain dans votre pot ou votre marmite, et laissez-les quatre minutes ; placez-les ensuite dans une terrine sur le feu ; rapez sur le pain du fromage de parmésan ou de gruyère ; faites gratiner un peu, à l'aide d'un feu modéré, et versez dessus un bouillon de raves, comme le précédent.

N.° 13. *Potage aux Navets.*

Coupez des navets que vous ferez blanchir à l'eau pendant dix minutes ; vous les mettez ensuite dans un pot plein aux trois quarts, en y joignant un peu du dégraissis de votre pot ; entourez de cendres rouges, et faites roussir en faisant sauter de temps en temps ; vous améliorerez votre potage si vous y joignez un peu de petit salé ou une couenne de porc frais ; mouillez avec du bouillon de votre pot au feu, et, après la cuisson, dégraissez, ôtez le petit salé, et versez à l'ordinaire.

N.° 14. *Potage aux Choux.*

Nettoyez et lavez vos choux ; faites les blanchir pendant dix minutes à l'eau bouillante ; égouttez-les et placez-les dans un pot avec un léger morceau de petit salé ; mouillez-les avec du bouillon, et jetez-y, si vous voulez, un peu de jus pour les colorer ; faites cuire à petit feu, et trempez à l'ordinaire, versant vos choux dessus, après les avoir dégraissés et avoir enlevé le petit salé.

Observation.

Beaucoup de cuisiniers ont l'habitude de brûler du sucre dans leurs potages pour les colorer ; rien n'est plus mal vu ; il coûte si peu de faire suer un petit morceau de viande ; de la prendre au bout d'une fourchette lorsqu'elle est tombée en glace ; de ramasser cette glace en tournant la viande tout autour de la casserole, et de jeter le tout dans la garniture du potage qui en reçoit meilleure couleur et meilleur goût,

N.° 15. *Garbure aux Choux.*

Lavez bien vos choux ; émincez-les un peu gros et mettez-les dans une casserole avec un peu de graisse d'oie ou de canard confit ; placez votre casserole sur le feu, et faites roussir, en ayant soin de tourner de temps en temps, avec une cuiller de bois.

Transposez ensuite vos choux dans un pot ou une petite marmite ; ajoutez-y une cuisse d'oie, à défaut, un morceau de jambon ou de petit salé ; mouillez le tout avec du bouillon doux de sel, et faites cuire à petit feu ; lorsque les choux seront cuits, coupez votre pain (du pain bis, de rigueur) de la manière suivante : ayez une ou deux bonnes tranches de pain d'un pouce d'épaisseur ; émincez-les alors en travers et en biais, comme si vous coupiez du saucisson. Vous mettrez dans votre terrine une couche de ce pain et une couche de choux, alternativement et successivement en finissant par ceux-ci ; mouillez le potage bien court, en mettant la graisse au-dessus, et faites gratiner à petit feu, en ajoutant un peu de bouillon.

Il faut, lorsque vous servirez votre garbure, qu'il n'y ait plus de bouillon ; égouttez la graisse et offrez à part, de votre même bouillon, dans une terrine, pour ceux qui désireraient détremper le potage.

Observation.

Nous n'entrerons point dans le détail de toutes les garbures ; on peut en faire avec toutes sortes de légumes ; c'est toujours le même procédé.

N.° 16. *Potage aux petits Oignons.*

Pelez de petits oignons, ceux des Cevennes de préférence ; mettez-les dans un pot ou dans une casserole ; jetez-y une ou deux cuillerées à bouche de dégraissis de votre bouillon, et faites roussir à petit feu, en faisant sauter de temps à autre. Lorsque vos oignons seront colorés, mouillez-les avec du bouillon ; hachez-y deux feuilles blanches de céleri et un peu de cerfeuil ; faites cuire à petit feu, et trempez à l'ordinaire, votre bouillon d'abord, vos oignons ensuite, après avoir bien dégraissé le tout.

N.° 17. *Potage de poisson dit Bourride.*

Ce potage doit être bien lié avec des œufs ; pour cela faire, délayez-en les jaunes avec du bouillon de poisson (Voy. n.° 3.) ; mettez sur un feu doux, et tournez avec une cuiller de bois, comme pour une crème ; lorsque cette liaison commence à s'épaissir ôtez-la du feu, et tournez toujours.

Ayez du pain blanc ; coupez-le dans une terrine, mais carré et un peu gros, la croûte de préférence ; versez-y du bouillon de poisson que vous aurez fait bouillir, et alors seulement amalgamez-y votre liaison.

Observation.

Les personnes qui ne craignent pas l'ail peuvent y mêler une cuillerée à bouche d'aioli (beurre de Provence) ; on peut servir aussi cette moutarde sur une assiette, en même temps que le gros poisson que l'on a fait cuire pour bouillon.

N.º 18. *Potage de Poisson aux Herbes.*

Mettez sur le feu, dans une casserole, du bouillon de poisson (Voy. n.º 3.) ; lavez des cœurs de laitue, du cerfeuil, du céleri et un peu d'oseille ; pressez-les et donnez-leur deux ou trois coups de couteau ; jetez vos herbes dans la casserole, aux premiers bouillons, et continuez l'ébullition à petit feu.

Quand les herbes seront cuites, délayez quelques jaunes d'œufs avec un peu de bouillon, et tournez-les un instant sur le feu, avec une cuiller de bois ; lorsque cette liaison commence à s'épaissir, retirez-la, ajoutez-y du bouillon, et versez dans votre potage.

Jetez alors un peu de bonne huile sur votre pain avant de tremper, ou, si vous préférez le beurre, mettez-en un morceau dans vos herbes.

Observation.

Ce potage peut aussi se faire sans liaison.

N.º 19. *Potage aux Herbes dit Hourtète.*

Il faut prendre une poignée d'épinards, quelques feuilles de céleri, de cerfeuil, d'oseille et de poirée, les bien laver et leur donner quelques coups de couteau ; vous les mettez dans votre pot, et, quand il commence de bouillonner, vous les assaisonnez avec du sel, en ajoutant aussi de l'ail ou un peu d'oignon coupé à filets.

Tranchez du pain bien mince dans une soupière ; arrosez-le d'un peu d'huile, ou bien mettez un peu de beurre dans vos herbes lorsqu'elles sont cuites ; faites alors avec des œufs la même liaison que pour le potage au poisson (Voy. n.º 18.) ; quand elle est prête, jetez-la sur votre pain et trempez immédiatement.

Observation.

Ce potage peut se faire encore d'une autre manière ; au moment de le tremper, et tandis qu'il est bouillant, coupez-y quatre ou cinq œufs du jour et versez le tout dans votre soupière.

N.º 20. *Soupe aux Oignons.*

Emincez quelques oignons dans une casserole ; ajoutez-y du beurre ou de l'huile, et faites roussir à petit feu ; mouillez avec de l'eau bouillante, salez et faites la même liaison que pour le potage.

N.º 21. *Potage au Fromage.*

Faites comme pour le précédent, mais sans liaison ; coupez votre pain dans une terrine, en mettant alternativement une couche de pain et une de fromage rapé, moitié gruyère et moitié parmésan ; versez ensuite vos oignons dessus et faites gratiner un moment.

N.º 22. *Potage de Choux au Fromage.*

Faites bouillir de l'eau et échaudez vos choux maigres ; après les avoir bien lavés, mettez-les dans le pot bouillant et ne les couvrez pas ; assaisonnez avec du sel et deux aulx.

Coupez du pain bien mince, celui de ménage de préférence ; choisissez du bon gruyère ou du fromage d'Auvergne, doux et gras, que vous couperez aussi très-mince.

Ayez une terrine qui supporte le feu ; placez-y un lit de pain, puis une couche de fromage ; continuez ainsi jusqu'à la fin, et arrosez avec un peu d'huile. Lorsque vos choux seront cuits, jetez-y également un peu d'huile et trempez peu à peu ; mettez vos choux dessus et ne prodiguez pas le bouillon, qu'il y en ait seulement assez pour faire gratiner ; posez votre terrine sur un feu doux ; faites bouillir quelques instans, et servez.

Offrez à part du bouillon de vos choux, pour ceux qui voudraient détremper le potage.

N.º 23. *Potage aux Haricots secs.*

Faites les cuire au pot, en ayant soin de les changer une fois d'eau ; à moitié cuisson assaisonnez-les, et lorsqu'ils sont cuits ôtez-en une partie que vous mettrez à égoutter, ne laissant dans le pot que ceux qui doivent être jetés sur le potage.

Remplacez le vide qu'ils ont fait par de l'eau bouillante ; ajoutez du sel, un ail ou un oignon piqué d'un gérofle, et, lorsque l'ébullition commence, une bonne poignée d'herbes frappées de quelques coups de couteau ; ajoutez-aussi un morceau de beurre, ou bien faites tomber sur le pain, dans votre soupière, un peu d'excellente huile ; trempez lorsque vos herbes seront bien cuites.

N.º 24. *Potage aux Pois Chiches.*

Ayez la précaution de mettre ce légume à tremper la veille, dans de l'eau où vous aurez fait bouillir des épinards ; mettez à cuire dans un pot ou une marmite, avec de l'eau de citerne de préférence ; que votre légume y cuise un peu serré ; assaisonnez avec du sel, un bouquet et un oignon piqué (Voy. n.º 1.) ; après la cuisson trempez à l'ordinaire, après avoir mis un peu d'excellente huile sur le pain, ou bien un morceau de beurre dans le pot.

L'on peut ôter une partie des pois chiches un instant avant de servir ; les allonger avec de l'eau bouillante et substituer une bonne poignée d'herbes après leur avoir donné quelques coups de couteau.

N.º 25. *Eau bouillie.*

Faites bouillir de l'eau dans un petit pot ; aux premiers bouillons, jetez-y un ail et un peu de sel ; coupez bien mince, dans une soupière, du pain de ménage et arrosez-le d'une cuillerée à bouche de très-bonne huile ; rapez-y un peu de noix muscade ; faites bouillir alors fortement votre pot et versez sur le pain.

N.º 26 *Potage au Lait.*

Jetez dans une casserole deux litres de lait que vous édulcorez avec dix onces de sucre ; ajoutez-y la peau d'un citron, trois ou quatre feuilles de laurier amande et un petit morceau de cannelle ; faites bouillir le tout pendant deux minutes.

Mettez à part, dans une seconde casserole, six jaunes d'œufs que vous délayerez avec le tiers de votre lait qui aura bouilli et que vous aurez eu soin de laisser refroidir.

Tournez ensuite, avec une cuiller de bois et sur un feu modéré, votre liaison jusqu'à ce que, commençant à s'épaissir, elle s'attache à la cuiller ; ôtez-la alors en tournant toujours ; versez dans une terrine, où sera déjà votre pain coupé très-mince, le reste de votre lait bien bouillant, et mêlez-y peu à peu votre liaison.

N.º 27. *Cuisson pour des Purées.*

Placez dans une marmite une barde de lard et par-dessus une tranche de bœuf ou de veau, des parures de viandes et des abatis de volaille, un oignon piqué (Voy. n.º 1), un bon bouquet comme pour le bouillon (Voy. n.º 1) ; faites suer un instant votre viande sur le fourneau et mouillez, avec une cuillerée à pot, de bouillon ; lorsqu'il est réduit, mouillez encore mais en assez grande quantité pour cuire vos légumes que vous y mettrez après les avoir bien lavés. Faites cuire à un feu doux ; à défaut de petite marmite, faites suer votre viande dans une casserole, et après l'avoir mouillée, comme je viens d'indiquer, versez le tout dans le pot où vous mettrez vos légumes pour les faire cuire ensemble.

Tous les légumes se font cuire de la même manière, excepté les haricots qui, comme je l'ai dit au potage de haricots secs (Voy. n.º 23), doivent être changés d'eau.

Après la cuisson de vos légumes, dégraissez le bouillon et jetez le tout au passoir; enlevez la viande, l'oignon et le bouquet; passez le reste au passoir et au tamis, ou bien à l'étamine, et faites tomber dans une casserole un peu haute. Placez votre purée un instant sur l'angle du fourneau ; écumez-la aux premiers bouillons ; dégraissez-la ; repassez au tamis en la faisant tomber dans votre soupière où seront déjà de petits croûtons frits au beurre.

Préparez également les purées suivantes :

N.º 28 Purée aux lentilles.

N.º 29. Aux haricots rouges ou à la Condé.

N.º 30. Aux haricots secs, avec l'observation ci-dessus (Voy. n.º 27.)

N.º 31. Aux petits pois verts.

N.º 32. Aux pois secs.

N.º 33. Aux fèves sèches.

N.º 34. Aux pommes de terres que vous pelez avant de les mettre à cuire.

N.º 34 *(bis)*. *Purée de Navets.*

Il faut les faire blanchir ; les passer ensuite au pot ou à la casserole avec le dégraissis du pot, et terminer comme pour les autres purées.

N.º 35. *Purée aux Racines.*

Faites blanchir pendant dix minutes des carottes, des navets, quelques pieds de céleri, un oignon, un pané et des salsifis ; jetez le tout dans de l'eau fraîche, égouttez ensuite et émincez bien fin.

Mettez dans une casserole ou une petite marmite, deux ou trois cuillerées du dégraissis de votre pot ; placez-y vos racines et posez sur le feu en tournant de temps en temps avec une cuiller de bois ; faites ensuite cuire comme les autres purées, passez-la de même et servez-vous en pour mêler avec du riz et toute sorte de pâtes.

N. B. Les purées maigres de racines se font de même, avec cette seule différence que, lorsqu'elles sont blanchies, vous les passez avec un morceau de beurre et les mouillez avec du bouillon de pois.

N.º 36. *Purées économiques.*

Vous faites cuire, comme il est dit à l'art. 27, avec cette différence qu'au lieu de lard, de bœuf et de veau, vous vous contentez d'un léger morceau de petit salé, de quelques parures de viandes, d'abatis ou de carcasses de volailles, et mouillez avec du bouillon ou même avec de l'eau.

N.º 37. *Purées Maigres.*

Mettez vos légumes dans la marmite, avec de l'eau que vous assaisonnerez au moyen d'un bouquet, d'un oignon piqué (voy. n.º 1) et d'un peu de sel. Lorsque vos légumes seront presque cuits, joignez-y un morceau de beurre et, après l'entière cuisson, passez la purée au tamis comme toutes les autres.

Faites bouillir alors un instant quelques feuilles de cerfeuil haché menu, dans un peu de bouillon tiré de votre pot, et jetez-le dans votre purée au moment de servir.

N.º 38. *Purée de Tomates.*

Partagez vos tomates par le milieu ; ôtez l'eau et les graines ; placez ensuite dans une casserole une barde de lard, des parures ou des débris de viandes et même des abatis ou des carcasses de volaille, un oignon et une carotte coupés à tranches, un gérofle et un peu de céleri ; posez vos tomates par-dessus ; mettez à cuire sur le fourneau, à petit feu ; couvrez la casserole, et lorsque vos tomates sont bien cuites, lorsqu'il n'y reste plus d'eau, mouillez avec du bon bouillon et faites bouillir à petit feu ; ensuite vous ôterez votre viande et passerez au tamis, comme pour les autres purées.

N.º 39. *Riz au bouillon.*

Passez au tamis du bouillon, et vérifiez s'il est de bon sel ; jetez-y votre riz et faites cuire à petit feu ; une bonne demi-heure doit suffire. Dégraissez et versez dans une terrine.

Cuit à gros bouillon, et avec tout son mouillement à la fois, il demeure plus entier ; mais il est plus pâteux au contraire lorsqu'on le mouille peu à peu.

N.º 40. *Riz au Consommé.*

Mettez dans une casserole, sur le feu, du consommé passé au tamis ; faites-y cuire le riz à petit feu ; après la cuisson, dégraissez et servez.

N.º 41. *Riz au Blond de veau.*

Lavez bien votre riz et mettez-en dans votre casserole une once par tête, à peu près ; mouillez avec du blond de veau (Voy. n.º 6).

N.º 42. *Riz au Coulis d'écrevisses.*

Faites cuire du riz avec du bon bouillon, et lorsqu'il sera cuit un peu épais, vous y mêlerez un coulis d'écrevisses (Voy. Bisque, n.º 74)

N.º 43. *Riz aux Tomates.*

Cuisez le riz serré, au bouillon, et délayez-le, avant de servir, avec de la purée aux tomates (Voy. n.º 38).

N.° 44. *Riz à toute Purée.*

Faites cuire votre riz un peu épais et, au moment de servir, délayez-le avec la purée que vous voulez y joindre (Voy. n.os 34, 38).

N.° 45 *Riz en Pilau.*

Faites cuire, dans un bon bouillon, un chapon troussé en entrée (Voy. n.° 170) ; après la cuisson, passez ce bouillon au tamis et faites-le tomber dans une casserole ; ajoutez un peu de safran, et posez sur le feu.

Mettez-y alors une ou deux livres de riz. Il faut à peu près en bouillon deux fois et demi le volume du riz ; faites ensorte que ce bouillon soit extrêmement gras ; après les premières ébullitions continuez la cuisson à petit feu ; tenez votre riz très-épais et peu cuit ; un moment avant de servir, ayez une casserole un peu haute de bords ou bien un moule en forme de bonnet turc ; passez au dedans du dégraissis de votre pot ; mettez une partie du riz dans ce moule, ensuite la volaille par-dessus, du côté de l'estomac ; remplissez avec le reste du riz et faites tenir chaud entre les deux fourneaux ou sur des cendres rouges ; renversez enfin le tout sur un grand plat et servez-le pour potage ; mais en servant présentez, dans une terrine à part, du bouillon pour le détremper au besoin.

N.º 46. *Riz aux Courges.*

Coupez de la courge, à gros dez : mettez-la dans un pot où elle soit un peu serrée ; assaisonnez avec du sel, un oignon piqué (voy. n.º 1) et une feuille de céleri ; achevez de remplir avec de l'eau ; ajoutez un morceau de beurre ; faites bouillir à petit feu et, après la cuisson, passez au tamis ou au passoir.

Cuisez alors, avec bien peu d'eau, du riz auquel vous joindrez un peu de sel et de beurre ; à moitié cuisson, mêlez-y votre courge et achevez de faire cuire ensemble.

N.º 47. *Potage de Riz au lait.*

Mettez votre riz lavé dans une casserole sur le feu ; couvrez-le d'eau et jetez-y un grain de sel. Au bout de cinq minutes, vous l'égoutterez et mouillerez avec du lait, auquel vous joindrez un peu d'écorce de citron ; faites cuire à petit feu ; mêlez-y ensuite du sucre rapé et quelques gouttes d'eau de fleurs d'orange, au moment de servir.

N.º 48. *Riz au Lait d'amande.*

Nettoyez votre riz, à l'ordinaire, et mettez-le dans une casserole avec un peu d'eau ; ajoutez un grain de sel, comme au précédent, un peu de peau de citron, deux feuilles de laurier amande, et faites cuire à petit feu ; pilez ensuite huit onces d'amandes ; humectez-les par fois, en les pilant, avec une cuillérée d'eau, afin qu'elles ne tournent pas en huile. Lorsqu'elles sont bien pilées, mettez-les dans une serviette avec trois verres d'eau tiède et passez-les quatre ou cinq fois au moyen d'une cuiller de bois et en froissant avec force. Mettez alors du sucre dans votre riz ; mouillez-le avec ce lait, et achevez de faire cuire à petit feu.

Otez, avant de servir, le citron et le laurier, et versez votre potage dans la soupière, en y mêlant une goutte d'eau de fleurs d'orange. On peut également presser le riz dans le passoir.

N.° 49. *Riz à l'eau et au sucre.*

Mettez à cuire votre riz à l'eau ; jetez-y un grain de sel, un peu d'écorce de citron, et faites-y tomber, en le servant, quelques gouttes d'eau de fleurs d'orange. Présentez en même temps dans une assiette du sucre rapé.

N.° 50. *Riz à l'eau et au beurre.*

Faites comme pour le précédent, ayant soin d'y mettre assez de sel pour l'assaisonner ; à moitié cuisson jetez-y un morceau de beurre.

N.° 51. *Pâte de Gênes au bouillon.*

Passez au tamis, dégraissez et mettez dans une casserole du bon bouillon que vous ferez bouillir ; quand il sera en ébullition, versez-y la pâte et faites cuire à petit feu.

Règle générale : Il faut que le bouillon dans lequel sera mise votre pâte soit de bon sel et dans une quantité bien relative à la pâte, parce qu'il ne faut pas y revenir.

N.º 52. *Pâte au Blond de veau.*

Mettez à bouillir du blond de veau (Voy. n.º 6), au lieu de bouillon, et versez-y votre pâte, comme ci-dessus.

N.º 53. *Pâte au consommé* (Voy. n.º 5).

Comme pour ceux au bouillon (Voy. n.º 51).

N.º 54. *Pâte au Coulis d'écrevisses.*

Votre pâte étant cuite au bouillon, mêlez-y un coulis d'écrevisses (Voy. n.º 74.).

N.º 55. *Pâtes aux Tomates.*

Faites de même et jetez-y, au lieu de coulis d'écrevisses, une purée de tomates (Voy. n.º 38).

N.º 56.

On peut mêler aux pâtes, comme au riz, toute sorte de purées (Voy. n.ᵒˢ 34, 38).

N.º 57. *Semoule au bouillon.*

Passez du bouillon au tamis ; mettez sur le feu, et, aux premières ébullitions, jetez-y quelques cuillerées de semoule que vous laisserez cuire un moment.

N.º 58. *Semoule au blond de veau.* (Voy. n.º 6).

Faites comme ci-dessus avec du blond de veau, au lieu de bouillon.

N.º 59. *Vermicelle au bouillon.*

Faites bouillir votre bouillon ; goûtez pour qu'il soit de bon sel, et, aux premières ébullitions, jetez-y votre vermicelle, légèrement froissé dans la main ; dix minutes suffiront pour le cuire.

N.º 60. *Vermicelle au Consommé* (Voy. n.º 5).

Comme au bouillon.

N.º 61. *Vermicelle au Blond de veau* (Voy. n.º 6).

Il se fait de même.

N.º 62. *Vermicelle au Coulis d'écrevisses.*

Comme la pâte de Gênes (Voy. n.º 54).

N.º 63. *Vermicelle aux Tomates.*

Comme pour la pâte de Gênes (Voy. n.º 55).

N.º 64. *Vermicelle à toute sorte de purées.*

Comme pour le riz et les pâtes (Voy. n.º 56).

N.º 65. *Vermicelle au Lait.*

Employez, pour le cuire, du lait au lieu de bouillon, et assaisonnez.

N.º 66. *Vermicelle à l'eau et au beurre.*

Jetez à l'eau bouillante un peu de vermicelle, du sel et un morceau de beurre.

N.º 67. *Macaroni en potage.*

Versez dans une casserole deux litres de bon bouillon ou de blond de veau (Voy. n.º 6). Quand il est en ébullition, jetez-y huit onces de macaroni d'Italie, et faites cuire alors à petit feu.

Servez avec du fromage rapé dans une assiette, à part

N.º 68. *Lazagnes.*

Comme pour le macaroni.

POTAGES DE LUXE.

N.º 69. *Excellent bouillon.*

Placez au fond d'une petite marmite une noix de veau (c'est la partie charnue à l'intérieur de la cuisse), deux vieilles poules ou un vieux dinde que vous aurez vidés, flambés, et dont vous trousserez les pâtes en dedans ; ajoutez une carotte, un navet, une cuillerée à pot de bouillon, et posez la marmite sur le fourneau. Du moment où la réduction est opérée, couvrez la viande avec du bouillon de bœuf qui ne soit pas trop salé ; jetez-y une gigue de mouton tué du jour et que vous aurez eu soin de faire cuire à moitié seulement à la broche ; que le tout bouille ensemble dans votre marmite, et lorsque toutes les viandes seront bien cuites, passez au tamis. Vous vous procurerez ainsi un bouillon qui pourra mouiller dignement toutes sortes de purées de volaille et de gibier.

N.° 70. *Potage à la Reine.*

Rôtissez deux ou trois volailles ; quand elles sont cuites séparez la chair de la peau et des os que vous jeterez dans de l'excellent bouillon (Voy. n.° 69), et pilez la chair dans un mortier ; mêlez-y cinq ou six amandes pour blanchir votre purée, et gros comme un œuf de mie de pain que vous aurez mise un instant à tremper dans votre bouillon ; ajoutez, en pilant, quelques cuillerées à bouches de ce dernier ; passez au tamis en mêlant toujours un peu de bouillon pour faciliter le passage, et faites tomber dans une casserole.

Lorsque vous voudrez vous servir de cette purée faites la chauffer au bain-marie, et qu'elle ne bouille pas ; versez dans votre terrine, et jetez-y des croûtons de pain passés au beurre.

N.° 71. *Observation.*

On peut, à la rigueur, faire bon avec économie ; servez-vous de la desserte de votre table. Vous pouvez surtout faire de bonnes purées quand il vous reste les blancs d'une dinde ou de toute autre volaille.

N.° 72. *Potage de Gibier en purée.*

Toutes les autres purées de volaille et de gibier, aux croûtons de pain, se font de même, en supprimant, pour ces dernières, les six amandes.

N.° 73. *Potage de Levreau.*

Otez du levreau que vous aurez d'abord fait

rôtir, la peau et les os, et mettez-les à bouillir dans de l'excellent bouillon (Voy. n.° 69) : pilez la chair en l'humectant avec ce dernier, et passez-la au tamis pour obtenir une purée un peu claire ; joignez-y quelques jaunes d'œufs ; repassez le tout au tamis pendant trois fois, pour qu'il ne fasse qu'un même corps ; alors rapez, avec la lame d'un couteau, un peu de lard, et frottez-en le fond d'un plat d'entrée : versez dedans votre purée, et faites la prendre au bain-marie ; quand elle est prise, ôtez-la du feu et laissez-la refroidir ; vous la couperez comme le pain frit pour le potage, et le mettrez dans votre terrine, en y joignant le bouillon des os et de la peau, également bien passé au tamis.

Nota. L'on fait de même tous les potages de gibier et de volaille, où la chair doit, comme dans celui-ci, servir de pain.

N.° 74. *Bisque.*

Cuisez cent écrevisses, à l'ordinaire ; faites-en sécher les pattes et les coques séparément, au four bien doux ; pilez-les parfaitement, et mettez-les à bouillir dans de l'excellent bouillon (Voy. n.° 69) ; un instant après, passez au tamis.

Pilez la chair des écrevisses ; passez-la de même au tamis, pour en faire une purée que vous mouillerez avec le bouillon que je viens d'indiquer ; faites chauffer au bain-marie et versez dans votre terrine, en y joignant de petits croûtons passés au beurre clarifié.

On peut mêler, avec la chair d'écrevisses, du blanc de volailles ; la purée en est meilleure.

N.º 75. *Bisque au Riz.*

Faites cuire du riz dans du très-bon bouillon, et, au moment de servir, joignez-y de la purée d'écrevisses, comme pour la précédente.

Nota. On peut, dans toute sorte de potages de pâte, mêler de la purée d'écrevisses.

N.º 76. *Potage à l'Espagnole.*

Faites une farce à quenelles avec du blanc de volaille ; divisez-la en petits morceaux, comme des olives, que vous pocherez dans du bouillon en ébullition ; vous les mettrez ensuite dans une terrine, avec de l'excellent bouillon (Voy. n.º 69), et quelques tranches de pain.

JUS ET SAUCES.

N.º 77. *Jus.*

Pour obtenir un bon jus, placez une barde de lard au fond d'une casserole ; posez au-dessus deux sous-noix de veau (Voy. 214) ou des tranches de bœuf, deux carottes, deux oignons coupés par le milieu, et faites suer le tout un instant sur le feu ; mouillez ensuite avec une cuillerée de bouillon, et continuez la cuisson, en observant de couvrir la casserole. Lorsque le mouillement est réduit et qu'il s'attache, ajoutez une cuillerée à pot de bouillon et couvrez encore ; quand le jus est près de tomber en glace, mettez-le sur un feu modéré, afin de faciliter cette transformation, et ne le retirez que lorsque les viandes s'attachent à la casserole, alors piquez-les avec la pointe d'un couteau, et recouvrez-les. Au bout de dix minutes, remplissez la casserole de bon bouillon; posez-la sur l'angle du fourneau; faites bouillir et écumez.

N.° 78. *Coulis gras.*

Faites un roux avec du bon beurre et de la farine que vous tournerez ensemble dans une casserole sur un feu modéré, et avec une cuiller de bois. Lorsqu'il est de belle couleur, retirez-le et versez-y du jus, assez pour le bien délayer sans grumeau; après cela, versez le roux avec précaution dans la casserole qui contient le jus; mêlez bien avec la cuiller à pot, assaisonnez, et, lorsque la viande est cuite, dégraissez, passez au tamis ou à l'étamine, et soulevez trois ou quatre fois votre coulis avec la cuiller à pot; c'est ce qui s'appelle vaner la sauce.

N. B. N.° 79.

Dans les pays où on n'aime pas la cuisine au beurre, on lie le jus en délayant de la farine dans du bouillon ou du consommé froid, ou bien dans du vin blanc sec. On peut même, à défaut de tout cela, se servir d'eau; mais il est de rigueur que le jus soit en ébullition quand on le lie.

N.º 80. *Espagnole.*

Mettez, dans une casserole haute et bien étamée, des tranches de jambon de Bayonne, une noix de veau (Voy. 214), un chapon, une perdrix, une carotte et un oignon ; couvrez-le tout avec du consommé peu salé, et faites partir sur un feu ardent ; dès que le mouillement est près de sa réduction, achevez d'en obtenir la glace sur un feu modéré, et quand la viande commence à s'attacher, mouillez de nouveau avec un bon verre de Madère ou de vin blanc sec que vous ferez encore réduire à petit feu. Un instant avant d'ôter la casserole du feu, piquez vos viandes avec la pointe du couteau, après quoi vous la retirez et la laissez reposer dix minutes ; ce temps écoulé, mouillez avec du coulis mêlé de jus ou de consommé, et faites bouillir sur l'angle du fourneau, en ajoutant quelques tranches de citron ; dégraissez ensuite et passez à l'étamine ou bien au tamis ; cette opération terminée, vanez votre sauce.

N.º 81. *Velouté.*

Placez d'abord, dans une casserole, des tranches de jambon ; au-dessus de celles-ci, des tranches de veau un peu épaisses et recouvrez le tout de consommé ou de bouillon, à une épaisseur à peu près égale à celle de la couche de veau ; ajoutez-y, si vous en avez, des carcasses de volaille, une carotte, un oignon piqué de deux gérofles, et faites partir sur un feu ardent ; couvrez la casserole, et, lorsque le mouillement sera réduit de moitié, continuez la cuisson à petit feu ; piquez la viande afin d'en obtenir le suc, et surveillez jusqu'a ce que le mouillement tombe en glace. Il faut surtout observer que le velouté ne doit pas prendre couleur ; pour l'éviter, mouillez avec du consommé ou du bouillon, et lorsque ce dernier mouillement sera en ébullition, retirez la casserole sur l'angle du fourneau ; liez ensuite avec un roux blanc, ou bien avec un peu de farine délayée dans du consommé ou du bouillon froid ; remuez de temps en temps avec la cuiller et laissez cuire lentement. Dès que les viandes seront cuites, dégraissez, passez au tamis et vanez comme à l'article ci-dessus.

N.º 82. *Béchamelle.*

Faites tomber, dans une casserole, de la crême de lait, ou, à défaut, du lait que vous ferez réduire à moitié, par la cuisson ; alors mêlez-y une quantité à peu près égale de velouté ; posez la casserole sur le feu, en tournant le contenu avec une cuiller de bois, jusqu'à ce qu'il soit encore réduit presque à moitié ; passez au tamis, après quoi, ajoutez un petit morceau de beurre.

N.º 83. *Allemande.*

On emploie, à la confection de cette sauce, des fonds de cuisson de volailles, ou du consommé de volaille ou même du fumet (Voy. n.° 100) qu'on mêle à une égale quantité de velouté (Voy. n.° 81) qu'il faut faire réduire sur le feu ; après quoi on écume, on dégraisse, on ajoute une liaison de deux ou trois jaunes d'œufs, gros comme une noix de beurre frais, et on passe au tamis.

N.° 84. *Jus maigre.*

Il faut mettre, dans une casserole, du beurre ou un peu d'huile et y jeter quelques morceaux de carotte, de navet et d'oignon, avec deux pieds de céleri ; remuez bien vos légumes sur le feu avec une cuiller de bois, et, lorsqu'ils seront bien roux, mouillez-les avec du bouillon de pois (Voy. n.° 4) ou de l'eau bouillante ; assaisonnez avec un peu de sel ; faites bouillir un instant et passez au tamis.

N.° 85. *Coulis de Poisson.*

Vous ferez tomber, comme pour le précédent, un morceau de beurre dans une casserole, et vous y couperez également quelques tranches d'oignon et un peu de carotte ; vous ajouterez alors des têtes, des débris, des arêtes de poisson ; après avoir fait gratiner un peu vos légumes, sans les brûler, mouillez avec du jus maigre, et lorsqu'il sera en ébullition, vous le lierez comme le coulis gras et vous l'utiliserez de la même manière.

N.° 86. *Roux au jus de racines.*

Vous placez, sur un feu modéré, votre casserole

dans laquelle vous mettez un morceau de beurre et un peu de farine ; vous tournez avec une cuiller de bois ce mélange jusqu'à ce qu'il soit d'un beau roux ; mouillez alors avec du jus de racines (Voy. n.° 84) ; faites bouillir un instant et passez au tamis.

N.° 87. *Sauce tournée au Bouillon de poisson.*

Il faut d'abord faire ce que nous appelons un roux blanc, en mettant dans une petite casserole un peu de beurre et de farine que vous tournez un moment sur le feu modéré, toujours avec la cuiller de bois, et jusques à ce que la farine soit seulement cuite ; prenez garde qu'elle ne roussisse ; mouillez avec du bouillon de poisson, et faites bouillir un instant ; vous ferez alors une liaison de deux ou trois jaunes d'œufs ; vous y joindrez le jus d'un citron, et passerez cette sauce au tamis.

Vous pourrez améliorer votre sauce en mettant, dans la casserole, une tranche de jambon en même temps que le beurre.

N.° 89. *Sauce Blanche à l'eau.*

Mettez dans une casserole, et sur un feu modéré, deux onces de beurre et une once de farine, dont vous ferez un roux blanc que vous mouillerez ensuite avec trois verres d'eau bouillante.

Tournez jusques à ce qu'il soit parfaitement en ébullition ; assaisonnez ; laissez bouillir encore un instant, passez la sauce au tamis, et joignez-y un filet de vinaigre.

N.º 90. *Béchamelle maigre.*

Faites un roux blanc, avec les mêmes quantités que pour le précédent, prenez toujours garde qu'il ne se colore ; versez-y trois verres de lait bouillant, non pas tout à la fois, mais peu à peu, et en tournant toujours ; assaisonnez avec du sel, une pincée de poivre, un morceau de carotte, un oignon piqué d'un gérofle, et faites bouillir, afin qu'en se réduisant, votre sauce prenne du corps ; vous ajouterez un peu de beurre et passerez au tamis.

N.º 91. *Jus économique bourgeois.*

Ayez une barde de lard que vous poserez au fond de votre casserole et sur laquelle vous placerez des tranches de viande, des abatis ou bien des carcasses de volailles, une carotte et un oignon coupé ; posez sur un feu ardent ; faites suer, et versez-y une cuillerée à pot de bouillon ; recouvrez alors votre casserole ; dès que le mouillement est réduit, et que la viande commence de s'attacher, mouillez encore avec une seconde cuillerée de bouillon, et, après une nouvelle réduction des trois quarts, transposez sur un feu très-modéré pour donner à la viande le temps d'opérer une bonne glace ; cette glace faite, et avant qu'elle s'attache à la casserole, piquez la viande avec un couteau, retirez du feu, et laissez reposer dix minutes ; après ce temps, mouillez à fond avec du bouillon ou de l'eau, et faites bouillir sur l'angle du fourneau ; liez enfin avec un roux ou avec de la farine délayée dont vous faites un coulis (Voy. n.° 86).

N.° 92. *Espagnole économique bourgeoise.*

Coupez à gros dez, une tranche de jambon ; ainsi qu'un peu de veau ou des abatis et des carcasses de volaille, un oignon, une carotte, et mettez le tout dans une casserole sur le feu, avec un peu de dégraissis de fond de cuisson, et faites roussir : ensuite vous mouillerez avec un demi-verre de vin blanc sec, et y joindrez deux tranches de citron ; lorsque le vin blanc sera réduit, mouillez de nouveau avec du coulis (Voy. n.° 78) et un peu de réduction de cuisson, ou bien une cuillerée de consommé (Voy. n.° 5) ; faites bouillir sur l'angle du fourneau ; dégraissez et passez au tamis.

N.° 93. *Velouté économique bourgeois.*

Coupez, comme pour le précédent, du jambon, du veau et des carcasses de volaille ou des abatis, ainsi que les mêmes légumes ; placez le tout dans votre casserole, et posez-le sur un feu modéré, en ajoutant un morceau de beurre ou de lard rapé ; ne faites point roussir : ajoutez une cuillerée à bouche de farine ; mouillez avec du consommé ou du bouillon, ou, à défaut, avec de l'eau bouillante ; joignez-y un clou de gérofle, le quart d'une feuille de laurier, une tige de céleri et du persil ; faites bouillir sur l'angle du fourneau, dégraissez et passez au tamis.

N.º 94. *Béchamelle économique.*

Faites-la comme la précédente, en vous servant de velouté bourgeois.

N.º 95. *Sauce Allemande, économique.*

Comme celle au N.º 83, en vous servant de velouté bourgeois.

N.º 96. *Sauce au Poulet, économique.*

Faites un velouté économique bourgeois, et, avant de le passer au tamis, liez-le avec trois ou quatre jaunes d'œufs; joignez-y un jus de citron, et passez au tamis.

N.º 97. *Consommé économique bourgeois.*

Jetez dans un pot ou une petite marmite, un jarret et deux pieds de veau que vous avez bien fait dégorger, et dont vous avez coupé les batillons; ajoutez des abatis, des carcasses de volaille, enfin toutes les parties nerveuses des viandes ; mettez à cuire, et mouillez avec du bouillon ou de l'eau.

Écumez, assaisonnez, ajoutez une carotte, un oignon piqué (Voy. n.º 1); couvrez et faites bouillir à petit feu jusqu'à ce que la viande soit ce que l'on appelle pourrie de cuisson ; passez alors au tamis.

N.º 98. *Essence de Jambon.*

Réunissez dans une casserole, et faites suer ensemble, des tranches de jambon et de noix de veau (Voy. n.º 242) d'un travers de doigt d'épaisseur, et faites-y réduire du Madère ou du vin blanc sec ; après son entière réduction, mouillez avec du consommé, et faites bouillir sur l'angle du fourneau ; vous le passerez au tamis lorsque la viande sera cuite, et ferez ensuite réduire à petit feu, jusques à moitié glace, après quoi vous le verserez pour vous en servir au besoin ; c'est une bonne sauce pour donner du corps à celles qui se trouveraient faibles.

N.º 99. *Essence de Racines.*

Prenez cinq carottes, autant de navets, d'oignons et deux porreaux, deux pieds de céleri, le cœur de deux laitues et un clou de gérofle (Voy. n.º 5) ; mouillez le tout avec du consommé ou du bouillon (Voy. n.º 1) doux de sel ; alors faites bouillir à petit feu, et, lorsque les racines seront cuites, passez-les au tamis. Il faut que cette essence soit reposée un instant pour s'en servir.

N.º 100. *Fumet de volaille.*

Mettez dans une casserole des carcasses et des abatis de volaille, un morceau de carotte, deux échalotes et un clou de gérofle ; mouillez avec du consommé ou de l'excellent bouillon doux de sel ; écumez et faites bouillir à petit feu, jusqu'à ce que la viande soit cuite ; alors vous passerez le tout au tamis.

N.° 101. *Fumet de Gibier.*

Employez de préférence, pour ce fumet, les carcasses et les abatis de faisans, de perdreaux ou le lapereau de champ ; ajoutez-y, comme dans le précédent, la carotte, les échalotes et le clou de gérofle ; mouillez également jusqu'à la surface avec du consommé ou du bouillon, et quand les viandes sont cuites, passez au tamis.

N.° 102. *Sauce Espagnole travaillée au fumet de volaille et de gibier.*

Ayez soin que la casserole où vous devez travailler votre sauce soit bien étamée, parce que l'étamage contribue à la rendre brillante. Mettez-y du fumet de gibier ou de volaille, selon que l'entrée avec laquelle vous devez la servir est de l'un ou de l'autre ; ajoutez une quantité à peu près semblable, de sauce espagnole, et placez la casserole sur un feu ardent ; il faut remuer avec une cuiller jusqu'à l'ébullition ; retirez-la sur l'angle du fourneau pour bien écumer et dégraisser ; après quoi vous la remettrez au feu, en remuant toujours avec une cuiller, jusqu'à ce que la sauce soit au point ; alors vous la passerez au tamis.

Nota. Lorsque vous travaillerez les sauces au fumet de gibier, mêlez-y un demi-verre de vin de Madère et des truffes.

N.° 103. *Aspic.*

Lavez quatre œufs, cassez-les et jetez-les avec leur coque dans une casserole un peu haute ; mêlez-y deux cuillerées à bouche de bon vinaigre blanc et un demi-verre de consommé, froid ; fouettez le tout pendant cinq minutes avec un petit fouet d'osier, après quoi vous y mettrez à peu près deux litres de consommé et vous poserez la casserole sur le feu, en remuant toujours son contenu avec le fouet ; dès que l'ébullition se manifeste, retirez-la sur l'angle du fourneau ; couvrez-la ; posez sur le couvert trois charbons ardens et laissez bouillir à petit feu environ une demi-heure. Dans cet intervalle, attachez au dos d'une chaise, une serviette ployée en quatre doubles, au-dessous de laquelle vous placez une terrine. C'est dans la serviette que vous devez passer par deux fois votre aspic afin de le mieux clarifier ; si, même après la deuxième opération, la clarification n'était pas suffisamment obtenue, il faudrait la renouveler.

N.° 104. *Purée de Bécasses.*

Faites rôtir des bécasses à la broche ; dépécez-les et mettez-en les peaux et tous les débris d'os dans une casserole avec un peu de vin blanc sec, une échalote et le quart d'une feuille de laurier ; faites réduire des trois quarts ; après quoi mouillez avec un peu d'espagnole ou de coulis auquel vous mêlerez du consommé (Voy. n.° 5) ou un peu de fond de cuisson de volaille ; faites bouillir de nouveau cette sauce jusqu'à ce qu'elle soit encore réduite de moitié ; dégraissez-la et passez au tamis.

Pilez la chair et les boyaux de vos bécasses ; délayez-les dans la sauce déjà faite ; passez à l'étamine ou au tamis ; et quand vous voudrez employer votre purée, faites la chauffer au bain-marie.

Nota. Les purées de toute sorte de gibier se font de même : on retranche les boyaux dans ceux qui ne sont pas rôtis.

N.° 105. *Purée de Volaille.*

Faites également rôtir les volailles à la broche ; dépécez-les de même et mettez-en les peaux et les os dans une casserole, avec une échalote et le quart d'une feuille de laurier ; mouillez avec un peu de fond de cuisson de volaille ou de consommé (Voy. n.° 5), et faites réduire à moitié ; mouillez alors avec du velouté (Voy. n.° 81) ; faites bouillir doucement sur l'angle du fourneau et passez à l'étamine ou au tamis.

Pilez les chairs des volailles ; délayez-les avec votre sauce et passez encore au tamis ; vous obtiendrez ainsi la purée que vous ferez chauffer au bain-marie quand vous voudrez vous en servir.

Nota. On peut employer, à la confection de ces sortes de purées, les reste de rôti, soit de volaille ou de gibier, et remplacer la sauce ci-dessus indiquée par du bouillon (Voy. n.° 1).

N.º 106. *Purée d'Oignons.*

Coupez des oignons à gros dez, et placez-les dans une casserole sur une petite tranche de jambon et un peu de lard rapé ; exposez-les à un feu modéré jusqu'à ce qu'ils soient à peu près cuits ; alors faites partir sur un feu plus ardent en les remuant avec une cuiller de bois jusqu'à ce que toute l'eau qu'ils ont pu rendre soit réduite, et dès qu'ils sont de belle couleur, mouillez-les avec du coulis (Voy. n.º 78), et terminez la cuisson à petit feu ; dégraissez et passez au tamis pour obtenir la purée.

N.º 107. *Purée d'Oignons à la Béchamelle.*

Mettez dans une casserole des oignons entiers que vous mouillerez avec du consommé (Voy. n.º 5) ou de bon bouillon (Voy. n.º 1) ; placez au-dessus une barde de lard et posez sur un feu modéré ; faites cuire bien lentement en évitant que les oignons prennent de la couleur ; quand vous jugez qu'ils sont cuits, égouttez-les et les placez dans une serviette bien propre, dans laquelle vous les tordrez à deux, afin de comprimer fortement et de les réduire en purée ; vous séparerez la partie aqueuse que vous obtiendrez d'abord, afin que la purée ne soit pas trop liquide, et vous mettrez le plus épais dans une casserole avec une quantité suffisante de béchamelle (Voy. n.º 82).

N.º 108. *Demi-Glace.*

Pour obtenir une demi-glace, il faut d'abord

faire suer, dans une casserole, une plaque de lard, un jarret de veau, des carcasses et abatis de volaille et une vieille poule ; il faut mouiller ensuite, avec une cuiller à pot, de consommé ou de bouillon (Voy. n.° 1) doux de sel, et faire tomber en glace ; alors on mouille de nouveau avec du bouillon ou du consommé, de manière à couvrir toute la cuisson ; on y joint une carotte, un oignon piqué de deux gérofles ; on écume le tout, et enfin on le fait bouillir jusqu'à ce que la viande soit bien cuite ; alors on passe le liquide au tamis ; quand il est froid, on le clarifie (Voy. n.° 103), et enfin on le met, après cette opération, dans une casserole haute de bords et bien étamée où on le fait réduire en demi-glace, ce dont on juge quand le liquide est rapproché à l'épaisseur d'un coulis.

N.° 109. *Purée de Pommes de terre.*

Faites cuire, dans un bon bouillon (Voy. n.° 2), des pommes de terre pelées ; passez-les au tamis pour en faire une purée et en y joignant un peu de fond de cuisson de volaille ou de consommé (Voy. n.° 5), pour qu'elles se tamisent plus aisément ; ensuite vous délayerez cette purée avec de l'espagnole (Voy. n.ºs 80, 92) ou du velouté (Voy. n.° 81) ou bien de la béchamelle (Voy. n.° 82).

N.° 110. *Sauce à la purée d'Épinards.*

Lavez et nettoyez vos épinards, dont vous n'emploîrez que les feuilles ; faites-les blanchir à l'eau bouillante ; après la cuisson, dont vous jugerez au toucher, jetez-les à l'eau fraîche pour qu'ils conservent leur vert ; égouttez en pressant bien dans les mains ; puis hachez et pilez.

Mettez cette pâte dans une casserole où vous aurez fait suer une petite tranche de jambon ; ajoutez un peu de beurre frais ou de dégraissis des cuissons de fricandeau (Voy. n.º 242), et passez un instant sur le feu en remuant par fois avec la cuiller ; après quoi, mouillez avec du velouté ou du coulis (Voy. n.º 78) ; à défaut, jetez-y une pincée de farine et mouillez avec un peu de bouillon (Voy. n.º 1).

N.º 111. *Beurre d'Écrevisses.*

Faites cuire à l'eau cent écrevisses ; séparez-en les pattes et les coques que vous ferez sécher à la bouche du four bien doux ; pilez-les ensuite jusqu'à ce qu'elles soient bien pulvérisées ; joignez-y alors dix onces de bon beurre que vous pilerez également, et délayez ce mélange avec quelques cuillerées d'eau ; passez le tout à l'étamine pour en exprimer le suc, et faites tomber dans une casserole d'eau chaude ; enlevez les parties de beurre qui restent au-dessus, et versez-les dans un plat profond, rempli d'eau froide, afin qu'elles se figent ; lorsqu'elles seront bien refroidies, vous les épongerez avec un linge, pour les dégager de l'eau qu'elles pourraient encore contenir.

N.° 112. *Beurre du Languedoc aux Écrevisses.*

Pilez une cuillerée à bouche de capres déjà hachées, quatre anchois, une échalote, quatre jaunes d'œufs durs ; assaisonnez avec du sel et du poivre, et mêlez-y quatre onces de beurre d'écrevisses et du carmin ; pilez tout ensemble et versez-y la moitié d'un verre d'huile avec le jus d'un citron ; sortez-le du mortier et tenez-le dans un lieu frais.

N.° 113. *Beurre de Languedoc à la Ravigote.*

Faites blanchir, cinq minutes, à l'eau bouillante, du cerfeuil, de l'estragon, de la pimprenelle et des ciboulettes ; jetez-les à l'eau fraîche ; pressez-les dans la main, et placez-les dans un mortier avec quatre jaunes d'œufs durs ; cinq beaux anchois, une cuillerée de câpres, une de cornichons, le tout haché d'abord ; pilez ferme, et joignez-y ensuite quatre onces de beurre ; pilez encore, et faites y tomber, peu à peu, un demi-verre d'huile et le jus d'un citron ; quand le tout sera parfaitement amalgamé, retirez le beurre sur une assiette, et au frais, à la glace même, en attendant que vous vous en serviez.

N.° 114. *Beurre d'Anchois.*

Après avoir lavé et écaillé deux ou trois anchois, ôtez-en les arêtes, et pilez la chair avec deux onces de beurre frais.

N.º 114 (bis.) *Beurre d'Ail.*

Otez le germe et la peau de deux gousses d'ail ; pilez ces dernières avec deux onces de beurre frais.

N.º 114 (ter.) *Moutarde à la Provençale.*

Enlevez, comme pour le précédent, le germe et la peau de deux gousses d'ail et pilez celles-ci parfaitement dans un petit mortier de bois ; jetez-y un peu de sel, un jaune d'œuf du jour, et broyez avec le pilon ; faites monter cette moutarde en tournant toujours et légèrement le pilon ; allongez avec de l'huile que vous faites tomber par intervalles et goutte à goutte.

Mêlez-y, gros comme une noisette, de mie de pain trempée dans le bouillon de poisson (Voy. n.º 3), après l'avoir épongée ; à mesure que vous continuez ce mélange, faites-y tomber quelques gouttes de citron ou de verjus ou même de vinaigre ; allongez également avec un peu de bouillon de poisson, toujours mis goutte à goutte, comme l'huile et le verjus.

Cette moutarde exige beaucoup de soins ; quelques personnes préfèrent la monter sans œufs, d'autres la trouveraient trop forte.

On la sert sur une assiette, à côté du plat contenant le poisson bouilli ou l'objet avec lequel on veut la manger.

N.º 115. *Vert d'Épinards.*

Lavez bien des feuilles d'épinards ; pilez-les

dans un mortier ; mettez-les dans une serviette et tordez-la pour extraire l'eau ; faites tomber cette eau dans une casserole que vous mettrez sur un feu doux ; couvrez-la et placez un peu de feu sur le couvert ; après quelques instans d'ébullition, le vert s'attachera au fond ; jetez l'eau, et mettez le vert sur une assiette pour vous en servir au besoin.

N.° 116. *Sauce Hachée.*

Hachez séparément un peu de jambon, une échalote ou bien un peu d'oignon, un anchois, quelques truffes, du persil, des champignons, des câpres ou des cornichons ; mettez l'oignon et le jambon dans une casserole que vous poserez sur le feu, et dans laquelle vous jeterez en même temps un peu de dégraissis de quelque bon fond de braise (Voy. n.° 167) ; passez cela un moment en le remuant avec une cuiller de bois ; ajoutez alors vos autres hachis, à l'exception des cornichons et des câpres ; ajoutez un quart de feuille de laurier, piquée d'un clou de gérofle et un ail ; mouillez, un instant après, avec du jus (Voy. n.° 77) que vous ferez réduire seulement ; cela fait, mouillez encore avec du coulis (Voy. n.° 78), et faite réduire de nouveau, à petit feu, sur l'angle du fourneau ; après une réduction suffisante, dégraissez, et lorsque vous voudrez servir, ajoutez les câpres et les cornichons qu'il ne faut pas laisser bouillir dans la sauce.

N.° 117. *Poivrade.*

On emploie dans cette sauce, du persil en branche, de la ciboule, une feuille de laurier, une tranche d'oignon, un demi-verre de bon vinaigre, du poivre et du sel ; on réunit le tout dans une casserole et on l'expose sur le feu jusqu'à ce que le vinaigre soit réduit ; alors on mouille avec un peu de coulis (Voy. n.° 78) ; on fait bouillir sept à huit minutes ; on dégraisse et on passe au tamis.

N.° 118. *Hollandaise.*

Versez dans une casserole, du velouté (Voy. n.° 81) auquel vous joindrez un filet de vinaigre blanc ; joignez-y une pincée de persil que vous aurez d'abord fait blanchir à l'eau bouillante ; ensuite pilez et passez au tamis ; et, quand vous voudrez servir, vous jeterez dans votre sauce bouillante, un morceau de beurre de la grosseur d'une noix.

N.° 119. *Sauce aux Tomates ou Pommes d'Amour.*

Etendez, au fond d'une casserole, une tranche de jambon, quelques débris de viande ou des abatis, deux tranches d'oignon, un peu de carotte, un peu de céleri et un gérofle ; après avoir ôté toutes les graines et l'eau de vos pommes d'amour posez-les dans la même casserole et placez-les sur un feu doux ; lorsqu'elles seront presque cuites, remuez-les de temps en temps, avec la cuiller de bois, pour éviter qu'elles se prennent; après l'entière cuisson, mouillez avec du velouté (Voy. n.º 81) ou du coulis (Voy. n.º 78), et faites bouillir à petit feu; un instant plus tard, ôtez tous les débris de viande et passez au tamis, en ayant soin de bien presser avec la cuiller.

Observation.

Dans la petite cuisine on n'a pas toujours de coulis : on supplée à ce mouillement avec une pincée de farine et un peu de bouillon qu'on répand par-dessus, un instant après; il faut également, dans ce cas, passer au tamis.

N.º 120. *Genevoise.*

Faites blanchir une poignée d'épinards que vous hacherez ensuite, en y mêlant une échalote ou un peu d'oignon, un anchois, une cuillerée à bouche de câpres et un cornichon : pilez le tout dans un mortier en y ajoutant quatre jaunes d'œufs durcis et du beurre frais, à peu près la grosseur d'un œuf ; placez ce mélange dans une casserole ; assaisonnez ; ajoutez une cuillerée à bouche de vinaigre à l'estragon, et, lorsque vous voudrez vous en servir, mouillez avec du velouté (Voy. n.º 81); tenez votre sauce un instant sur le feu, et répandez-la ensuite sur l'objet qu'elle doit accompagner.

N.º 121. *Sauce à la Maître-d'Hôtel.*

Ayez un peu de persil et d'échalote bien

hachés ; joignez la grosseur d'un œuf, de beurre frais ; assaisonnez avec du sel, du poivre et le jus d'un citron ; amalgamez le tout avec une cuiller ; et lorsque vous voudrez servir, posez d'abord la sauce sur le plat, et la viande ou l'objet quelconque par-dessus.

N.º 122. *Beurre noir.*

Mettez du beurre dans une casserole et posez-la sur le feu ; lorsque votre beurre est noir, jetez dedans un demi-verre de vinaigre, du sel et du poivre ; écumez, passez au tamis en faisant tomber dans une autre casserole, et servez bien chaud, après avoir ajouté quelques câpres.

N.º 123. *Sauce au Restaurant.*

Mettez dans une casserole un peu de glace à fricandeau (Voy. n.º 242), et mouillez-la avec de l'espagnole (Voy. n.º 80) ; faites bouillir un instant sur l'angle du fourneau, écumez et passez au tamis.

N.º 124. *Sauce Italienne.*

Hachez très-fin, dans une casserole, un peu d'échalote, de persil et quelques truffes ; ajoutez-y une demi-cuillerée d'huile ; une tranche de citron, un ail et le quart d'une feuille de laurier piquée d'un clou de gérofle.

Posez sur le feu et, deux minutes après, versez-y le quart d'un verre de vin blanc sec ; après sa réduction, mouillez avec de l'espagnole (Voy. n.º 80) ; faites bouillir un instant sur l'angle du fourneau ; ensuite vous dégraisserez ; enlevez la tranche de citron et l'ail, et servez-vous de votre sauce, au besoin.

N.° 125. *Italienne Blanche.*

Faites comme pour la précédente, mais en mouillant avec du velouté (Voy. n.° 81).

N.° 126. *Petit-Deuil.*

Ayez un peu de glace de fricandeau (Voy. n.° 242) dans une petite casserole, et mouillez-la avec du velouté (Voy. n.° 81) ; faites bouillir un instant et coupez-y, à petit dez, une truffe bien noire.

N.° 127. *Sauce du Charbon.*

Pilez deux truffes bien noires et mouillez-les avec du velouté (Voy. n.° 81) ; faites bouillir et passez au tamis.

N.° 128. *Sauce à l'Estragon.*

Mettez un peu d'aspic (Voy. n.° 103) dans une casserole ; aux premières ébullitions, jetez-y quelques feuilles d'estragon, et faites bouillir encore deux minutes.

N.° 129. *Sauce Peluchée.*

Ayez, comme pour le petit-deuil, de la glace de fricandeau (Voy. n.° 242) ; mêlez-y du velouté (Voy. n.° 81) ; faites bouillir dans une casserole et jetez-y ensuite quelques feuilles de persil blanchi à l'eau.

N.º 130. *Sauce au Citron.*

Pressez le jus de deux citrons que vous recevrez dans une casserole ; assaisonnez-le avec un peu de sel ; remuez avec une cuiller d'argent et versez-y goutte à goutte le tiers d'un verre de très-bonne huile.

N.º 131. *Sauce à l'Orange.*

Coupez du zest d'orange de sauce, que vous ferez blanchir une minute dans l'eau bouillante, après quoi vous le mettrez dans une casserole avec un peu d'espagnole (Voy. n.º 80).

N.º 132. *Remoulade.*

Hachez du persil, deux échalotes, un peu d'oignon, et pressez-les ensuite dans un linge pour en extraire les parties aqueuses ; hachez aussi des cornichons, des câpres et un anchois ; après quoi vous pilerez parfaitement le tout dans un mortier avec quatre jaunes d'œufs durcis, un peu de persil blanchi d'abord, un peu d'ail, si vous ne le craignez pas, et lorsque ces objets seront bien pilés vous y mettrez un jaune d'œuf cru ; vous verserez presque, goutte à goutte dans le mortier, la valeur d'un bon verre d'huile ; vous assaisonnerez votre remoulade avec du sel, du poivre, de la moutarde, une cuillerée à bouche de bon vinaigre à l'estragon, un peu de jus de citron, et vous mêlerez bien le tout ensemble.

N.º 133. *Mayonnaise.*

Il faut jeter dans une petite terrine deux jaunes d'œufs du jour, un peu de sel et le quart d'une cuillerée de vinaigre ; remuez bien ce mélange avec une cuiller de bois, et, lorsque la mayonnaise commence à se lier, ajoutez-y, en remuant toujours, une cuillerée à bouche d'huile, que vous ferez tomber goutte à goutte ; faites de même pour quelques gouttes de vinaigre que vous y ajouterez également, et que la cuiller de bois frotte constamment les parois de la terrine ; ce frottement fera blanchir votre sauce. Lorsqu'elle sera bien liée, mêlez-y de l'huile à plus forte dose, en y mariant toujours un peu de vinaigre ; ajoutez à ce mélange un peu d'aspic congelé (Voy. n.° 103).

Placez-vous, pour faire la mayonnaise, dans un lieu frais ; si elle venait à se décomposer, ce qui peut arriver, sortez-la de la terrine dans laquelle vous jeterez un jaune d'œuf du jour et une petite cuillerée de béchamelle (Voy. n.° 82) que vous mêlerez bien ensemble, par le frottement, et auxquels vous joindrez peu à peu votre mayonnaise.

N.° 134. *Mayonnaise à la Ravigote.*

Prenez une poignée de cerfeuil et de ciboule, de l'estragon et de la pimprenelle ; après les avoir bien lavés, faites-les blanchir à l'eau bouillante pendant cinq à six minutes, en y joignant un peu de sel ; jettez le tout dans un passoir ; mettez à l'eau fraîche et pressez ensuite avec la main pour en extraire l'eau ; placez ces objets dans un mortier avec un anchois nettoyé et lavé ; pilez votre ravigote ; joignez-y une bonne cuillerée de mayonnaise ; passez le tout au tamis et mêlez-le avec une mayonnaise ordinaire.

N.º 135. *Soubise.*

Coupez des oignons à dez ; joignez-y une petite tranche de jambon, et faites cuire à bien petit feu, en couvrant votre casserole ; prenez garde que le tout ne roussisse, et mêlez-y un peu de dégraissis d'un bon fond de braise (Voy. n.º 167) ou un petit morceau de beurre bien frais ; assaisonnez vos oignons, et, lorsqu'ils sont bien cuits, mouillez-les avec un peu de velouté (Voy. n.º 81) ; à défaut, jetez-y une pincée de farine et mouillez un peu après avec du consommé (Voy. n.º 5) ou du bouillon (Voy. n.º 1) ; faites bouillir doucement en remuant par fois avec la cuiller, et, au moment de servir, faites à votre sauce une liaison avec deux jaunes d'œufs auxquels vous ajouterez un peu de jus de citron.

N.º 136. *Sauce à l'Oseille.*

Faites blanchir à l'eau votre oseille d'abord bien lavée ; lorsqu'elle est cuite, égouttez-la au passoir ; hachez et passez au tamis ; placez alors dans votre casserole une tranche de jambon ; posez sur le feu en ajoutant un peu de fond d'un fricandeau (Voy. n.º 212) ou bien du beurre frais ; jetez votre oseille dedans, assaisonnez avec du sel et une pincée de poivre ; passez le tout un moment sur un feu doux pour faire prendre bon goût et remuez avec la cuiller ; mouillez ensuite avec du coulis (Voy. n.° 78) ; à défaut, jetez-y, comme pour le précédent, une pincée de farine et mouillez avec du bouillon (Voy. n.° 1) ou du jus (Voy. n.° 77).

Vous pouvez, pour bonifier votre oseille, la passer dans la casserole où vous aviez fait une glace (Voy. n.° 177) ; dans ce cas, rappelez-vous qu'elle doit être moins salée.

N.° 137. *Sauce à la Chicorée.*

Ne prenez que le blanc de vos chicorées ; blanchissez-les à l'eau bouillante ; mettez-y un peu de sel, et, quand elles sont cuites, jetez-les au passoir ; pressez pour extraire l'eau, et hachez bien fin ; placez-les alors dans une casserole avec une petite tranche de jambon et un morceau de beurre frais ou le dégraissis d'une cuisson de fricandeau (Voy. n.° 242) ; assaisonnez bien légèrement et passez un bon moment sur un feu modéré pour faire prendre goût ; remuez de temps en temps avec la cuiller ; mouillez ensuite avec du velouté (Voy. n.° 81) ou bien mettez-y la pincée de farine comme ci-dessus (Voy. n.° 135), mouillant, un peu après, avec du bouillon et un peu de lait ; lorsque vous voudrez servir, liez avec deux jaunes d'œufs.

N.° 138. *Sauce Robert.*

Mettez dans la casserole une petite tranche de

jambon et un peu de dégraissis d'un bon fond de cuisson (Voy. n.° 167) ou un petit morceau de beurre ; ajoutez trois ou quatre oignons coupés à petit dez ; faites roussir à petit feu en tournant par intervalle avec la cuiller ; assaisonnez avec du sel et un peu de poivre ; lorsque vos oignons seront cuits et roux, mouillez avec du coulis (Voy. n.° 78), ou bien faites avec de la farine et du bouillon, comme aux précédens (Voy. n.° 135) ; laissez bouillir un moment à petit feu, et, lorsque vous voudrez servir, ajoutez une bonne cuillerée à bouche de vinaigre blanc et un peu de moutarde.

N.° 139. *Sauce aux Truffes.*

Coupez à tranches deux ou trois truffes ; mettez-les dans une casserole avec un peu d'échalote bien hachée et quelques gouttes d'huile ; assaisonnez et passez deux minutes sur le feu.

Ajoutez un peu de vin blanc sec ; sitôt qu'il sera réduit, mouillez avec du velouté (Voy. n.° 81) ou de l'espagnole (Voy. n.° 80), et faites bouillir deux minutes seulement ; écumez, dégraissez et servez.

N.° 140. *Sauce à la Pâte en ouille* (Voy. n.° 154).

Faites blanchir, pendant une demi-heure, de la pâte en ouille dans du bouillon ; jetez-la alors au passoir pour l'égoutter, et vous la placerez ensuite dans une casserole où vous aurez déjà mis à bouillir de l'aspic (Voy. n.° 103) ; faites cuire pendant dix minutes à petit feu, et servez-vous de cette sauce pour des entrées.

N.º 141. *Sauce aux Pois verts.*

Posez sur un feu modéré votre casserole où vous aurez déjà mis une petite tranche de jambon et un peu de dégraissis de fricandeau (Voy. n.º 242); vous y passerez un instant vos pois et les mouillerez ensuite avec moitié jus (Voy. n.º 77) et moitié coulis (Voy. n.º 78); continuez la cuisson à petit feu, et dégraissez avant de servir.

N.º 142. *Sauce aux Olives.*

Tournez des olives; faites-les blanchir et mettez-les dans une casserole avec un peu de coulis (Voy. n.º 78). On peut remplacer le noyau des olives avec de la farce à quenelle.

N.º 143. *Émincée aux Concombres.*

Fendez en quatre, quatre concombres; ôtez-en les graines, les bouts et la peau, et émincez-les bien fin; émincez aussi deux oignons, et mêlez le tout dans un plat profond; jetez-y un peu de sel et le quart d'un verre de vinaigre blanc; une heure après, mettez votre émincée dans une serviette, et tordez à deux pour en extraire l'eau; posez, dans une casserole, une petite tranche de jambon; mettez-y votre émincée et du dégraissis d'un bon fond de cuisson (Voy. n.º 167) ou bien du beurre; passez cela sur un feu modéré, en remuant de temps en temps avec la cuiller de bois; faites attention que votre émincée ne devienne pas rousse ; faites-y réduire un peu de consommé (Voy. n.º 5) ou de bouillon (Voy. n.º 1), et, lorsqu'elle sera cuite, mouillez avec du velouté (Voy. n.º 81); à défaut, jetez-y une pincée de farine, et mouillez, un moment après, avec du consommé ou du bouillon, ou même du lait; laissez bouillir quelques instans à petit feu, et, quand vous voudrez utiliser cette sauce, faites-y une liaison avec deux jaunes d'œufs.

N.º 144. *Garniture aux Haricots.*

Lavez bien vos haricots et faites-les cuire à l'eau: changez-les d'eau à moitié cuisson et faites-les bouillir ; assaisonnez avec un peu de sel, un oignon piqué, une carotte et un peu de céleri que vous ficèlerez ensemble ; vous y joindrez un morceau de petit salé.

Après l'entière cuisson, égouttez-les au passoir, et mettez dans une casserole un morceau de beurre frais avec une pincée de farine que vous tournerez sur le feu jusqu'à ce que vous obteniez une bonne couleur rousse; alors vous y joindrez un peu d'oignon haché et vous tournerez toujours jusqu'à ce que l'oignon soit cuit; ajoutez-y un peu d'anchois haché; mouillez le roux avec du jus (Voy. n.º 77) dont vous exciterez l'ébullition, en ayant soin de tourner constamment ; vous jeterez dedans vos haricots, et ferez continuer de bouillir à petit feu.

N.º 145. *Garniture d'Aulx.*

Epluchez et mettez à blanchir à l'eau bouillante des aulx et un peu de sel ; lorsqu'ils sont presque cuits égouttez-les au passoir et jetez-les dans une casserole avec un peu de jus (Voy. n.º 77) ou du coulis (Voy. n.º 78) ; dès lors vous acheverez leur cuisson à petit feu.

N.º 146. *Garniture aux Navets.*

Ratissez, coupez et tournez en forme d'olives vos navets que vous ferez blanchir ensuite, pendant dix minutes, à l'eau bouillante ; égouttez-les au passoir et couvrez-les de bouillon (Voy. n.º 1) dans une casserole ; posez dessus des plaques de lard et recouvrez d'un rond de papier ; faites cuire à petit feu, et, après cuisson, lorsque leur mouillement est réduit, égouttez-les sur un tamis ; puis vous les jeterez dans une petite casserole où vous les mouillerez avec de la béchamelle (Voy. n.º 82) ; vous pouvez aussi les mouiller avec une espagnole (Voy. n.º 80).

N.º 147. *Garniture de Carottes.*

Ratissez-les, tournez-les en olives, comme les précédens, et faites-les blanchir cinq ou six minutes, à l'eau bouillante ; ensuite égouttez-les au passoir, après quoi vous les placerez dans une casserole, et vous les couvrirez de bouillon ; vous ajouterez du sucre, gros comme une noisette, pour corriger leur acreté, et une plaque de lard que vous étendrez au-dessus ; couvrez alors avec un rond de papier et un couvert, et faites cuire à petit feu ; lorsqu'elles seront au point, retirez le lard et faites en sorte que le fond de cuisson soit assez réduit pour tomber en glace ; il est essentiel de n'employer, dans ces occasions, que du bouillon doux de sel ; quand vous dresserez votre entrée, placez les carottes par-dessus, et répandez, sur le tout, une sauce espagnole (Voy. n.° 80.)

N.° 148 *Petits Oignons glacés.*

Foncez une casserole avec un peu de beurre frais ; placez-y ensuite de petits oignons que vous aurez épluchés avec soin sans les écorcher, sans couper trop ras les têtes ni les queues ; tournez toutes les têtes vers le fond de la casserole, et recouvrez-les jusqu'à la queue avec du bouillon (Voy. n.° 1) ; ajoutez du sucre, gros comme une noix, et faites partir sur un feu ardent ; lorsque le mouillement sera réduit, modérez le feu afin que les oignons aient le temps de bien se glacer sans se prendre à la casserole.

N.° 149. *Garniture aux Pieds de Céleri.*

Tournez des pieds de céleri ; blanchissez-les à l'eau bouillante pendante cinq minutes, et vous les égoutterez ; placez au fond d'une casserole une plaque de lard ; rangez-y les pieds de céleri dessus ; ajoutez une petite tranche de jambon, le quart d'une feuille de laurier, deux ou trois tranches de citron, et vous recouvrirez avec une seconde plaque de lard, après y avoir mis un oignon piqué (Voy. n.° 1) ; mouillez avec une quantité de bouillon qui puisse recouvrir les céleris ; faites partir sur le fourneau, et mettez ensuite à cuire à petit feu, en couvrant votre casserole et plaçant des cendres rouges sur le couvert ; lorsqu'ils seront cuits, versez dans un plat profond ; passez le fond de la cuisson au tamis, et mettez tout ensemble.

N.º 150. *Garniture aux Culs d'artichauts.*

Tournez-les comme j'ai dit pour les navets (Voy. n.º 146), et chaque fois que vous en aurez tourné un, frottez-le avec un peu de jus de citron, pour qu'il conserve sa blancheur, et jetez-le à l'eau fraîche.

Mettez ensuite dans une casserole un peu d'eau et de sel, le quart d'une feuille de laurier, un citron coupé à tranche et un morceau de beurre de la grosseur d'un œuf environ, que vous maniez dans de la farine ; mettez cela sur le feu, et lorsque l'ébullition l'aura réduit à peu près de moitié, égouttez vos artichauts et jetez-les dedans ; couvrez d'un rond de papier et d'un couvert de casserole, et, après l'entière cuisson, versez le tout dans un plat profond.

N.º 151. *Garniture de Racines.*

Mettez quelques carottes cuites, deux ou trois pieds de céleri cuits et coupez par le milieu huit petits oignons, quelques navets, quelques tranches de truffes, également cuits, dans une casserole, et mouillez avec une espagnole (Voy. n.º 80) ; faites bouillir un instant par côté ; dégraissez et servez.

N.º 152. *Sauce claire.*

Vous n'avez qu'à faire chauffer de l'aspic (Voy. n.º 103) dans une casserole, et le verser bouillant sur l'objet.

N.º 153. *Garniture de Champignons frais.*

Nettoyez-les parfaitement ; coupez-les et passez-les, au moyen d'une casserole, sur un feu doux, avec un morceau de beurre ou de lard râpé, en y joignant quelques fines herbes ; mouillez ensuite avec un peu de vin blanc, auquel vous ferez succéder un mouillement de velouté (Voy. n.º 81) ou d'espagnole (Voy. n.º 80), quand le premier sera réduit ; laissez bouillir un instant ; dégraissez et servez.

FARCES.

N.º 154. *Mitonnage.*

Mettez dans une petite casserole une once de pain blanc et le tiers d'un verre de lait ; posez-le tout sur le feu, et faites dessécher le pain en le remuant avec la cuiller ; vous le lierez ensuite avec trois jaunes d'œufs ; ôtez alors la casserole de dessus le feu, et versez votre mitonnage sur une assiette.

N.º 155. *Farce à Quenelles de Volailles.*

Prenez des filets de volaille, ratissez-les avec le couteau, de façon à en détacher parfaitement tout ce qui est chair et à laisser au contraire tout ce qui est nerf ou peau ; pilez cette chair et passez-la ensuite au tamis ; passez-y également du mitonnage.

Ayez, en même temps, de la tétine de veau cuite et refroidie dont vous ôterez aussi les peaux et que vous pilerez pour la passer de même au tamis.

Tous ces objets étant ainsi disposés, vous aurez soin de peser cinq onces de chair, trois de tétine ; vous les mettrez dans le même mortier où vous les repilerez ensemble, en ajoutant trois onces de mitonnage ; assaisonnez avec un demi-gros de sel épice, de l'échalote, du persil, quelques truffes, le tout bien haché et passé une minute sur le feu avec un morceau de beurre de la grosseur d'une noix.

Pilez jusqu'à ce que les divers élémens ne fassent plus qu'un seul et même corps.

Alors vous prendrez de cette pâte, à peu près la grosseur d'une noisette, et la jeterez dans un peu de consommé (Voy. n.° 5) bouillant, pour la retirer au bout de cinq minutes ; vous voyez par là si elle est au point convenable ; est-elle trop ferme, vous jetez dans votre mortier une cuillerée à bouche de béchamelle ; est-elle au contraire trop molle, vous fouettez un blanc d'œuf et vous le mêlez avec la farce que vous ôtez ensuite du mortier pour faire les quenelles de la manière suivante :

Ayez une cuiller à bouche que vous tremperez dans de l'eau tiède ; remplissez-la de farce que vous égaliserez avec la lame d'un couteau déjà passée dans du blanc d'œufs fouettés. Ceci est nécessaire pour que la pâte ne s'attache à la lame

Prenez, avec une seconde cuiller, dans la première, la quenelle ainsi faite et posez-la sur un papier beurré ; faites de même pour toutes les autres.

Mettez alors au feu une casserole avec du consommé (Voy. n.° 5) ou du bouillon (Voy. n.° 1) ; lorsqu'il sera en ébullition, trempez-y votre papier, les quenelles s'en détacheront et vous le retirerez ; dix minutes suffisent pour cuire vos quenelles que vous faites bouillir doucement sur l'angle du fourneau.

Vous pouvez faire cette farce avec toutes sortes de blanc de volailles et de gibiers, ou même avec du veau ; on peut remplacer aussi la tétine par du beurre ou du lard rapé.

Je dois prévenir également que l'on peut faire toute espèce de farce à quenelle, aux écrevisses, en se servant au lieu de tétine, de beurre d'écrevisses (Voy. n.° 111).

N.° 156. *Quenelles de Poissons.*

Pesez cinq onces de merlan, trois de mitonnage (Voy. n.° 154), autant de lard rapé, que vous pouvez remplacer par une égale quantité de tétine de veau ou de beurre, pilez et faites absolument comme ci-dessus. Observez seulement que le beurre étant très-ferme en hiver, il faut, afin de le dissoudre, que le mitonnage soit un peu chaud.

N.° 157. *Quenelles de Pommes de terre.*

Faites cuire des pommes de terres dans la braise; ôtez-en la peau et toutes les parties rougeâtres ; ne vous servez que de l'intérieur.

Pesez-en cinq onces que vous pilerez parfaitement, en y joignant trois onces de beurre, quelques fines herbes bien hachées et deux œufs entiers ; placez ensuite cette farce dans une casserole, sur le feu, et remuez sans discontinuer avec la cuiller de bois ; puis vous y jeterez un œuf entier et vous essayerez cette farce comme vous faites pour les autres quenelles, et si elle n'a pas assez de consistance, jetez-y encore un œuf ; mêlez toujours sur le feu, et essayez jusqu'à ce que la quenelle résiste à l'épreuve.

N.° 158. *Farce cuite.*

Mettez dans une casserole cinq onces de veau, autant de lard ou de tétine, et passez un moment sur le feu ; assaisonnez ensuite avec un demi-gros de sel épice ; hachez une échalote, des truffes et du persil que vous mêlerez à votre viande, et, quand elle sera un peu roidie, vous l'ôterez du feu et la laisserez refroidir ; vous la hacherez alors ; après vous pilerez ce hachis, en y ajoutant trois onces de mitonnage (Voy. n.° 154), et, lorsque le tout sera suffisamment amalgamé, vous y mêlerez encore un blanc d'œuf fortement fouetté.

N.° 159. *Farce fine.*

Mêlez à six onces de veau ou de volaille ou même de lapereau, cinq onces de lard ou de tétine cuite ; assaisonnez avec un demi-gros de sel épicé et quelques fines herbes hachées ensemble ; hachez alors le tout, et pilez-le en y ajoutant trois onces de mitonnage et le blanc d'œuf fouetté, comme à l'article ci-dessus.

N.° 160. *Farce au Gratin.*

Hachez ensemble et bien menu trois onces de veau, autant de lard et deux de foie gras de volaille ; assaisonnez dans la même proportion que les farces précédentes, avec sel épicé et fines herbes ; ajoutez deux jaunes d'œufs, et, un instant après, trois onces de moelle de bœuf que vous aurez eu d'abord le soin de hacher.

N.° 161. *Farce à la Nîmoise.*

Mettez à tremper, dans un peu de bouillon bien chaud, une demi-once de mie de pain ; au bout de cinq minutes retirez-la pour la poser dans un petit plat profond ; ajoutez-y quatre cuillerées à bouches de gascogne (Voy. n.° 166), en y mêlant de la farce au gratin (Voy. n.° 160). Cette farce à la nîmoise est excellente pour placer sous un cordon de côtelettes d'agneau, que l'on soumet ensuite au four.

N.° 162. *Farce aux Œufs.*

Faites une omelette avec trois œufs et quelques

fines herbes hachées ; laissez-la bien cuire et pilez-la dans un mortier avec six jaunes d'œufs durs, dans trois onces de beurre et gros comme un œuf de mitonnage ; joignez-y deux jaunes d'œufs frais, et, un instant après, les deux blancs que vous aurez bien fouettés. Quand l'amalgame en sera parfait, ôtez cette farce du mortier.

N.º 163. *Farce à la Ménagère.*

Ayez cinq onces de veau, quatre de lard, trois de moelle de bœuf ou de graisse de rognon de veau, trois de mitonnage (Voy. n.º 154), quelques fines herbes et demi-gros de sel épice.

Vous procédez comme pour la farce fine, et en la sortant du mortier vous la mettez dans un plat ; alors vous prenez une bonne poignée d'herbes, des épinards, de l'oseille, du cerfeuil, de la poirée que vous hachez bien menu et dans lesquelles vous jetez un peu de sel, mais tout juste ce qui doit suffire pour les saler et leur faire rendre l'eau que vous extrairez un moment après en les pressant fortement dans la main.

Mêlez ces herbes à votre farce ; ajoutez-y trois jaunes d'œufs, une once de lard et pareille quantité de jambon, moitié gras et moitié maigre ; coupez ces derniers objets à petits dés et joignez-les à votre farce.

Celle-ci vous servira pour farcir toute sorte de volailles, de poitrines, de ventres de veau ou d'agneaux cuits au pot ou en braise. On peut y mettre des truffes et même un peu d'ail ratissé, si on ne le craint pas.

N.° 164. *Ragoût mêlé.*

Passez dans la casserole, sur le feu, quelques filets de jambon et des ris d'agneau avec un peu de lard râpé ou de beurre ; faites-y réduire un demi-verre de vin de Madère ou de vin blanc sec ; joignez-y quelques tranches de truffes, et vous mouillerez ensuite avec un peu d'espagnole (Voy. n.° 80) ou de velouté (Voy. n.° 81), selon l'entrée où doit être mis le ragoût mêlé ; ajoutez des crêtes de volaille, des rognons de coq, du foie gras, des culs d'artichauts, et liez bien court avec trois jaunes d'œufs ; jetez-y aussi un jus de citron.

Vous pouvez joindre à votre ragoût des huîtres et des queues d'écrevisses.

N.° 165. *Salpicon.*

Ayez un peu de jambon, la moitié d'un oignon, du ris de veau ou d'agneau blanchi, des truffes et des champignons ; coupez le tout à petits dés.

Faites fondre dans une casserole une plaque de lard ou un morceau de beurre ; à défaut des deux, placez-y du dégraissis d'un bon fond de cuisson.

Mêlez d'abord le jambon et l'oignon ; un instant après, tous les objets ci-dessus détaillés, et, lorsque vous aurez passé le tout un moment sur le feu en remuant avec la cuiller de bois, mouillez avec du coulis, et faites bouillir jusqu'à presque entière cuisson ; quand la sauce sera rapprochée, liez avec deux ou trois jaunes d'œufs, et ajoutez un peu de jus de citron.

On peut faire entrer dans ce salpicon, comme dans le ragoût précédent, du foie gras, des rognons de coq, le tout coupé à dés.

N.° 166. *Gascogne.*

Placez au fond d'une casserole une barde de lard et une petite tranche de jambon ; émincez des oignons bien fin, et posez-les au-dessus ; mettez à cuire en couvrant avec un couvert de casserole et à petit feu ; prenez garde que vos oignons ne prennent de la couleur ; lorsqu'ils seront presque cuits, ôtez le lard et le jambon, et mettez à la place un peu de dégraissis de quelque bon fond de cuisson ; achevez de faire cuire sur un feu plus ardent, et en remuant de temps en temps avec la cuiller de bois, afin que rien ne s'attache à la casserole ou ne se colore trop ; par là vous ferez réduire l'eau qu'ils auront pu rendre ; assaisonnez, mouillez ensuite avec un peu de coulis, et, un instant après, liez avec trois ou quatre jaunes d'œufs, et ajoutez un bon jus de citron.

CUISSONS.

N.° 167. *Braise pour faire cuire les entrées.*

Placez dans une casserole des bardes de lard,

et posez au-dessus des tranches de veau ou de toute autre viande, ou bien des parures que vous assaisonnerez ; mettez par dessus ces objets celui que vous voulez cuire et que vous aurez assaisonné ; recouvrez avec des bardes de lard ; ajoutez un bouquet (Voy. n.º 168), un oignon piqué (Voy. n.º 1) et un ail avec la peau ; mettez par-dessus le tout des parures, des abatis et des carcasses de volaille ; faites suer un instant ; mouillez ensuite avec un peu de bouillon et un demi-verre de vin blanc sec ; recouvrez avec une feuille de papier et un couvert ; posez sur le couvert des cendres rouges, et faites cuire à petit feu.

Nota. Je recommande de laisser l'ail enveloppé dans sa peau, parce que, lorsqu'il est dépouillé, il arrive qu'à la réduction du mouillement, cet ail, qui se trouve sous la viande, se met en purée et domine trop, ce qui n'arrive pas quand on a pris la précaution de le laisser enveloppé.

N.º 168. *Bouquet pour Entrées.*

Coupez en long quelques morceaux de carottes ; joignez-y un peu de persil en branche et une demi-feuille de laurier ; ficelez le tout de manière à ce que les carottes soient à l'extérieur et renferment le reste, afin qu'il ne se mêle pas dans l'entrée.

N.º 169. *Liaison.*

Délayez deux ou trois jaunes d'œufs avec deux

cuillerées à bouche de lait ou de bouillon froid ; à défaut, avec de l'eau.

N.º 170. *Cuisson de toute sorte de volailles, en entrée de broche, à la broche, poêlees ou sur le gril.*

Préparation préliminaire.

Après avoir avoir plumé, flambé et vidé une volaille, coupez-lui la fourchette, c'est-à-dire, posez votre pièce sur le dos, la tête tournée vers vous, introduisez un couteau dans la gorge afin de fendre le commencement de l'os de l'estomac, sans endommager la peau ; frappez ensuite dessus avec le dos d'un couteau ; l'os s'affaissera et la volaille prendra une forme arrondie. Faites blanchir les pattes sur le feu pour en enlever facilement la peau ; coupez les ongles ; donnez un coup de couteau au nerf du dessous des cuisses, un peu avant la jointure, et retroussez les pattes le long des cuisses, avec une ficelle que vous passez au moyen d'une aiguille à brider, entre l'une et l'autre ; nouez derrière le dos et faites attention de placer les pattes en dehors des cuisses ; mettez alors, dans le jabot de votre volaille, gros comme la moitié d'un œuf, de beurre assaisonné d'un peu de sel.

N.º 171. *Cuisson en entrée de broche.*

Mettez une barde de lard sur deux feuilles de papier attenantes que vous aurez placées sur la table ; posez par-dessus votre volaille du côté du dos ; jetez un peu de sel sur l'estomac ; recouvrez-la avec des tranches de citron dont vous aurez enlevé l'écorce, deux ou trois tranches d'oignon, de carottes et le quart d'une feuille de laurier ; recouvrez le tout avec du lard ; ayez soin d'arroser le papier avec une cuillerée à bouche d'huile, ou de le beurrer ; après quoi, embrochez votre volaille et reployez le papier sur elle, de façon à l'y envelopper entièrement ; assujétissez fortement les extrémités en les ficelant à la broche ; huilez encore ou beurrez l'extérieur du papier, de crainte qu'il ne vienne à s'enflammer, et faites cuire à petit feu.

N.º 172. *Cuisson en entrée de broche au four.*

Préparez la volaille comme ci-dessus ; enveloppez-la de papier et emballez-la comme un paquet ; graissez bien l'extérieur ; posez la volaille dans un plat et mettez au four ; au bout d'une demi-heure vous la retournerez.

N.º 173. *Cuisson en entrée de broche sur le gril.*

Préparez et empaquetez votre volaille comme précédemment ; délayez de la farine comme pour une friture ; oignez-en le paquet ; enveloppez-le de nouveau d'une feuille de papier bien huilée, et mettez sur le gril ; il faut que cette cuisson s'opère à petit feu.

N.º 174. *Poêle.*

Mettez dans une casserole du veau déjà blanchi

à l'eau bouillante, et que vous aurez coupé à gros dés, un morceau de jambon, un peu de lard, des carottes et de l'oignon coupés de même ; passez le tout un instant sur le feu en y joignant un morceau de beurre frais ; mouillez de suite avec du consommé ; faites bouillir quelque temps ; écumez et mettez à refroidir dans un plat profond.

N.° 175. *Entrée poêlée.*

Votre volaille étant troussée, comme pour une entrée de broche (Voy. n.° 170), mettez-la dans une casserole sur des plaques de lard ; posez sur la volaille des tranches de citron et recouvrez-la de bardes de lard ; ajoutez un oignon piqué (Voy. n.° 1), un bouquet (Voy. n.° 168) ; mouillez jusqu'à mi-cuisse avec de la poêle (Voy. n.° 174) ; couvrez la casserole avec un rond de papier, et posez sur le feu ; aux premiers bouillons, transposez votre cuisson sur la paillasse ; remettez un couvert de casserole avec un peu de cendres rouges dessus, et faites cuire à petit feu.

Observation.

Dans les cuisines bourgeoises on n'a pas toujours de la poêle faite : on prépare néanmoins la volaille, comme dans l'article précédent, mais au lieu de la mouiller avec une poêle, on emploie, à cet effet, du consommé ou du bouillon ; on peut, dans ce cas, la bonifier en mettant autour des peaux et parures de veau ou des abatis qu'on aura eu soin de faire blanchir, et une petite tranche de jambon. J'engage les cuisiniers à ne pas trop mouiller ni laisser trop cuire ces sortes d'entrées ; j'en ai vu, couvrir de mouillement jusque par-dessus les cuisses, et faire ensuite la sauce avec le fond de cuisson de cette même entrée ; il est évident que cette manière de travailler dégoûte la volaille et lui donne l'aspect d'une viande bouillie.

N.° 176. *Cuisson pour entrées piquées.*

Bardez de lard le fond d'une casserole ; mettez-y quelques tranches de veau bien minces, un morceau de carotte et un petit oignon coupé, le quart d'une feuille de laurier, un ou deux clous de gérofle et une petite tranche de jambon ; posez dessus votre viande piquée ; faites suer et mouillez de suite avec du bouillon peu salé, jusques à moitié viande ; ayez soin que ce mouillement ne monte pas sur le piquage ; recouvrez d'un rond de papier et d'un couvert sur lequel vous mettrez des cendres chaudes ; faites cuire à petit feu ; glacez et servez.

N.° 177. *Glace pour glacer.*

Passez au tamis le fond de cuisson de votre entrée ; après qu'il aura été bien dégraissé, s'il n'a pas assez de couleur, donnez-lui en avec du blond de veau (Voy. n.° 6) ou du jus (Voy. n.° 77) ; versez-le dans une casserole et faites réduire jusqu'à ce qu'il tombe en glace ; servez-vous en au moyen d'un petit plumet fait avec des queues de volailles.

On fait aussi de la glace pour glacer en faisant réduire du consommé (Voy. n.° 5) dans une petite casserole bien étamée ; ayez soin , lorsque vous glacerez des entrées , que le lard soit un peu sec , afin qu'il prenne une bonne glace. Dans les grandes cuisines on a d'ordinaire une grosse pelle fort épaisse que l'on fait bien chauffer et que l'on suspend sur la table, a l'effet de sécher le lard ; on évite cette opération , si l'on veut , en tenant , lors de la cuisson , des cendres rouges sur le couvert.

N.° 178. *Cuisson, à la minute , de tous Filets.*

Mettez dans une casserole du consommé (Voy. n.° 5) ou un fond de cuisson bien dégraissé et passé au tamis ; faites réduire sur le feu , et, un moment avant qu'il tombe en glace , rangez-y vos filets , le lard en dessous , et faites partir.

Transposez ensuite votre casserole sur des cendres rouges ; placez dessus un rond de papier et un couvert sur lequel vous poserez un peu de feu ; dix minutes doivent suffire à l'entière cuisson de vos filets , ils se glaceront d'eux-mêmes ; évitez que le lard s'attache à la casserole ; au moment de servir , passez cette dernière sur le feu et retirez-la presque de suite ; remuez les filets avec une fourchette afin qu'ils prennent bien la glace.

N.° 179. *Cuisson des Crêtes de volaille et des rognons de coq.*

Faites dégorger des crêtes de coq dans de l'eau fraîche ; lavez-les ensuite dans de l'eau chaude ; après quoi vous les essuyerez et les parerez en coupant les bouts.

Mettez-les à cuire dans une petite casserole avec un peu de bouillon (Voy. n.° 1) et de jus de citron ; couvrez-les d'une barde de lard ; un moment avant leur entière cuisson, joignez-y les rognons que vous aurez aussi fait dégorger dans l'eau fraîche, et, lorsque le tout sera au point, versez dans un plat profond.

MARINADES DIVERSES.

N.° 180. *Marinade pour les Côtelettes.*

Assaisonnez les côtelettes avec du sel et du poivre, et arrosez-les avec de la bonne huile ou bien avec une once de beurre clarifié.

N.° 181. *Marinade au vinaigre.*

Répandez, sur les objets que vous voulez mariner, du poivre et du sel ; posez par-dessus des tranches d'oignon, deux carottes, une demi-feuille de laurier, du persil en branche, et versez sur le tout un demi-verre de bon vinaigre.

N.° 182. *Marinade à l'huile.*

Assaisonnez votre viande avec du sel et du poivre ;

étalez-la dans un plat, et posez par-dessus des tranches de citron, d'oignon, de carotte, une demi-feuille de laurier, un ail, quelques feuilles de persil en branche, et vous arroserez le tout avec de la bonne huile.

N.° 183. *Marinade aux Fines herbes.*

Assaisonnez, comme dans les articles précédens ; ajoutez de fines herbes et des truffes, le tout bien haché ; exprimez, par-dessus, le jus d'un citron ; répandez-y deux cuillerées à bouche de bonne huile, ou bien une once de beurre clarifié.

N.° 184. *Marinade chaude pour cuire les poissons.*

Coupez deux carottes, deux oignons, deux porreaux et deux panais ; mettez le tout dans une casserole avec un morceau de beurre, et faites-le roussir en le remuant avec une cuiller ; mouillez ensuite avec du vin blanc sec ; assaisonnez ; ajoutez un bouquet fait avec deux cœurs de laitue, du cerfeuil et du persil ficelés ensemble ; faites-bouillir un quart d'heure ; écumez et versez sur le poisson que vous ferez cuire ensuite.

Nota. Quand on veut préparer le poisson au gras, on remplace l'huile ou le beurre par du dégraissis.

BŒUF.

PIÈCES POUR RELEVÉ DE POTAGE.

N.° 185. *Pièce de Bœuf au naturel.*

Les bouchers de Nismes coupent très-mal les

viandes. Dans un même morceau se trouvent quelquefois des parties si différentes dans leur degré de bonté, qu'il est impossible d'obtenir une cuisson uniforme. J'engage donc les cuisiniers à demander, pour chaque apprêt, la portion que j'indiquerai.

C'est dans la culotte, c'est-à-dire dans la partie inférieure du corps, que se prend le meilleur bouilli; le grumeau, qui comprend l'extrémité du cou et le commencement de la poitrine, est aussi très-bon pour le même usage.

Tout le monde connaît quand un bouilli est assez cuit; alors dressez-le dans un plat, ôtez, avec la lame du couteau, la peau du dessus, et placez autour du persil en branche.

N.° 186. *Bouilli aux Pommes de terre.*

Dressez la pièce et parez-la comme la précédente; entourez-la ensuite de pommes de terre entières et bien arrondies que vous aurez d'abord fait cuire et puis fait roussir dans le beurre.

N.° 187. *Bouilli en sauce.*

Dressez la pièce comme ci-dessus, et versez dans le plat une sauce aux tomates (Voy. n.° 119) ou toute autre sauce piquante.

N.° 188. *Bouilli en Chou-croute.*

Dressez et parez votre pièce, après quoi vous l'entourez de chou-croute cuite dans une bonne braise (Voy. n.° 167).

N.º 189. *Pièce de Bœuf garnie.*

Après l'avoir dressée sur son plat, rangez, autour, la garniture ci-après détaillée ; lavez des choux ; faites-les blanchir dix minutes, égouttez-les ensuite et les mettez dans l'eau fraîche ; un instant après égouttez-les de nouveau ; pressez-les même avec les mains pour en extraire toute l'eau ; vous les assaisonnerez avec du sel, une pincée d'épices, les ficelerez et les placerez dans une casserole au fond de laquelle vous aurez d'abord mis une plaque de lard ; mettez sur vos choux quelques morceaux de petit salé, deux ou trois carottes, autant de navets que vous aurez fait blanchir un instant ; ajoutez quelques lames de jambon ; placez, par-dessus ces lames, des bardes de lard, et pardessus le lard des tranches de bœuf ou de veau coupées bien minces, ou bien des débris de viande ; recouvrez le tout avec du bouillon, et faites cuire à petit feu ; couvrez avec un rond de papier et un couvert de casserole sur lequel vous mettrez des cendres rouges ; préparez, en particulier, quelques oignons glacés ainsi qu'une bonne andouille de Nismes ou bien un saucisson, et, lorsque vous voudrez servir votre pièce de bœuf, vous observerez que le mouillement de vos choux soit réduit ; vous les déficélerez, les égoutterez, les mettrez sur une serviette propre et les roulerez dans cette serviette pour les débarrasser de toute leur graisse ; vous les couperez tous dans la même forme ; vous dresserez le bouilli et rangerez vos choux tout autour en intercallant, avec symétrie, une carotte, un navet, un morceau de petit salé et une tranche d'andouille ; posez sur chaque morceau de choux un oignon glacé ; glacez tous vos légumes, et versez sur le bouilli une sauce aux pommes d'amour (Voy. n.° 119).

N.° 190. *Côte de Bœuf à la Ménagère.*

Parez une côte de bœuf ; piquez-la à gros lard, et soupoudrez-la avec un peu de farine ; placez-la ensuite dans une casserole au fond de laquelle vous aurez d'abord fait fondre du lard ; assaisonnez avec du sel, un peu d'épice ; ajoutez-y une carotte, un peu d'oignon, et faites-la roussir à petit feu ; quand un côté sera au point, tournez de l'autre ; mouillez avec du bouillon (Voy. n.° 1) ou de l'eau bouillante, et, quand la côte sera bien cuite, vous la dégraisserez et la servirez dans son jus avec quelques câpres ou des cornichons.

N.° 191. *Côte de Bœuf braisée.*

Mettez à cuire dans une braise (Voy. n.° 167) deux côtes qui ne soient pas séparées ; après les avoir piquées avec de gros lardons ; assaisonnez à l'ordinaire, et, lorsqu'elles seront cuites, ratissez le bout des côtes afin qu'elles soient bien blanches, et versez par-dessus une sauce ou une garniture quelconque.

N.° 192. *Côte de Bœuf en gelée.*

Laissez trois côtes tenir ensemble ; piquez le

filet, c'est-à-dire la partie charnue à la naissance des côtes, avec des lardons gros et bien carrés, et des truffes coupées dans la même dimension, que vous intercallerez de façon à former un damier ; ficelez et mettez à cuire dans une braise (Voy. n.° 167), après quoi vous laisserez refroidir vos côtes ; vous en nettoyerez bien les bouts à la hauteur d'un pouce, et vous les servirez couvertes de gelée.

N.° 193. *Sous-filet de Bœuf en braise.*

On appelle vulgairement cette partie du bœuf, dans ce pays-ci, le lapin. Le sous-filet comprend ces deux portions charnues qui longent l'épine dorsale à l'intérieur de l'animal.

Piquez-le à gros lard ; assaisonnez à l'ordinaire ; donnez lui une forme arrondie ; ficelez et mettez à cuire dans une braise (Voy. n.° 167) ; après la cuisson, dressez-le sur son plat ; ôtez la ficelle, et versez tout autour une sauce hachée ou bien une garniture.

N.° 194. *Sous-filet en gelée.*

Piquez encore avec de gros lardons et des truffes ; assaisonnez ; ficelez en tâchant de donner à la viande une forme arrondie, et mettez à cuire dans une braise (Voy. n.° 167) ; ensuite vous laisserez votre pièce se refroidir dans sa cuisson, et, quand elle sera froide, vous la déficélerez, la dresserez sur son plat et la couvrirez de gelée.

N.º 195. *Sous-filet de bœuf à la broche.*

Otez-en les peaux ; piquez-le à petit lard, et marinez-le (Voy. n.º 182) ; laissez-le dans la marinade pendant deux jours, en ayant soin de le retourner de douze en douze heures ; après cela faites-le cuire à la broche, à laquelle vous l'assujétirez bien au moyen de deux brochettes que vous fixerez à la broche par les deux bouts ; enveloppez la pièce et sa marinade avec une grande feuille de papier, et observez que la cuisson doit être opérée en cinq quarts d'heure ; quand vous voudrez servir, vous ôterez le papier, vous dresserez votre rôti sur son plat, et répandrez par-dessus une sauce poivrade.

N.º 196. *Bifteks.*

Après avoir paré un sous-filet de bœuf de toutes ses peaux, coupez-le à tranches d'un travers de doigts d'épaisseur ; battez ces tranches avec un battoir et marinez-les (Voy. n.º 180) ; mettez-les ensuite sur le gril, à un feu bien ardent, et, quand elles seront roidies d'un côté, vous les tournerez de l'autre ; mettez de la sauce à la maître d'hôtel (Voy. n.º 121) dans un plat et rangez vos bifteks par-dessus.

N.º 197. *Bifteks aux Pommes de terre.*

Préparez-les absolument comme dans l'article qui précède et servez-les avec un cordon de pommes de terre, que vous avez d'abord fait cuire, et ensuite roussir dans du beurre.

N.º 198. *Bifteks au beurre d'anchois.*

Hachez un anchois et du beurre, que vous mêlerez avec de la maître d'hôtel (Voy. n.º 121), et servez vos bifteks par-dessus.

N.º 199. *Sous-filet de Bœuf sauté.*

Coupez-le et marinez-le comme pour le biftek ; placez-le dans un sautoir, avec du beurre, et faites-le roidir des deux côtés ; lorsque vos tranches sont cuites, retirez-les sur un plat, ôtez le beurre du sautoir et mettez-y quelques tranches de truffes, un demi-verre de vin blanc et de fines herbes ; laissez réduire à demi, après quoi vous verserez dans votre sauce un peu de coulis (Voy. n.º 78), vous la dégraisserez quelques minutes après et la répandrez sur votre bœuf.

N.º 200. *Bœuf à la mode.*

On se sert, pour cet apprêt, de la culotte (Voy. n.º 185) ou de la noix, ce qui vaut encore mieux ; la noix est la partie charnue à l'intérieur de la cuisse.

Coupez la viande par morceaux ; employez pour chaque livre trois onces de lard et un gros et demi de sel épice ; coupez, dans la quantité de lard désignée, des lardons que vous assaisonnerez avec le sel épice aussi indiqué, et lardez vos morceaux ; répandez l'excédent de l'assaisonnement sur la totalité du bœuf, ainsi que le reste du lard que vous coupez à petits dés, et placez-le dans un pot avec avec un pied de veau ou de cochon et une carotte. Observez que le pot doit être plein et bien fermé d'une double feuille de papier et d'un couvert de casserole ; vous avez eu le soin, avant cette dernière opération, de répandre sur votre daube un demi-verre de vin blanc sec, et d'entourer le pot qui la contient, de cendres rouges, afin de la faire cuire seulement sans la dessécher ; à la demi-cuisson, faites sauter une fois afin que le dessous vienne au-dessus.

Observation.

Il est des cuisinières qui n'ont pas l'attention de proportionner la capacité de leur pot au volume de viande qu'elles préparent ; elles s'exposent à cuire inégalement leurs morceaux, à laisser dessécher les uns pendant que les autres se brisent au fond du pot ; la précaution que je leur recommande obvie à cet inconvénient grave en cuisine. Quand le pot est bien plein, le jus monte par-dessus la viande, il la pénètre, la nourrit, et, comme je viens de le dire, on n'a besoin de la faire sauter qu'une fois.

N.° 200 (*bis*). *Rosbif*.

Faites cuire un aloyau à la broche ; cette partie du bœuf comprend le filet, à la naissance des côtes, et le sous-filet qui longe l'épine du dos. Il y a donc deux aloyaux dans la bête.

Quand votre pièce est au point, dressez-la sur son plat et versez par-dessus une sauce hachée (Voy. n.° 116); le rosbif peut se servir pour grosse pièce de relevé de potage; il peut également être présenté rôti.

N.° 201. *Gras double.*

Lorsque le gras double est bien nettoyé, il faut le couper en deux, le ficeler et le mettre à cuire dans un pot avec de l'eau; écumez-le; après quoi vous l'assaisonnerez avec du sel et un bouquet (Voy. n.° 166), un oignon piqué de deux clous de gérofle et un morceau de petit salé ou de lard; après cette première cuisson, coupez le gras double de la largeur de quatre doigts; mettez-le dans une casserole où vous aurez d'abord fait fondre, à moitié, une tranche de jambon et du lard coupés à petits dés; assaisonnez avec un oignon piqué, un ail enveloppé de la peau et une feuille de laurier; mouillez avec bien peu de cette eau dans laquelle vous l'avez déjà fait cuire, et terminez votre cuisson à petit feu. Le mouillement doit être court.

N.° 202. *Palais de Bœuf.*

Après l'avoir paré et fait dégorger dans l'eau fraîche, faites-le blanchir; nettoyez-le bien de nouveau et le mettez à cuire dans une poêle (Voy. n.° 174).

N.° 203. *Palais au Gratin.*

Fendez les palais en long; mettez-y de la farce

à gratin que vous égaliserez bien avec la lame du couteau ; égalisez de même, par-dessus cette farce, une couche de salpicon bien truffé (Voy. n.° 165) et roulez les palais ; placez-les ensuite dans un plat au fond duquel vous aurez mis un peu de farce ; saupoudrez avec du parmesan ou du gruyère rapé, et exposez-les à la gueule du four, un instant avant de servir ; on peut, à défaut de four, poser le plat sur un trépied, feu dessous et dessus ; quand la préparation a pris couleur, faire égoutter la graisse, et répandre dessus un peu d'espagnole (Voy. n.° 80).

N.° 204. *Palais de Bœuf à l'Allemande.*

Quand le palais de bœuf est cuit, comme à l'art. 203, coupez-le de deux pouces de largeur et le mettez dans une sauce allemande (Voy. n.° 83).

N.° 205. *Palais de Bœuf à la Béchamelle.*

Faites absolument comme ci-dessus, et posez vos morceaux dans une sauce béchamelle (Voy. n.° 82).

N.° 206. *Palais de Bœuf en Attelles.*

Après la première préparation (Voy. n.° 203), coupez les palais à petits carrés et passez successivement dans une brochette un morceau de palais, un morceau de truffe cuite et un morceau de tétine de veau cuite aussi et coupée de la même manière ; lorsque toutes les brochettes sont ainsi garnies, mettez-les dans un plat ; versez par-dessus de la sauce allemande (Voy. n.° 83) un peu liée et bien chaude ; laissez-la se refroidir ; après quoi panez vos brochettes à l'anglaise, c'est-à-dire dans de l'œuf bien battu que vous aurez assaisonné, et puis dans la mie de pain ; faites-les griller un moment, et arrosez-les avec de l'huile ou du beurre.

N.° 207. *Noix de Bœuf glacée.*

Lardez une noix de bœuf (Voy. n.° 200) à gros lardons ; assaisonnez-la de sel épice, et mettez-y du lard dans la même proportion que pour le bœuf à la mode (Voy. n.° 200) ; ficelez-la et mettez-la à cuire dans une braise (Voy. n.° 167), entre des bardes de lard ; vous ajouterez au mouillement ordinaire une demi-bouteille de vin blanc sec ou de Madère et un demi-verre d'eau-de-vie ; lorsque votre noix sera cuite, vous la déficelerez, la glacerez et la servirez avec une garniture d'oignons glacés (Voy. n.° 148) ou de racines (Voy n.° 151) ou de chou-croute (Voy. n.° 188).

N.° 208. *Noix de Bœuf en surprise.*

Préparez-la comme ci-dessus ; au moment de servir, évidez le milieu en lui donnant une forme ronde, et mettez, à la place de la viande que vous en enlevez, un macaroni (Voy. n.° 865) fait avec le jus de bœuf ; recouvrez le trou avec le dessus de la viande que vous avez coupée en rond bien mince, et saucez avec une espagnole (Voy. n.° 80).

N.º 209. *Langue de Bœuf en sauce piquante.*

Enlevez les bavures de la langue, en la ratissant avec un couteau, sans cependant en endommager la peau ; coupez-la ras du gosier et laissez-la dégorger dans l'eau fraîche pendant quelques heures : lavez-la ensuite à plusieurs eaux ; faites-la blanchir et la remettez dans l'eau fraîche ; après cela vous la larderez à gros lardons, vous l'assaisonnerez avec du sel épice et la mettrez à cuire dans une braise (Voy. n.º 167) ; lorsqu'elle sera cuite vous la retirerez, l'égoutterez, la dépouillerez de sa peau, la fendrez d'un bout à l'autre sans néanmoins séparer les deux morceaux, et la servirez avec une sauce piquante (Voy n.º 116).

N.º 210. *Langue de Bœuf à l'écarlate.*

Lavez la langue et laissez-la tremper pendant deux jours, après quoi vous la frotterez avec du salpêtre et un peu de cassonnade rousse ; vous l'assaisonnerez avec de gros poivre et de l'eau-sel bien refroidie ; laissez-la tremper ainsi quatre jours, en la retournant chaque jour afin qu'elle soit pénétrée de tous côtés ; au bout de ce temps, mettez-la à cuire dans de l'eau et un peu de sa saumure ; ajoutez-y un bouquet (Voy. n.º 168), un oignon piqué, et, lorsqu'elle sera cuite, vous la dépouillerez de sa peau, la placerez dans un plat creux et répandrez par-dessus le mouillement passé au tamis ; il faut la laisser se refroidir dans sa braise.

N.° 211. *Langue de Bœuf en miroton.*

Après avoir fait cuire une langue de bœuf dans une bonne braise (Voy. n.° 167) , vous la couperez à tranches que vous tiendrez chaudes dans une glace à fricandeau (Voy. n.° 242) ; vous placez ensuite ces tranches bien glacées autour d'un plat d'entrée en miroton , en les séparant alternativement avec des truffes et des cornichons , et vous versez votre sauce au milieu du plat.

N.° 212. *Langue de Bœuf à la broche.*

Quand vous aurez lavé la langue , échaudez-la avec de l'eau bouillante et faites-la cuire dans une braise (Voy. n.° 167) ou bien dans une marmite ; ensuite vous en ôterez la peau , vous la piquerez à petit lard , la ferez cuire à la broche, et la servirez sur une sauce piquante. (Voy. n.° 116).

N.° 213. *Bœuf à l'écarlate.*

Choisissez la partie de la culotte ; ôtez-en tous les os et laissez-la mortifier trois ou quatre jours ; ce temps écoulé , piquez-la avec de gros lardons ; assaisonnez avec du sel épice et un peu de salpêtre ; tâchez , en les insinuant , de pénétrer bien dans l'intérieur de la viande ; frottez cette dernière , quand l'opération est terminée , avec du salpêtre et assaisonnez-la avec ce qui vous reste du sel épice qu'il est important de peser pour en mettre juste deux gros par livre de chair ;

vous la laisserez trois jours dans cet assaisonnement, et enfin vous l'envelopperez dans un linge blanc et l'enterrerez, à deux pieds de profondeur, dans un endroit qui soit à l'abri de la pluie et d'une trop grande humidité; vous la laisserez séjourner dans la terre douze ou quinze jours, au bout desquels vous l'en retirerez, la laverez et la mettrez à cuire dans une braise (Voy. n.° 167); à demi-cuisson, vous y joindrez une bouteille de bon vin rouge, et, quand elle sera suffisamment cuite, vous la laisserez refroidir dans sa cuisson, puis vous la retirerez pour la parer et la servir avec une gelée dessus.

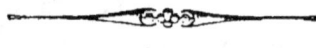

VEAU.

N.° 214. *Tête de Veau au naturel.*

Faites d'abord dégorger la tête dans l'eau fraîche; ouvrez ensuite la machoire inférieure dont vous ôterez les deux os; dépouillez la supérieure jusqu'à l'orbite des yeux; coupez l'os et mettez de nouveau à dégorger; après cela vous nettoyerez bien la tête; vous la ferez blanchir; ôterez ensuite la peau de la langue, et placerez la pièce sur un linge fin, au milieu duquel vous aurez d'abord mis des bardes de lard, deux ou trois tranches d'oignon, un peu de carotte, une feuille de laurier et un citron coupé à tranches; enveloppez-la dans cet appareil, ficelez le linge et mettez-le avec son contenu dans une marmite; faites en sorte que l'eau recouvre absolument votre objet; assaisonnez comme pour le bouillon (Voy. n.º 1), avec sel, bouquet, oignon piqué, et faites cuire pendant trois heures et demie ; quand vous voudrez servir, vous donnerez un coup de couteau sur le crane, vous en sortirez les deux os que vous placerez sur le plat a côté de la tête, vous mettrez dans l'un du persil, et dans l'autre de l'échalotte ou de l'oignon haché.

N.º 215. *Observation.*

Je recommanderai de choisir, en achetant du veau, une viande blanche mais bien nourrie. Les bouchers qui tuent une vache pleine, vendent quelquefois le veau mort, et cette viande occasione de fortes dissenteries.

N.º 216. *Tête de Veau à la Béchamelle.*

Préparez absolument comme il est indiqué ci-dessus, après quoi, dressez la tête aussi de la même manière, et versez par dessus une sauce à la béchamelle (Voy. n.º 82).

N.º 217. *Tête de Veau à l'Allemande.*

Toujours même procédé que pour la tête au naturel ; cette première préparation faite, dressez et versez par-dessus une sauce allemande (Voy. n.º 83).

N.º 218. *Tête de Veau à la sauce piquante.*

Préparez, dressez comme dans les articles précédens et versez par-dessus une sauce piquante (Voy. n.º 116).

N.° 219. *Tête de Veau farcie.*

Nettoyez bien la tête ; fendez-la par dessous et la désossez tout entière ; ainsi préparée, vous la ferez blanchir à l'eau et la retirerez dès qu'elle commencera à bouillir ; vous l'essuyerez alors avec un linge ; vous la flamberez ; vous en nettoyerez soigneusement les oreilles et les muscles, et vous la farcirez avec une farce cuite (Voy. n.° 158) ou une farce fine (Voy. n.° 159), en y ajoutant du jambon et des truffes coupés à dés ; tâchez, en ficelant la tête, de lui rendre sa première forme, et mettez-la à cuire, à la casserole, dans de l'eau mitigée avec du bouillon ; il faut la recouvrir avec des bardes de lard et l'assaisonner avec un citron coupé à tranches, un oignon piqué (Voy. n.° 1) et un bouquet (Voy. n.° 166) ; faites ensorte que, pendant trois heures et demie que doit durer votre cuisson, elle ne cesse jamais de bouillir ; écumez-la dans cet intervalle, et retournez-la quand elle est cuite à moitié ; couvrez, et quand le temps indiqué sera entièrement écoulé, vous ferez égoutter la tête sur un tamis, vous la dresserez ensuite sur son plat et la servirez avec une sauce hachée (Voy. n.° 116).

N.° 220. *Garniture de la tête de Veau.*

Préparez la tête de veau comme ci-dessus et servez-la avec la garniture dont voici le détail.

Faites fondre une plaque de lard dans une casserole ; ajoutez une tranche de jambon coupée à filets ; vous ôterez le lard lorsque ces derniers objets auront un peu sué, et le remplacerez par des ris de veau ou d'agneau blanchis d'abord. un instant après vous mouillerez avec de l'espagnole (Voy. n.° 80) ou du coulis (Voy. n.° 78), et vous ajouterez à cette garniture des tranches de truffe et de champignon, des rognons de coq, des crêtes de volaille et, au moment de servir, trois ou quatre douzaines d'huîtres cuites dans leur eau et passées au feu avec de fines herbes ; ajoutez encore six jaunes d'œufs durs et des cornichons, et répandez cette garniture sur la tête de veau que vous avez fait égoutter au tamis et que vous avez dressée sur son plat.

N.° 221. *Cervelles de Veau en friture et pâte à frire.*

Pelez les cervelles et faites-les dégorger dans l'eau fraîche ; faites-les blanchir ensuite trois ou quatre minutes dans de l'eau bouillante où vous aurez d'abord mis un peu de sel et un filet de vinaigre ; écumez-les ; après quoi vous les égoutterez et les mettrez de nouveau dans l'eau fraîche ; lorsqu'elles se sont un peu raffermies, ôtez-les de l'eau, essuyez-les sur un linge, coupez-les à morceaux et marinez-les au vinaigre (Voy. n.° 181) ; quand vous voudrez les employer, trempez-les dans de la pâte à frire que vous ferez de la manière suivante : Mettez dans une casserole ou dans un petit plat profond, quatre onces de farine, un peu de sel fin et une pincée de poivre ; délayez la farine avec les deux tiers d'un verre d'eau ou bien avec pareille quantité de bière ou de vin blanc sec ; ayez soin que la pâte ait de la consistance et soit mollette, sans grumeaux ; il faut qu'elle soit coulante et délayée, mais cependant assez intense pour bien masquer les objets que l'on y trempe ; elle sera au point lorsqu'elle quittera la cuiller sans effort ; jetez-y une cuillerée de bonne huile ou une once de beurre fondu, et, au moment de vous en servir, mêlez à la pâte deux blancs d'œufs fouettés bien ferme ; faites prendre aux cervelles belle couleur dans de l'huile bouillante ; jetez une poignée de persil dans votre poêle ; dressez ensuite vos fritures et posez le persil par-dessus.

N.° 222. *Cervelles au beurre noir.*

Faites dégorger et blanchir les cervelles comme ci-dessus ; ensuite vous les ferez cuire dans une poêle (Voy. n.° 174.) ; quand elles seront cuites, faites les égoutter, dressez-les sur un plat et versez par-dessus du beurre noir (Voy. n.° 122) ; on peut placer, entre chaque cervelle, du persil frit, comme à l'article précédent.

N.° 223. *Cervelles de Veau en Crépine.*

Faites cuire dans une poêle (Voy. n.° 174) des cervelles ; vous les couperez ensuite de la grosseur d'une noix ; enveloppez chaque morceau dans de la crépine de cochon, étendue d'abord sur un linge et coupée de la grandeur de la main ; placez au-dessus et au-dessous de chacun d'eux, une cuillerée à bouche de gascogne (Voy. n.° 166), de manière à ce qu'ils ne paraissent pas ; repliez la crépine et placez tous les morceaux, ainsi arrangés, dans une casserole plate ou bien dans un plat de terre avec une cuillerée de jus (Voy. n.° 77) ou un peu de fond de cuisson ; mettez-les un instant à l'entrée du four, après avoir couvert le plat avec une feuille de papier ; on peut également les faire cuire sur un trépied, feu dessous et dessus ; quand la cuisson est au point, on égoutte les cervelles, on les dresse et on les sert avec un peu de coulis (Voy. n.° 78).

N.° 224. *Cervelles de Veau à l'oseille.*

Faites toujours dégorger et blanchir les cervelles, comme il est dit à l'article 221 ; faites-les cuire ensuite dans une poêle (Voy. 174) ; égouttez-les quand elles sont au point, et rangez-les dans un plat sur une sauce à l'oseille (Voy. n.° 136) ; après quoi vous les glacerez.

N.° 225. *Cervelles à la bourgeoise.*

Faites dégorger dans l'eau fraîche ; pelez et faites blanchir les cervelles à l'ordinaire ; coupez-les ensuite en carré-long ; marinez-les au vinaigre (Voy. n.° 181) et les passez dans la farine ; mettez-les ensuite dans la poêle à frire, avec de l'huile ou du beurre ; lorsqu'elles seront de belle couleur, retirez-les avec l'écumoire et faites, avec l'huile ou le beurre qui reste dans la poêle, une marinade au vinaigre que vous verserez par-dessus au moment de servir.

N.º 226. *Cervelles de Veau en coquille d'huître.*

Quand les cervelles sont blanchies, faites-les cuire dans une poêle (Voy. n.º 174), après quoi vous les couperez à dés ; pendant que cette première préparation a lieu, mettez un peu de velouté (Voy. n.º 81) dans une casserole ; quand il commence à bouillir, liez-le avec un jaune d'œuf ; exprimez-y un peu de jus de citron ; mettez-y du beurre, gros comme une noix, et déposez-y les cervelles.

Enduisez alors des coquilles d'huître avec du beurre ; remplissez-les avec la préparation déjà indiquée ; saupoudrez le dessus avec de la rapure de pain, et faites prendre couleur en mettant, par-dessus les coquilles, un couvert avec du feu.

N.º 227. *Cervelles de Veau en coquille à la bourgeoise.*

Après avoir blanchi les cervelles à l'ordinaire, coupez-les à dés ; mettez dans une casserole ou du dégraissis ou de l'huile ou du beurre, avec une pincée de farine qu'il faut faire cuire deux minutes, en la tournant avec une cuiller de bois ; ajoutez à cette sauce une échalotte ou un peu d'oignon bien haché ; vous pouvez aussi y mêler des truffes et du persil hachés ; mouillez avec un peu de bouillon, en tournant toujours, jusqu'à ce que l'ébullition commence ; alors vous assaisonnerez convenablement ; vous ferez une liaison avec un jaune d'œuf ; vous exprimerez dans la sauce un peu de jus de citron, et vous y mettrez les cervelles.

Ayez vos coquilles d'huitre enduites de beurre ou d'huile ; remplissez-les bien avec les cervelles et la sauce qui les accompagne ; saupoudrez le dessus avec de la rapure de pain, et faites-les cuire comme les précédentes.

N.º 228. *Coquilles de cervelles au naturel.*

Blanchissez toujours les cervelles de la même manière ; assaisonnez-les ensuite avec du sel et du poivre ; mêlez-y une échalotte, des truffes et du persil hachés ensemble, et faites sauter le tout un moment pour répandre l'assaisonnement ; arrosez avec de l'huile ou bien mettez-y un peu de beurre ou de lard rapé ; ajoutez un peu de jus de citron, après quoi vous remplirez les coquilles, frottées à l'intérieur avec de l'huile ou du beurre et un peu d'anchois ; mettez dessus de la rapure de pain, et faites griller à l'ordinaire.

N.º 229. *Brochettes de cervelles.*

Après avoir blanchi, coupé carrément et fait cuire dans une poêle (Voy. n.º 174) les cervelles, coupez de la même manière de la tétine de veau cuite et deux ou trois truffes cuites aussi ; enfilez alternativement ces morceaux dans des brochettes ; lorsqu'elles seront garnies jusqu'au bout, égalisez-les et leur donnez une forme régulière ; rangez-les sur une assiette et versez par-dessus une sauce épaisse faite avec du velouté (Voy. n.º 81) que vous aurez fait réduire à moitié dans une casserole, que vous aurez ensuite lié avec deux jaunes d'œufs et dans lequel vous aurez mis un petit morceau de beurre et exprimé un peu de jus de citron ; laissez refroidir le tout ; après quoi vous roulerez les brochettes dans la sauce afin qu'elles s'en garnissent bien ; vous les passerez dans de la mie de pain, et les ferez griller de belle couleur.

N.° 230. *Brochettes de cervelles Bourgeoises.*

Coupez carrément de la cervelle de veau, blanchie d'abord, de la tétine de veau cuite et refroidie, que vous pouvez remplacer au besoin par du lard ; coupez aussi des truffes cuites, et enfilez vos morceaux dans la brochette, comme il est dit ci-dessus, après les avoir marinés dans un plat avec de fines herbes hachées et un goutte d'huile, et les avoir assaisonnés avec du sel et une pincée de poivre ; lorsque les brochettes sont garnies jusques au bout, arrosez-les avec un peu d'huile, panez-les et faites-les griller.

N.° 231. *Langue de Veau.*

Après l'avoir faite blanchir, ôtez-en la peau ; coupez ensuite un peu de lard ; assaisonnez-la et lardez la langue en travers ; mettez à cuire dans une braise (Voy. n.° 167) ; après la cuisson, fendez-la par le milieu, et versez dessus une sauce hachée (Voy. n.° 116).

N.° 232. *Oreille de Veau au naturel.*

Après avoir nettoyé les oreilles, flambez-les

lavez-les, faites-les blanchir à l'eau et jetez-les dans l'eau fraîche ; essuyez-les ensuite avec un linge, après quoi vous les mettrez à cuire dans une casserole ou un pot de terre, en observant de les couvrir absolument avec de l'eau ; assaisonnez-les avec du sel, une feuille de laurier, un morceau de carotte, un oignon piqué d'un gérofle et quelques tranches de citron ; couvrez le tout avec une barde de lard, et laissez cuire pendant trois heures ; ce temps écoulé, faites égoutter les oreilles, placez-les sur un plat, mettez d'un côté, du persil, de l'autre de l'oignon, le tout bien haché, et servez.

N.º 233. *Oreilles de Veau en sauce.*

Préparez-les comme les précédentes et servez-les avec une sauce hachée (Voy. n.º 116).

N.º 234. *Oreilles de Veau au Gratin.*

Préparez-les comme il est dit ; après quoi vous les partagerez par le milieu dans la longueur et les placerez sur une farce à gratin d'un doigt d'épaisseur (Voy. n.º 160) ; vous ferez ensorte que le petit bout de l'oreille soit en dedans ; vous mettrez, par-dessus vos morceaux, une pincée de fromage de parmesan rapé, ou de gruyère, et une petite cuillerée de jus ou coulis (Voy. n.º 77) ; recouvrez le plat avec un rond de papier, et, quand vous voudrez servir, exposez-le à l'entrée du four ou sur un trépied, feu dessus et dessous jusqu'à ce que la farce soit cuite ; alors vous ferez égoutter la graisse et la remplacerez par un peu de sauce espagnole (Voy. n.º 80).

N.º 235. *Oreilles de Veau en friture*

Nettoyez toujours et blanchissez les oreilles ; mettez-les ensuite à cuire dans une bonne braise (Voy. n.º 167), après quoi vous couperez chacune d'elles en trois ou quatre longs morceaux que vous marinerez avec un peu de vinaigre et une tranche d'oignon, et que vous assaisonnerez convenablement ; vous les ferez ensuite égoutter ; les passerez dans la pâte à frire (Voy. n.º 221) et les ferez roussir de belle couleur ; cette friture se sert d'ordinaire rangée autour d'un peu de persil frit, qui occupe le milieu du plat.

N.º 236. *Carré de Veau piqué à la broche.*

Parez un carré de veau, de manière à n'y laisser que les os des côtes ; ôtez la peau qui recouvre le filet ; piquez-le ensuite à petit lard, et marinez votre pièce (Voy. n.º 182) ; lorsque vous voudrez la faire cuire, assujétissez-la à la broche en passant deux brochettes, l'une sous le filet et l'autre sur les côtes, et les fixant par les deux bouts à la broche ; enduisez un papier avec du beurre ; mettez-y la marinade ; entourez-en bien le carré ; faites cuire ; quelques instans avant de servir, vous ôterez le papier afin que la viande prenne couleur, et, lorsque ce dernier résultat sera obtenu, vous l'ôterez de la broche, la dresserez sur son plat et verserez dessus une sauce poivrade (Voy. n.° 117).

N.° 237. *Fricandeau à l'eau.*

Choisissez de préférence la noix, c'est la partie charnue à l'intérieur de la cuisse ; laissez-la mortifier ; après quoi vous la parerez au-dessus de toutes les parties filandreuses ; vous la battrez ferme entre deux linges, à l'effet de l'applatir ; vous introduirez ensuite de gros lardons dans l'intérieur de la chair, et enfin vous en piquerez le dessus en plein et à petit lard ; le fricandeau ainsi préparé doit être mis à dégorger dans de l'eau fraîche et y séjourner environ deux ou trois heures, après lesquelles il faut le mettre à blanchir à l'eau et le retirer dès que cette dernière commence à prendre le bouil ; alors il faut de nouveau le rafraîchir, passer au tamis l'eau dans laquelle on l'a fait blanchir, le mettre à égoutter sur un tamis, et procéder à la préparation.

Choisissez à cet effet une casserole bien étamée et dans laquelle le fricandeau se trouve un peu à l'étroit ; observez qu'on doit l'y déposer le piquage en dessous, et le mouiller avec son eau passée au tamis, jusqu'à la hauteur de deux ou trois lignes au-dessous de la viande ; assaisonnez avec une petite quantité de gros sel que la réduction de l'eau rapproche et rend suffisante, un oignon piqué d'un gérofle, une demi-feuille de laurier, un morceau de carotte et une tranche de jambon, et commencez la cuisson à petit feu ; elle doit s'opérer en trois heures ou trois heures et demie : après une heure, tournez le fricandeau, le piquage en dessus : posez sur la viande un rond de papier beurré ou graissé, et sur le tout un couvert de casserole chargé de cendres rouges, dont l'effet est de concentrer la chaleur et non de roussir le piquage, chose qu'il est essentiel d'éviter.

Règle générale : Quand un fricandeau est au point, il ne doit rester de son fond de cuisson que deux ou trois cuillerées à bouche qu'on fait tomber en glace en retirant le fricandeau sur une assiette ; passant le fond au tamis, le dégraissant et le faisant ensuite réduire à fond dans la casserole, après l'avoir mêlé à un peu de jus (Voy. n.° 77) ou de blond de veau (Voy. n.° 6) ; pendant cette dernière opération, il faut tourner de temps en temps, avec une cuiller, jusqu'à ce que la réduction soit complète ; alors vous poserez le fricandeau, le piquage tourné vers le fond, dans la casserole, et celle dernière sur des cendres rouges ; au moment de servir, vous tournerez le fricandeau sur le couvert ; vous le glacerez avec un plumet et, si la sauce ou garniture avec laquelle vous devez le servir n'est pas suffisamment nourrie, vous la passerez un moment dans la casserole où vous avez fait votre glace, et, quand elle commencera à bouillir, vous la verserez dans un plat et poserez le fricandeau par-dessus.

Nota. Si, à l'entière cuisson, il restait du mouillement plus que la quantité ci-dessus précitée, il serait à propos de faire partir sur un feu plus ardent, pour accélérer la réduction ; si même on avait de la glace pour glacer le fricandeau, ce dernier gagnerait beaucoup en saveur à la réduction entière de son fond.

N.º 238. *Noix de Veau, Fricandeau ordinaire.*

Parez, lardez et piquez le fricandeau comme je l'ai déjà indiqué ; faites-le blanchir et rafraîchissez-le de même ; faites cuire ensuite comme pour les entrées piquées (Voy. n.º 176) ; glacez et posez sur une garniture quelconque.

N.º 239. *Noix de Veau en papillote.*

Piquez la noix avec de gros lardons, à l'intérieur seulement ; posez-la dans une casserole avec un morceau de beurre ; soumettez au feu, et lorsqu'elle est un peu roidie d'un côté, tournez-la de l'autre, assaisonnez et laissez refroidir.

Hachez des échalottes, du persil, des truffes que vous mêlerez avec du lard rapé ou du beurre ; ayez une grande feuille de papier double où vous placerez la noix entre les fines herbes et une plaque de lard ; ployez bien la feuille pour qu'elle ne laisse rien échapper ; oignez-la d'huile et faites griller à petit feu.

N.º 240. *Noix de Veau à la Bourbon.*

Parez-la sans toucher la peau du dessus ; laissez la tétine ; lardez en dedans comme la précédente ; émincez ensuite des oignons de bonne qualité ; les blancs de préférence ; posez au fond d'une casserole un peu haute une tranche de jambon de Bayonne ; placez au-dessus vos oignons sur une épaisseur d'environ deux travers de doigt ; assaisonnez bien légèrement et posez sur le tout votre noix de veau un peu assaisonnée ; recouvrez-la d'oignon ; faites cuire à petit feu ; mettez un rond de papier et un couvert avec des cendres rouges : peu avant son entière cuisson, tournez la viande sur la tétine ; ôtez le jambon et faites que les oignons ne forment qu'une glace que vous mettrez sur la noix en la servant ; vous ajouterez, tout autour, une espagnole (Voy. n.° 80).

N.° 241. *Noix de Veau glacée à la Conti.*

Disposez comme ci-dessus et laissez tenir la tétine que vous assujétirez avec l'aiguille à brider ; lardez au dedans : piquez tout autour et faites cuire comme une entrée piquée (Voy. n.° 176), ayant soin de mettre un peu de lard par-dessus de peur que la tétine ne prenne de la couleur ; faites ensorte de la tenir au contraire la plus blanche que possible ; après la cuisson , glacez et mettez à refroidir.

Parez ensuite la tétine ; découpez-la de distance en distance, et intercallez alternativement, pour la décorer, un filet de truffe, un de cornichon, d'aspic (Voy. n.° 103), de langue à l'écarlate (Voy. n.° 210), etc. : posez alors sur un plat et entourez de gelée et d'un cordon de croûtons de gelée coupés à dents de loup.

N.º 242. *Fricandeau de Veau.*

La partie de la noix est celle qu'il faut choisir de préférence ; faites-la mortifier ; après quoi vous la parerez de ses peaux ; vous la battrez fortement avec le couperet afin de l'applatir ; vous la piquerez par-dessus à petit lard, et vous introduirez des lardons dans l'intérieur de la chair, au moyen d'une grosse lardoire ; le fricandeau, ainsi préparé, doit être mis à dégorger dans l'eau fraîche, deux ou trois heures, après lesquelles il faut le mettre à blanchir, le lard tourné en dessous ; lorsque l'eau qui le contient commence à bouillir, il faut le retirer et le mettre à égoutter sur un tamis, après quoi vous le placerez dans une casserole sur une barde de lard et une tranche de jambon ; vous y joindrez le quart d'une feuille de laurier, un morceau de carotte et un oignon piqué d'un gérofle, et ferez suer un moment sur le feu ; enfin vous mouillerez le tout avec du bouillon, mitigé avec l'eau où vous avez fait blanchir le fricandeau ; observez que ce mouillement doit monter jusqu'au lard et ne pas le couvrir ; dès qu'il aura pris le bouil, retirez la casserole du fourneau ; posez-la, au moyen d'un trépied, sur des cendres rouges, afin que la cuisson se termine lentement ; posez par-dessus un papier beurré ou graissé et un couvert de casserole chargé également de cendres rouges ; cette chaleur douce, entretenue avec soin, achève la préparation en trois heures au plus. Quand le fricandeau paraît être au point, il faut passer au tamis son fond de cuisson, le dégraisser, le faire réduire ensuite dans une petite casserole en le tournant de temps en temps avec une cuiller de bois et, s'il n'est pas suffisamment coloré, y joindre un peu de jus (Voy. n.° 77) ou de blond de veau (Voy. n.° 6), et quand la glace est faite, il faut en glacer le fricandeau avec un plumet, et le servir sur une garniture quelconque.

N.° 243. *Fricandeau à la ménagère.*

Parez, battez et piquez le fricandeau comme ci-dessus; mettez-le ensuite dans une casserole sur une barde de lard et une petite tranche de jambon: joignez-y un morceau de carotte, un ail enveloppé de sa gousse, que vous piquerez à un quart de feuille de laurier, au moyen d'un clou de gérofle, et vous ferez suer un moment le tout sur le feu; vous mouillerez ensuite avec du bouillon mêlé par quantité égale à de l'eau bouillante; lorsque le mouillement prendra le bouil, vous tournerez le fricandeau, le lard en dessous; vous écumerez et poserez la casserole sur un trépied, avec des cendres rouges par dessous; une heure après, vous retournerez le fricandeau; vous mettrez par-dessus un rond de papier beurré et un couvert de casserole chargé de cendres rouges; terminez la préparation comme ci-dessus.

Nota. Quand on a de la glace faite, il est à

propos de laisser réduire le mouillement en entier, le fricandeau en est plus nourri et plus savoureux.

J'observe qu'il faut laisser l'ail dans son enveloppe pour éviter, qu'à la réduction, il ne devienne en purée et ne lui donne mauvais goût.

N.° 244. *Fricandeau à la broche.*

Parez et piquez un fricandeau comme ci-dessus ; marinez-le à l'huile et au citron, et faites le cuire à la broche, enveloppé d'un papier qui fixe la marinade autour de lui ; quand la cuisson sera presque au point, vos ôterez le papier qui, s'interposant entre le feu et le fricandeau, nuirait à la couleur de ce dernier ; quand enfin il sera coloré, retirez-le de la broche, dressez-le sur son plat, et versez par-dessus une sauce piquante (Voy. n.° 116).

Nota. On peut donner à l'intérieur de ces sortes de fricandeaux, une couleur rougeâtre, en les laissant d'abord bien mortifier, les piquant ensuite et les laissant tremper vingt-quatre heures dans de l'eau fraîche qu'il faut renouveler souvent à l'effet d'éviter la putréfaction ; quant à l'apprêt, conformez-vous à l'article ci-dessus.

N.° 245. *Côtelettes de Veau piquées en fricandeau.*

Donnez aux côtelettes une belle forme : après les avoir parées de toutes les parties nerveuses, piquez-les à petit lard, faites blanchir à l'eau et mettez à cuire dans une casserole, comme pour les entrées piquées (Voy. n.° 176) ; après la cuisson, glacez-les (Voy. n.° 177); versez dans un plat une sauce à l'oseille (Voy. n.° 136) et rangez-y vos côtelettes.

N.° 246. *Ris de Veau piqués.*

Faites-les blanchir à l'eau : prenez garde qu'ils ne bouillent ; on ne pourrait pas les piquer comme il faut; mettez-les vite à rafraîchir : après, vous les essuyerez bien avec un linge et ferez votre piquage à petit lard.

Cuisez-les comme une entrée piquée (Voy. n.° 176) ; glacez-les (Voy. n.° 177) ; versez dans un plat une garniture de petits pois ou toute autre (Voy. n.ᵒˢ 141 et 153) , et superposez-y vos ris.

N.° 247. *Côtelettes de Veau en papillotes.*

Disposez-les comme au n.° 245 et marinez-les dans un plat comme il est dit à la marinade (Voy. n.° 180).

Hachez un peu de lard avec une échalotte, du persil et des truffes ; prenez une feuille de papier d'office, pliez-la par le milieu, faites un trou au milieu du pli pour y passer la côte; arrondissez ensuite cette enveloppe ; posez-y un peu de votre farce sur laquelle vous placerez la côtelette, l'os dans le trou précité ; vous aurez soin alors de poser encore, par-dessus la viande, une autre portion de la même farce, et vous ployerez le papier, en lui conservant une forme ronde comme celle de la côtelette ; huilez et faites cuire à petit feu sur le gril ; après la cuisson, dressez sur le plat et ajoutez un peu de jus (Voy. n.° 77).

N.° 248. *Longe de Veau en entrée.*

Otez la peau de dessus le filet que vous piquerez à petit lard ; marinez (Voy. n.° 182) et quand vous voudrez utiliser cette pièce, placez-la dans une brasière et versez la marinade par-dessus, en ajoutant des bardes de lard sur la partie non piquée ; mouillez avec deux verres de vin blanc sec ; recouvrez d'un papier double, et soumettez au four chaud ; une heure après, tournez votre viande ; une heure et demie de cuisson doit suffire ; dressez-la sur le plat ; glacez (Voy. n.° 177) et ajoutez une espagnole (Voy. n.° 80) dans laquelle vous aurez mis des cornichons blanchis.

On peut également cuire cette entrée à la broche en l'enveloppant toujours d'un papier et de la marinade.

N.° 249. *Longe de Veau en surprise.*

Marinez une longe de veau (Voy. n.° 182) et faites-la cuire comme la précédente ; quand elle sera cuite, vous ôterez et renverserez sur le côté, la peau du dessus du filet que vous enleverez et émincerez pour le mettre dans une sauce allemande (Voy. n.° 83) ; replacez le filet ainsi arrangé, à sa même place ; recouvrez-le de la peau que vous en aviez enlevée ; placez la pièce entière sur un plat et versez par-dessus de l'aspic chaud (Voy. n.° 103) ; la longe de veau se prépare aussi en entrée, à la broche (Voy. n.° 171), quand on y ajoute une marinade contenue dans un papier beurré dont on l'enveloppe pendant que la cuisson s'opère ; un moment avant de servir, on ôte le papier afin de lui laisser prendre belle couleur ; on la sert aussi pour rôti.

N.° 230. *Rouelle de Veau à la bourgeoise.*

Mettez dans une casserole un peu de lard coupé à dés, ou bien un peu de beurre ; déposez-y votre rouelle dont vous aurez ôté l'os du milieu, que vous aurez ensuite lardée avec de gros lardons assaisonnés avec du sel épice, et qu'enfin vous aurez saupoudrée des deux côtés avec de la farine ; laissez-la cuire à petit feu ; assaisonnez-la avec du sel épice et un bouquet (Voy. n.° 168) ; faites-la roussir des deux côtés et mouillez-la un instant après avec du bouillon ou de l'eau bouillante ; quand la cuisson est au point, dégraissez et employez votre dégraissis à passer vos garnitures.

On sert la rouelle de veau au naturel avec quelques câpres hachées dans la sauce.

Je ferai observer aux cuisinières qu'un peu d'industrie et de bonne volonté suppléent à beaucoup dans la cuisine, et que, par exemple, si au lieu de mouiller avec de l'eau, elles mettaient à bouillir l'os qu'elles ont retiré de leur rouelle et les peaux qu'on peut en ôter, elles pourraient, sans frais, bonifier leur entrée; il faut assaisonner cette espèce de bouillon.

N.º 251 *Rouelle de Veau en guise de Thon.*

Ayez soin que la rouelle soit d'un veau jeune et bien blanc ; laissez-la mortifier ; après cela, vous ôterez l'os du milieu ; vous battrez bien la rouelle avec le couperet ; vous la piquerez avec des morceaux d'anchois ; vous l'assaisonnerez et répandrez par-dessus un verre de vinaigre blanc; laissez-la à peu près un jour dans cet assaisonnement ; ce temps écoulé, essuyez-la ; saupoudrez-la avec de la farine et faites-la cuire doucement à la poêle avec un peu d'huile ; lorsqu'elle sera cuite et de belle couleur, vous la retirerez de la poêle, ferez une marinade avec les restes de sa cuisson et la verserez par-dessus.

N.º 252. *Grenadins de Veau.*

Parez la noix (Voy. n.º 236) ; fendez-la par le milieu ; applatissez-en les deux morceaux en les battant avec le couperet ; piquez-les ensuite à petit lard et faites-les blanchir. Cette opération terminée, faites égoutter votre viande ; essuyez-la et subdivisez vos moitiés de noix en quatre ou cinq morceaux auxquels vous donnerez la forme d'un triangle allongé ; faites-les cuire de la même manière que les entrées piquées (Voy. n.º

176) ; glacez-les ensuite (Voy. n.° 177) et rangez-les sur une sauce à la purée d'épinards (Voy. n.° 110).

N.° 253. *Pieds de Veau au naturel.*

Désossez des pieds de veau ; coupez-en les batillons ; nettoyez-les ; ficelez-les et faites-les blanchir dans l'eau bouillante ; après cela , mettez-les dans une casserole ou dans un pot ; couvrez-les d'eau et d'une barde de lard ; mettez-y une carotte, un oignon piqué (Voy. n.° 1) , une demi-feuille de laurier , quelques tranches de citron et du sel , et faites-les bouillir pendant trois heures ; avant de les servir , hachez séparément du persil et des échalottes , ou à défaut des oignons que vous mettrez à côté des pieds , après avoir ôté les os de ces derniers.

N.° 254. *Pieds de Veau en friture.*

Faites les cuire comme au numéro précédent ; coupez-les à morceaux ; mettez-les dans la pâte (Voy. n.° 221) et faites les frire.

N.° 255 *Pieds de Veau en poulette.*

Après les avoir préparés comme ci-dessus , coupez-les à morceaux et mettez-les dans une casserole avec un peu de velouté (Voy. n.° 81) et de persil haché ; liez-les avec deux jaunes d'œufs ; après quoi, vous exprimerez par-dessus un peu de jus de citron qu'on peut , au besoin , remplacer par un filet de vinaigre.

N.º 256. *Pieds de Veau en poulette à la bourgeoise.*

Après les avoir préparés au naturel, il faut les désosser, les couper par morceaux et les passer un instant sur le feu avec du beurre ou une plaque de lard fondu ; liez-les d'abord avec une pincée de farine, puis, mouillez-les avec du bouillon ou de l'eau bouillante ; ajoutez un bouquet (Voy. n.º 168), une truffe coupée à tranches, un peu de sel et de poivre, et faites bouillir lentement ; quand la sauce sera réduite à moitié, vous la lierez avec deux jaunes d'œufs, et vous y exprimerez le jus d'un citron que vous pouvez remplacer par un filet de vinaigre.

N. 257. *Pieds de Veau à l'Hollandaise.*

Préparez-les en poulette (Voy. n.º 255) et liez-les avec deux jaunes d'œufs dans lesquels vous aurez délayé un peu de verd d'épinard (Voy. n.º 114) ; exprimez par-dessus le jus d'un citron.

N.º 258. *Fraise de Veau.*

Faites-la dégorger et blanchir à l'eau bouillante ; mettez-la ensuite à rafraîchir ; ficelez-la ; faites la cuire à l'eau en ajoutant un oignon piqué (Voy. n.º 1) et des bardes de lard ; après la cuisson, ôtez la ficelle et servez pour hors-d'œuvre.

N.º 259. *Poitrine de Veau farcie à la bourgeoise.*

(Voy. poitrine de mouton, n.º 284).

N.° 260. *Pain de foie de Veau.*

Otez les peaux de la moitié d'un foie de veau ; hachez ce foie bien menu ; prenez de lard, à peu près le volume du foie ; hachez-le et mêlez-le au premier ; pilez le tout dans un mortier, en l'assaisonnant avec du sel épice et du persil bien haché ; enlevez-le ensuite de la pour le mettre dans un plat de terre profond ; coupez à petits dés deux oignons que vous ferez roussir sur le feu, en ajoutant un peu de dégraissis de quelque bon fond de cuisson ou un peu de beurre ou de lard rapé.

Lorsque ces oignons seront cuits, vous les mêlerez avec le foie ; vous couperez également, à petits dés, une tranche de jambon et un peu de lard, deux ou trois truffes, et les jeterez dans le foie ; ajoutez encore trois jaunes d'œufs ; brouillez bien tous ces objets avec une cuiller de bois ; montez les blancs très-ferme et joignez-les de même à votre pain.

Prenez alors une casserole bien faite ; mettez au fond une plaque de lard et foncez-la, en outre, avec de la crépine de cochon ; posez-y votre foie que vous recouvrirez d'une barde de lard ; faites cuire au four ou sous le fourneau ; après la cuisson, égouttez sur un couvert de casserole ; enlevez le lard ; dressez le pain sur le plat et versez dessus une sauce au chevreuil (Voy. n.° 870).

N.º 261. *Foie de Veau à la Bourgeoise.*

Coupez-le par morceaux de deux lignes d'épaisseur et de toute la longueur du foie ; posez-les sur un plat ; assaisonnez-les avec un peu de sel ; mettez ensuite à la poêle ou dans une casserole un morceau de beurre ou de lard que vous ferez fondre ; sautez-y le foie ; enlevez-le après cuisson et jetez dans la casserole ou la poêle une pincée de farine que vous tournerez un moment sur le feu ; hachez bien une échalotte et un anchois, ajoutez-les à votre sauce, et mouillez avec du bouillon ou, à défaut, avec de l'eau bouillante ; ajoutez encore un peu de persil haché, et, lorsque cette sauce sera un peu réduite, jetez-y votre foie ; deux minutes après, faites une liaison avec deux jaunes d'œufs et terminez par un peu de jus de citron ou un filet de vinaigre.

N.º 262. *Rognons de Veau au vin.*

Pelez les rognons ; émincez-les bien fin ; sautez-les dans une casserole avec un peu de beurre ou de lard fondu ; assaisonnez avec du sel, du poivre, une échalotte, du persil et des truffes, le tout bien haché ; quand les rognons seront cuits, ôtez-les ; posez-les sur une assiette ; versez dans la cuisson un demi-verre de vin blanc et faites réduire à moitié ; ajoutez alors un peu de coulis (Voy. n.º 78) et faites bouillir un instant.

Vous jeterez ensuite les rognons dans la sauce ; vous la ferez un peu bouillonner ; la verserez dans le plat et y mêlerez un peu de jus de citron.

N.° 263. *Tendons de Veau au blanc.*

Détachez les tendons de la poitrine ; parez-les en coupant le bout des côtes en dessous de la chair ; mettez ces tendons dans l'eau fraîche où vous les laisserez dégorger quelques momens ; changez l'eau et mettez-les ensuite dans une casserole où ils seront recouverts ; faites-les blanchir et, aux premiers bouillons, retirez-les du feu ; passez l'eau dans un tamis et jetez les tendons à l'eau fraîche.

Vous aurez soin de les essuyer avec un linge et de les parer de nouveau.

Mettez alors, dans une casserole, une tranche de jambon, un peu de lard rapé ou un morceau de beurre ; placez-y les tendons et passez-les ainsi un moment sur le feu, en les faisant sauter ; ayez soin qu'ils ne roussissent pas ; jetez-y une pincée de farine ; mouillez avec l'eau dans laquelle ils ont blanchi ; ajoutez une moitié de bouillon, un bouquet (Voy. n.° 168) et un oignon piqué (Voy. n.° 1) ; écumez, faites bouillir en couvrant la casserole, et faites ensorte que, la cuisson opérée, il ne reste de mouillement juste que pour la sauce.

Enlevez le bouquet, le jambon et l'oignon ; faites une liaison (Voy. n.° 169) et ajoutez un jus de citron.

N.° 264. *Tendons de Veau aux truffes.*

Préparez et cuisez comme ci-dessus ; deux minutes avant la liaison, joignez-y quelques tranches de truffes.

N.º 265. *Blanquette de Tendons aux petits pois.*

Préparez de même, et, à moitié cuisson, ajoutez des petits pois en grains ; faites ensuite une liaison (Voy. n.º 169) après la cuisson du tout.

N.º 266. *Blanquette de Tendons de Veau avec toute sorte de garnitures.*

Preparez-les encore comme pour la blanquette (Voy. n.º 265) et, avant d'y faire la liaison, garnissez-les avec des pieds de céleri (Voy. n.º 149), de petits oignons (Voy. n.º 148), des champignons (Voy. n.º 153), des ris d'agneau (Voy. n.º 306), des culs d'artichauts (Voy. n.º 150), n'importe, le tout cuit ; liez avec deux ou trois jaunes d'œufs, selon la quantité du ragoût ; après la liaison, vous pouvez ajouter des huîtres blanchies dans leur eau, des pointes d'asperges, des écrevisses, des câpres ou des cornichons.

N.º 267 *Tendons de Veau en Auchpau.*

Faites-les cuire dans une braise (Voy. n.º 167) ; dressez-les sur le plat ; glacez-les (Voy. n.º 177) ; posez dessus une garniture de petites carottes tournées en olives et dont le mouillement soit réduit en glace ; saucez ensuite avec une espagnole (Voy. n.º 80).

N.° 268. *Tendons de Veau en haricots vierges.*

Cuisez-les de même ; dressez-les et versez dessus de petits navets déjà cuits, tournés en olives, et que vous saucerez avec une béchamelle (Voy. n.° 82).

N.° 269. *Tendons de Veau garnis.*

Cuisez-les en braise (Voy. n.° 167) ; glacez-les (Voy. n.° 177) et posez-les sur toute sorte de garnitures (Voy. n.°s 143 et 153).

N.° 270. *Tendons de Veau au riz.*

Vous en faites d'abord une blanquette (Voy. n.° 263), ayant soin de les couper plus petits et ne laissant point de côte ; vous cuisez douze onces de riz dans de l'excellent bouillon un peu gras auquel même vous pouvez ajouter quelques cuillerées de dégraissis de volaille ; le volume du bouillon doit être de deux fois et demi celui du riz ; goûtez alors s'il est de bon sel ; ajoutez, si vous voulez, un peu de safran ; lorsque l'ébullition est en train, transposez la casserole sur la paillasse et sur des cendres rouges, afin qu'elle continue à bouillir bien doucement ; ne mettez jamais de feu sur le couvert, il sécherait le riz.

Ayez soin qu'il ne reste plus de mouillement ; passez un peu de dégraissis de ce même ragoût dans un moule et mettez au fond, comme à l'entour, intérieurement, votre riz ; vous placerez la blanquette au milieu ; vous la recouvrirez de riz, et poserez le moule sur des cendres rouges ou entre deux fourneaux ou bien à la bouche du four ; un instant après vous le renverserez sur le plat et servirez après avoir dégraissé ; saucez avec une allemande (Voy. n.° 83).

J'ajouterai que le riz doit être bien entier comme pour le pilau.

N.° 271. *Escalope de filets de Veau.*

Parez des sous-filets de toutes leurs peaux ; ensuite vous les couperez en biais, à peu près de l'épaisseur d'un écu de cent sous, en donnant aux morceaux une forme arrondie ; vous les mettrez alors dans le sautoir avec un peu de beurre clarifié, pour les sauter un moment ; cela fait, vous les égoutterez et vous les mettrez dans une sauce allemande (Voy. n.° 83).

N.° 272. *Amourettes de Veau en friture.*

Parez-les de toutes leurs peaux ; coupez-les ensuite à peu près de la longueur d'un doigt ; marinez-les au vinaigre mêlé avec un peu d'eau ; quand elles auront pris goût, vous les ferez égoutter, les passerez dans la farine et les ferez frire

N.° 273. *Sellette de Mouton au naturel.*

La sellette est dans le mouton ce qu'est la culotte dans le bœuf, c'est-à-dire la partie inférieure du corps, à l'extrémité de l'échine ; elle s'emploie pour bouilli ; au moment de la servir, ôtez la peau du dessus, mettez-la ensuite dans un plat, et vous l'entourerez de persil en branche.

N.° 274. *Sellette de Mouton en sauce.*

C'est encore un bouilli dont on ôte la peau comme ci-dessus, et sur lequel on verse une sauce aux tomates (Voy. n.° 119).

N.° 275. *Sellette de Mouton aux Pommes de terre.*

Otez toujours la peau du dessus ; placez la sellette dans un plat et mettez tout autour un cordon de pommes de terre d'égale grosseur et de forme arrondie, cuites d'abord à l'eau et roussies dans le beurre ; on peut aussi l'entourer de chou-croute (Voy. n.° 188).

N.° 276. *Sellette à l'Anglaise.*

Quand votre bouilli est retiré du pot, passez de l'œuf battu et de la rapure de pain par-dessus et mettez-le sous le four de campagne jusqu'à ce qu'il soit de belle couleur.

N.° 277. *Sellette de Mouton à l'Allemande.*

Même procédé que dans les articles précédens ; ôtez la peau ; répandez dessus une sauce allemande (Voy. n.° 83) ; saupoudrez ensuite avec de la rapure de pain et faites prendre couleur sous le four de campagne.

N.° 278. *Cervelles de Mouton à l'Allemande.*

Il faut d'abord faire blanchir les cervelles dans

de l'eau légèrement salée, et dans laquelle vous aurez mis un filet de vinaigre ; vous les ferez ensuite égoutter et vous les jeterez dans l'eau fraîche ; après qu'elles se sont rafraîchies, essuyez-les, faites-les cuire dans une poêle (Voy. n.º 174) et servez-les avec une sauce allemande (Voy. n.º 83) à laquelle on peut ajouter des tranches de truffes, des pointes d'asperges et des câpres ou des cornichons.

N.º 279. *Cervelles de Mouton à la d'Armagnac.*

Blanchissez les cervelles comme à l'article 221, et mettez-les à cuire dans une poêle (Voy. n.º 174); lorsqu'elles seront au point, vous les mettrez dans un plat, sur un peu de farce à gratin ; vous poserez, sur chacune d'elles, une cuillerée de hachis fait avec des échalottes, du persil et des truffes, que vous aurez d'abord passé un instant sur le feu, et vous recouvrirez les cervelles avec des bardes de lard que vous aurez fait blanchir au pot, ficelées ensemble ; mettez, par-dessus le tout, ou de la rapure de pain ou du fromage de parmesan rapé, et, quelques momens avant de servir, posez votre plat sur un trépied, feu dessus et dessous, ou bien mettez-le au four ; quand il aura pris couleur, vous le dégraisserez et répandrez par-dessus une sauce espagnole (Voy. n.º 80). La préparation des cervelles de mouton peut varier à l'infini ; on peut en tirer le même parti que des cervelles de veau.

N.º 280. *Camusar garni.*

Faites couper un cou de mouton, de manière à laisser tenir, de chaque côté, une partie de l'épaule; faites-le cuire dans une bonne braise (Voy. n.º 167), après quoi vous le dresserez sur son plat, et mettrez autour une garniture semblable à celle de la pièce de bœuf (Voy. n.º 189); ensuite vous glacerez le tout (Voy. n.º 177), et verserez dessus une sauce espagnole (Voy. n.º 80). Le camusar garni sert pour relevé de potage.

N.º 281. *Langues de Mouton au gratin.*

Faites-les dégorger à l'eau fraîche, ensuite faites-les blanchir et nettoyez-les sans néanmoins en ôter la peau, afin de les conserver plus blanches; piquez-les en travers avec de petits lardons assaisonnés avec du sel épice, et faites-les cuire dans une braise (Voy. n.º 167); après cela vous les placerez symétriquement dans un plat d'entrée disposé de la manière suivante:

Vous aurez d'abord placé, au fond d'un plat, à peu près un travers de doigt de farce à quenelle (Voy. n.º 155), sur laquelle vous aurez posé une tranche de pain à potage de trois pouces de largeur sur deux pouces d'épaisseur; vous aurez recouvert les extrémités du pain avec des bardes de lard, et vous aurez mis sur ce lard de la farce à quenelle à la hauteur de trois ou quatre lignes; rangez les langues autour du pain qui doit servir de point d'appui aux petits bouts qui, en se réunissant, formeront une sorte de couronne ; la langue doit alors être dépouillée de sa peau, ce qu'on a soin de faire après qu'elle est cuite dans la braise ; couvrez-les toutes avec des bardes de lard, et posez un papier par-dessus ; ainsi disposé, vous mettrez votre plat au four, et ne l'y laisserez que le temps nécessaire pour cuire la farce ; lorsque vous servirez, vous ôterez le papier, le lard et le pain ; vous ferez une incision au milieu de chaque langue, et vous y introduirez des tranches de truffes cuites ou des cornichons coupés en forme de crêtes de coq ; vous placerez aussi, entre chacune d'elles, des croûtons de pains frits au beurre, coupés en crêtes de coq, et qui devront s'élever à la hauteur des langues ; vous mettrez, à la place du pain, un ragoût mêlé (Voy. n.º 164), au-dessus duquel vous placerez un ris de veau piqué ; glacez le tout (Voy. n.º 177), et servez avec une sauce espagnole (Voy. n.º 80).

N.º 282. *Langues de Mouton à la ménagère.*

Faites-les dégorger et blanchir comme ci-dessus, après quoi vous les parerez et dépouillerez de leur peau ; vous les assaisonnerez, les piquerez en travers avec de petits lardons, et les mettrez à cuire dans un pot, sur un peu de lard rapé ; ajoutez, à l'assaisonnement ordinaire, un oignon, un morceau de carotte, la moitié d'une feuille de laurier et un peu de lard coupé à petits dés ; entourez le pot de cendres rouges, et, lorsque la cuisson aura senti la chaleur, mouillez avec du bouillon ou de l'eau bouillante, et continuez à entretenir autour un feu doux ; quand elles seront au point, vous dresserez les langues sur un plat et vous les saucerez à volonté. Toutes les sauces piquantes peuvent être employées à cet usage. On peut aussi se servir du fond de cuisson, en le dégraissant et le passant au tamis ; un demi-verre de vin blanc, mis dans le pot pendant qu'elles se cuisent, les raffermit et leur donne plus de piquant.

N.° 283. *Poitrine de Mouton en haricots bourgeois.*

Coupez une poitrine par morceaux ; enlevez le bout des os aux deux extrémités ; faites fondre, dans une casserole, une plaque de lard ; placez-y la viande, et faites-la roussir en remuant de temps en temps avec une cuiller ; après avoir bien passé votre viande, ôtez-la de la casserole pour la mettre dans un plat.

Ayez des navets déjà blanchis ; placez-les dans votre casserole ; faites-les roussir, et mettez-les ensuite avec la viande.

Vous jeterez alors, dans votre même casserole, une pincée de farine et un morceau de beurre ou de dégraissis ; vous tournerez ce roux avec une cuiller de bois, et, lorsqu'il sera de belle couleur, vous le mouillerez avec du bouillon ou avec de l'eau bouillante, en ayant soin de tourner jusqu'à ce qu'il commence à bouillir.

Prenez votre viande et vos navets ; replacez-les dans la casserole ; assaisonnez, et faites cuire à petit feu ; après la cuisson, dégraissez et servez.

N.° 284. *Poitrine de Mouton farcie à la bourgeoise.*

Voy. la poitrine de veau, n.° 258.

N.° 285. *Gigot de Mouton à l'ail.*

Faites le cuire à la broche ; avant de servir, mettez un papier au manche, et versez sur la viande une garniture d'aulx (Voy. n.° 145.)

Je ferai ici, sur la broche, une observation importante ; du mouvement imprimé à celle-ci dépend le degré de bonté que la pièce doit avoir. Si ce mouvement est trop lent, le suc découle et se perd peu à peu ; s'il est trop rapide, le jus est lancé hors de la pièce. Il faut donc imprimer un mouvemement modéré qui, ne donnant pas au suc le temps de se détacher du roti, le force de tourner avec lui et de le pénétrer de nouveau pendant la cuisson.

N.° 286. *Gigot de Mouton aux haricots.*

Cuisez-le comme le précédent, et mettez dans le plat une garniture de haricots (Voy. n.° 144.)

N.° 287. *Gigot à l'eau,*

Désossez-le d'abord ; coupez ensuite de gros lardons que vous assaisonnez avec un peu de sel épice, et dont vous lardez votre pièce en dedans ; ficelez le gigot et assujétissez de même, avec une ficelle, le manche, après en avoir coupé le bout ; donnez lui une forme arrondie, et placez-le dans une casserole un peu haute de bords ou dans une petite marmite. Il faut que votre gigue y soit à l'étroit ; couvrez-la d'eau ; faites-la écumer ; jetez-y peu de sel parce qu'il faut que toute l'eau tombe en glace.

Ajoutez une tranche de jambon, une carotte et un oignon piqué, ainsi qu'un pied de céleri ; faites bouillir bien doucement ; au bout de deux heures, retournez votre gigot, et remarquez bien qu'au moment de l'entière cuisson, il est de nécessité absolue que le mouillement soit réduit comme je l'ai déjà dit ; un instant auparavant, vous avez eu soin d'enlever tous vos légumes, parce qu'il faut que votre pièce se glace.

Otez la ficelle, et mettez le gigot sur son plat ; jetez, dans son réduit, un peu de jus et le suc d'un citron ; dégraissez-le ; passez au tamis, et faites-le tomber sur la pièce, ou bien entourez-la d'une garniture d'oignons glacés (Voy. n.° 148), en ajoutant une espagnole (Voy. n.° 80).

N.° 288. *Gigot de Mouton à la Nîmoise.*

Désossez-le ; lardez-le en dedans avec de moyens lardons ; assaisonnez ; ficelez comme le précédent, avec cette différence que vous ajouterez quelques lardons de jambon, des truffes, deux ou trois anchois coupés à morceaux, et deux ou trois aulx ; vous lui donnerez aussi une forme arrondie, et couperez le bout du manche.

Faites-le cuire dans une bonne braise (Voy. n.° 167), en mettant aussi dessus quelque tranches de bœuf; versez-y un verre de vin blanc sec, et, après la cuisson qui doit s'opérer à petit feu, vous le déficelerez, le dresserez sur son plat et ajouterez la garniture ci-après.

N.º 289. *Garniture du Gigot à la Nîmoise.*

Faites fondre dans une casserole une plaque de lard et coupez-y à filet une tranche de jambon; passez-y quelques ris de veau ou d'agneau coupés, et faites-y réduire alors à moitié le fond de cuisson du gigot après l'avoir bien dégraissé et passé au tamis; ajoutez quelques tranches de truffes et quelques champignons; mouillez après cela avec de l'espagnole (Voy. n.º 80) ou du coulis; faites bouillir sur l'angle du fourneau, et, au moment de servir, jetez-y six jaunes d'œufs durs, des rognons de coq, quatre douzaines d'huîtres déjà blanchies dans leur eau, et passées un instant avec un peu de dégraissis de la cuisson du gigot, et que vous aurez égouttées; joignez-y quelques cornichons, et versez de suite cette garniture sur votre pièce.

N.º 290. *Rosbif de Mouton.*

Cuisez à la broche un derrière de mouton, et servez-le pour relevé de potage, en versant dessus une sauce claire (Voy. n.º 152) dans laquelle vous mêlerez un peu d'échalotte hachée; vous pouvez le servir aussi avec une garniture d'ail (Voy. n.º 145), de haricots au roux (Voy.

n.° 144.) ou bien à la purée d'oignons (Voy. n.° 106.)

N.° 291. *Carbonnade.*

Otez l'os du milieu d'une rouelle de mouton ; coupez de gros lardons ; assaisonnez-les avec du sel épice, et lardez bien le dedans de votre viande.

Mettez alors dans une casserole, sur le feu, du lard haché ou un peu de beurre, et saupoudrez la viande avec un peu de farine ; placez-la dans votre casserole ; assaisonnez-la également avec du sel épice, une carotte et un oignon, et faites-la roussir, à petit feu, des deux côtés ; mouillez avec du bouillon (Voy. n.° 1) ou, à défaut, avec de l'eau bouillante, et faites cuire à petit feu.

Faites blanchir des champignons secs que vous aurez eu soin de mettre d'abord à tremper pendant quelques heures pour les bien laver ; mettez-les à bouillir pendant un quart d'heure ; égouttez-les ; lavez-les de nouveau, et placez-les dans une casserole avec le dégraissis de votre viande ; assaisonnez-les, passez-les un bon moment à petit feu, et, lorsque la rouelle sera cuite, mêlez-y vos champignons ; faites bouillir ensemble, dégraissez et servez

N.° 292. *Rognons de Mouton à la maître d'hôtel.*

Fendez avec le couteau le derrière des rognons ; ôtez-en la peau, et couvrez ensuite les rognons de manière à en faire deux moitiés qui se tiennent seulement par le milieu ; faites en dedans quelques incisions ; marinez-les avec un peu de sel, une pincée de poivre et un peu d'huile ou de beurre; passez au travers une petite brochette pour les contenir ; faites-les griller, et, après cuisson, placez-les sur une sauce à la maître d'hôtel (Voy. n.° 121).

N.° 293. *Rognons de Mouton au vin.*

Préparez-les comme les rognons de veau (Voy. n.° 261).

N.° 294. *Pieds de Mouton au naturel.*

Mettez dans une casserole, avec de l'eau bouillante, des pieds de mouton déjà cuits, une plaque de lard, un bon bouquet (Voy. n.° 168), du sel, une feuille de laurier et un oignon piqué (Voy. n.° 1) ; lorsqu'ils auront bouilli un bon moment, vous les retirerez, les ferez égoutter, et les servirez avec de fines herbes.

N.° 295. *Pieds de Mouton en poulette bourgeoise.*

Préparez-les comme ci-dessus ; ôtez-en les os ; mettez-les dans une casserole avec du beurre ou du lard rapé ; assaisonnez-les avec du sel, du poivre, et, quand vous les aurez passés un instant sur le feu, vous y mettrez une pincée de farine et la mouillerez avec du bouillon (Voy. n.° 1) ou bien de l'eau bouillante ; ajoutez ensuite un peu de persil bien haché et liez avec deux jaunes d'œufs ; vous exprimerez par-dessus un peu de jus de citron que vous remplacerez, si vous n'en avez pas, par un filet de vinaigre.

Nota. On achète ordinairement les pieds de mouton cuits à l'eau ; c'est pour suppléer à cette première cuisson, qui ordinairement est imparfaite, que je conseille de les faire encore bouillir avant de les préparer.

N.° 296. *Queue de Mouton à l'Anglaise.*

On fait cuire la queue de mouton au pot ou à la marmite ; on la passe ensuite dans de l'œuf battu, puis dans de la mie de pain, et on la fait griller jusqu'à ce qu'elle ait pris belle couleur ; ce plat se sert pour hors-d'œuvre.

N.° 297. *Queue de Mouton au Riz à la ménagère.*

Les queues de mouton doivent êtres cuites, d'abord, dans une braise (voy. n.° 167) dont le mouillement soit un peu long ; il faut, quand elles sont au point, passer le fond de cuisson au tamis, y mêler un peu de bouillon, si elle n'est pas assez liquide, et l'assaisonner de bon goût ; on peut laisser à cet apprêt toute sa graisse.

Mettez en même temps dans une casserole une demi-livre de riz avec un volume de mouillement deux fois et demi plus considérable, et faites-le partir sur le feu ; vous continuerez la cuisson à très-petit feu ; il suffit d'entourer la casserole de cendres rouges ; n'en posez pas sur le couvert ;

lorque le riz sera cuit et un peu épais, vous en verserez une partie au fond d'un plat, et vous rangerez par-dessus les queues que vous recouvrirez avec l'excédent de votre riz ; vous verserez ensuite, sur le tout, une sauce espagnole (Voy. n.º 80).

N.º 298. *Queues de Mouton glacées.*

Faites-les cuire dans une braise (Voy. n.º 167), glacez-les ensuite (Voy. n.º 177) et posez-les sur une garniture de petits pois (Voy. n.º 141) ou même d'oseilles (Voy. n.º 135).

N.º 299. *Foie de Mouton à la ménagère.*

Coupez le foie à petites tranches, et mettez-le à cuire à la poêle avec de l'huile ou du lard fondu ou du saindoux ou du beure, selon votre goût ; assaisonnez-le avec du sel, du poivre et une feuille de laurier ; lorsqu'il sera au point, vous le retirerez de la poêle et vous mettrez à sa place des oignons coupés à filets bien minces, que vous ferez roussir à petit feu, et que vous remuerez de temps en temps avec une cuiller de bois ; assaisonnez-les convenablement, et, quand leur cuisson sera complète, vous y mettrez une pincée de farine, et les mouillerez un instant après avec du bouillon ou de l'eau bouillante ; cela fait, laissez-les quelque temps prendre goût sur un feu doux, et, quand la sauce vous paraîtra au point, mêlez-y le foie ; faites sauter un moment le tout ensemble, et liez de suite avec deux ou trois jaunes d'œufs ; on peut y exprimer un jus de citron qu'on remplace, quand on n'en a pas, par un filet de vinaigre ; on peut même y ajouter un peu de moutarde.

N.° 300. *Foie de Mouton à la lessiveuse.*

Préparez-le comme le précédent ; lorsqu'il est cuit, retirez-le de la poêle, et jetez, dans ce qui vous reste d'huile ou de graisse, une pincée de farine qu'il faut tourner un moment avec la cuiller ; mouillez ensuite avec du bouillon ou de l'eau bouillante ; ajoutez à la sauce qui en résulte un peu d'ail et de persil hachés, et mêlez-y le foie déjà préparé, sans le laisser bouillir, parce qu'il se durcirait ; assaisonnez le tout de bon goût, et liez avec deux ou trois jaunes d'œufs, après quoi vous exprimerez le jus d'un citron, auquel vous pouvez suppléer par un filet de vinaigre.

N.° 301. *Manière de couper les côtelettes.*

Laissez d'abord mortifier le carré de côtelettes ; quand vous voudrez les diviser, vous enleverez la peau qui couvre le gras, et vous couperez les côtelettes à distances égales ; il arrive quelquefois que, pour obéir à la proportion, il faut en couper quelques-unes de deux côtes ; mais alors, quand on pare la côtelette des os et de toutes les parties filandreuses, on enlève la deuxième côte ; marquez-les toutes à huit lignes au-dessous du bout de la côte ; enlevez la chair, sur toute cette longueur, en ratissant avec le couteau, de manière à ce que l'os soit bien net ; après quoi vous les battrez ferme les unes après les autres ; vous leur donnerez une forme arrondie ; les marinerez avec du sel, une pincée de poivre, et les arroserez avec un peu d'huile ou de beurre fondu.

N.º 302. *Côtelettes de Mouton au naturel.*

Quand les côtelettes de mouton sont préparées, comme il est dit ci-dessus, placez-les sur le gril toutes tournées du même côté, et le bout de chaque côte posé sur la partie charnue de sa voisine ; exposez-les à un feu très-vif ; cette manière de les cuire formant, pour ainsi dire, croûte à la superficie, concentre le jus dans l'intérieur de la chair, et la rend succulente ; quand les côtelettes sont roidies d'un côté, tournez-les de l'autre, et, quand elles sont au point, rangez-les en cordon autour d'un plat au milieu duquel vous pouvez verser un peu de sauce claire (Voy. n.º 152) où vous aurez fait bouillir, deux minutes, une échalotte bien hachée, et exprimé un peu de jus de citron.

N.º 303. *Côtelettes de Mouton panées.*

Conformez-vous, pour la préparation première, à l'art. 301 ; panez-les ensuite, et faites-les cuire à feu ardent.

N.º 304. *Côtelettes de Mouton à la Mayence.*

Coupez les côtelettes un peu épaisses ; faites leur subir la préparation 301 ; ensuite piquez-en la partie charnue avec de moyens lardons et des truffes, en intercallant ces objets de manière à former un damier qui ne dépasse la surface de la côtelette ni d'un côté ni de l'autre ; vous les déposerez dans un sautoir ou une tourtière entre des bardes de lard et des lames de veau assaisonnées, et ferez suer le tout un instant sur le feu ; après quoi, vous mouillerez avec un demi-verre de vin blanc sec et une quantité semblable de bouillon, et vous terminerez la préparation à petit feu ; il faut que le fond de cuisson tombe en glace ; dressez alors les côtelettes sur un plat ; faites bouillir, dans la casserole où vous les avez préparées, un peu d'espagnole (Voy. n.º 80) et de consommé (Voy. n.º 5) ; passez la sauce au tamis, dégraissez-la et répandez-la sur les côtelettes.

N.º 304 *Tête d'Agneau farcie.*

Faites-la blanchir comme celles de veau (Voy. n.º 214), en y laissant une partie du cou ; nettoyez-la bien, désossez-la et farcissez-la ensuite avec un salpicon (Voy. n.º 165) dans lequel vous aurez prodigué des truffes coupées à gros dés ; redonnez à la tête sa forme première ; ficelez-la pour la mettre à cuire dans une poêle (Voy. n.º 174) ; égouttez après la cuisson, dressez sur le plat, et versez-y une sauce hachée (Voy. n.º 116).

N.º 305. *Ris d'Agneau en poulette.*

Laissez d'abord dégorger les ris à l'eau froide ;

changez-les d'eau ; faites-les blanchir, et, aux premiers bouillons, retirez-les pour les jeter à l'eau fraîche.

Vous les nettoyez ensuite et en détachez les peaux et les parties de chair qui peuvent s'y tenir ; ceci demande beaucoup d'attention, il pourrait y rester quelques petits fils de laine qui, trouvés dans le ragoût, occasioneraient de la répugnance.

Cette préparation préliminaire étant faite, mettez sur le feu une casserole avec une tranche de jambon à laquelle vous joindrez du lard rapé ou un morceau de beurre ; passez-y un instant les ris d'agneau ; jetez-y ensuite une pincée de farine, et mouillez avec du bouillon (Voy n.º 1) ; ajoutez un bouquet (Voy. n.º 168), un oignon piqué (Voy. n.º 1) et faites cuire à petit feu ; il faut veiller à ce que la cuisson soit finie à point, parce que l'excès les ferait réduire à petits morceaux détachés, et l'entrée ne serait pas présentable ; enfin, dégraissez, liez avec deux ou trois jaunes d'œufs et le jus d'un citron ou un filet de vinaigre.

N.º 306. *Ris d'Agneau avec toute sorte de garniture.*

Préparez-les d'abord comme les précédens, et, au moment de faire la liaison, jetez-y des tranches de truffes, des champignons, des pieds de céleri, des culs d'artichauts, de petits oignons, etc., (Voy. n.ᵒˢ 148 à 153) ; on peut également les garnir avec des huîtres blanchies dans leur eau, des écrevisses, des pointes d'asperges ou des cornichons, mais alors il faut débuter par faire la liaison.

N.° 307. *Ris de Veau piqués.*

Il faut les mettre à dégorger, ensuite les faire blanchir en surveillant que l'eau dans laquelle ils sont contenus ne bouille pas, parce qu'il serait difficile de les piquer ; ensuite il faut les mettre à rafraîchir, et enfin les essuyer et les piquer à petit lard ; vous les mettrez à cuire dans une demi-glace (Voy. n.° 108) ; quand tous ces préalables seront remplis, et quand la préparation sera complète, vous glacerez tous les ris (Voy. n.° 177) et les poserez dans un plat, sur une sauce à la chicorée (Voy. n.° 137) ou toute autre.

N.° 308. *Langues d'Agneau à la ménagère.*

Consultez l'article Langues de mouton (Voy. n.° 281).

N.° 309. *Poitrine d'Agneau à la ménagère.*

Comme pour la poitrine de veau (Voy. n.° 258).

N.° 310. *Poitrine d'Agneau en blanquette.*

Faites-en cinq morceaux ; coupez les os des deux extrémités ; faites dégorger, puis blanchir, et passez l'eau au tamis.

Mettez alors un morceau de beurre dans une casserole ou, si vous le préférez, une barde de lard que vous ferez fondre ; placez-y une tranche de jambon ; passez votre agneau un moment sur le feu en le faisant sauter de temps en temps ; jetez-y une pincée de farine ; mouillez avec du bouillon mitigé avec de l'eau où vous avez fait blanchir la viande ; ajoutez un bouquet (Voy n.º 168), un oignon piqué (Voy. n.º 1) et, si vous voulez, des petits pois, des truffes, des champignons ou toute autre garniture (Voy. n.ᵒˢ 141 à 153) ; écumez enfin, et, lorsque la cuisson sera terminée et que le mouillement sera réduit, faites une liaison avec deux ou trois jaunes d'œufs, un peu de citron ou un filet de vinaigre ; vous pouvez jeter dans la liaison un peu de persil haché.

N.º 311. *Poitrine d'Agneau farcie.*

Tranchez les os des extrémités ; séparez la chair du dessus et du dessous, de manière à ménager entre deux une espèce de poche, et introduisez-y une farce fine (Voy. n.º 159) : cousez ; faites cuire dans une braise (Voy. n.º 167), et, après la cuisson, égouttez, ôtez le fil et versez sur votre farce une sauce aux pommes d'amour (Voy. n.º 119).

N.º 312. *Poitrine d'Agneau grillée.*

Cuisez cette poitrine dans une braise (Voy. n.º 167) ou au pot ; passez-la dans de l'œuf battu ; assaisonnez-la ; passez-la dans de la mie de pain, et faites griller ; ce met se sert pour hors-d'œuvre.

N.° 313. *Épaule d'Agneau en Caneton.*

Désossez une épaule d'agneau ; coupez quelques petits lardons ; assaisonnez-les avec du sel épice et piquez le dedans de votre viande ; ficelez avec l'aiguille à brider, en donnant à votre épaule une forme allongée ; assujétissez le bout de l'os de manière à ce qu'il soit relevé et présente la forme du bec d'un caneton ; faites blanchir la pièce à l'eau bouillante pendant deux minutes, et jetez-la à l'eau fraîche ; essuyez-la ensuite parfaitement ; piquez-la à petit lard et mettez à cuire comme une entrée piquée (Voy. n.° 176) ; après la cuisson déficelez et glacez (Voy. n.° 177) ; formez à votre caneton deux petites ailes avec des tranches de truffes ou de cornichons ; assujétissez-les en faisant une incision de chaque côté avec la pointe d'un couteau ; versez dans votre plat une sauce à la chicorée (Voy. n.° 137) et placez votre caneton par-dessus.

N.° 314. *Ballottine d'Agneau.*

Désossez une épaule, en laissant néanmoins le bout du manche ; lardez en dedans et ficelez comme pour le précédent : arrondissez votre objet ; piquez le dessus à petit lard, après avoir fait blanchir l'épaule à l'eau bouillante ; faites-la cuire comme une entrée piquée (Voy. n.° 176) ; glacez-la (Voy. n.° 177), et posez-la sur une garniture de racines ou toute autre (Voy. n.°⁵ 141 à 153). On peut servir la ballottine sans en piquer le dessus, et en y versant toute sorte de sauces piquantes.

N.° 315. *Carré d'Agneau piqué.*

Parez-le en ôtant l'épine du dos qui tient au filet, et les peaux du dessus ; coupez carrément les côtes au-dessous de la chair, et piquez les filets à petit lard ; faites blanchir et mettez à cuire en entrée piquée (Voy. n.° 176); après la cuisson, glacez (Voy. n.° 177) comme un fricandeau (Voy. n.° 242); et placez au fond d'un plat une garniture de haricots (Voy. n.° 144), de chicorées (Voy. n.° 137) ou d'oseilles (Voy. n.° 136) sur laquelle vous poserez votre carré.

N.° 316. *Carré piqué à la broche.*

Parez et piquez comme le précédent ; marinez à l'huile (Voy. n.° 182), et assujétissez-le ensuite à la broche avec deux brochettes ; enveloppez-le d'un papier qui contienne sa marinade ; et un instant avant que la cuisson soit terminée, ôtez le papier afin de faire prendre couleur, et versez dessus, en le dressant, une sauce au chevreuil (Voy. n.° 870).

N.° 317. *Carré d'Agneau piqué au persil.*

Parez encore le carré de la même manière, et piquez-en le filet avec de petits paquets de persils en branche que vous introduisez au moyen d'une lardoire ; marinez-le ensuite (Voy. n.° 182) et faites-le rôtir à la broche (Voy. n.° 285). Vous le servirez avec une sauce claire (Voy. n.° 152.)

N.° 318. *Côtelettes au naturel.*

Otez la peau et les nerfs des côtelettes ; ratissez le bout des côtes, et marinez-les dans de l'huile ou du beurre fondu que vous aurez assaisonné avec du poivre et du sel ; passez-les ensuite dans de la mie de pain, et faites-les griller sur un feu ardent ; après quoi vous les rangerez en cordon autour d'un plat, et vous verserez par-dessus une sauce faite avec un peu de jus (Voy. n.° 77), une échalotte bien hachée et du jus de citron. Ce dernier objet doit être mêlé aux précédens quand ceux-ci sont déjà en ébullition ; la sauce doit être versée incontinent après ce mélange.

N.° 319. *Côtelettes aux Croûtons.*

Faites frire, dans de l'huile ou du beurre, des tranches de pain auxquelles vous aurez donné la forme des côtelettes qu'elles doivent accompagner ; lorsque celles-ci sont préparées comme à l'article précédent, établissez-les en cordon sur un plat, posez un croûton entre chacune d'elles, et versez par-dessus une sauce hachée (Voy. n.° 116.)

N.° 320. *Côtelettes au Gratin.*

Parez toujours les côtelettes et sautez-les dans une casserole où vous aurez fait fondre du beurre ou une tranche de lard ; laissez-les roidir d'un côté, puis de l'autre, et assaisonnez de bon goût; retirez-les alors et répandez par-dessus le jus d'un citron ; après quoi, vous les placerez en cordon dans un plat à gratin, au fond duquel vous aurez d'abord mis de la farce à la Nimoise (Voy. n.° 161) un peu épaisse, et, presque au moment de servir, vous mettrez le plat au four ou bien sur un trépied, feu dessus et dessous, et l'y laisserez seulement le temps nécessaire pour cuire la farce ; après cela vous en ôterez la graisse, et le servirez avec une sauce espagnole (Voy. n.° 80.)

N.° 321. *Côtelettes en Crépine.*

Pour les préparer ainsi, il faut les couper plus petites qu'à l'ordinaire, et les faire sauter comme les précédentes ; lorsqu'elles sont cuites, vous les mettez sur une assiette ; prenez ensuite de la crépine de cochon, et mettez-la à l'eau tiède ; vous en prendrez, pour chaque côtelette, un morceau grand comme la main, et vous y poserez une cuillerée à bouche de gascogne (Voy. n.° 166) ; placez la côtelette par-dessus ; recouvrez-la d'une seconde cuillerée de gascogne, et enveloppez le tout de la crépine, en lui donnant la forme de la côtelette dont l'os doit ressortir au dehors ; soumettez-les au four un moment ou dans une casserole sous le fourneau, ou bien sur un trépied, feu dessus et dessous ; vous pouvez mettre dans la cuisson un peu de fond de quelque bonne braise (Voy. n.° 167) ou une cuillerée de jus un peu gras (Voy. n.° 77) ; après la cuisson, et lorsque vous avez dressé vos côtelettes sur le plat ; versez-y une sauce espagnole (Voy. n.° 80.)

N.° 322. *Côtelettes en Lorgnettes.*

Laissez tenir à vos côtelettes les deux os ; faites au bout des côtes une incision avec le couteau, à six lignes de l'extrémité, sans ôter la chair ; cuisez-les dans une bonne braise ; posez-les ensuite à plat, le gros de la côtelette en dehors et le bout de la côte en dedans du plat ; après avoir bien ratissé cette côte, placez alors sur la partie charnue une tranche de carotte d'un pouce de diamètre sur six lignes d'épaisseur ; après l'avoir cannelée avec le couteau dans son pourtour, vous enleverez le milieu de la carotte avec un vide pomme ; ce légume ne doit être ainsi employé que déjà cuit à l'ordinaire.

Vous poserez sur le trou de la carotte un petit oignon glacé, et vous ferez un cordon de ces mêmes oignons, puis un autre de laitues, dans votre plat et sur le manche des côtelettes, excepté sur la partie ratissée ; enfin vous saucerez avec une espagnole (Voy. n.° 80.)

N.° 323. *Côtelettes d'Agneau en Papillote.*

Parez les côtelettes comme au naturel ; marinez-les (Voy. n.° 180) ; hachez du lard auquel vous joindrez du persil, une échalotte ou un peu d'oignon.

Coupez du papier un peu rond ; faites-y un trou afin de pouvoir y passer le manche de la côtelette ; posez sur ce papier un peu de votre hachis ; placez-y la côtelette avec l'os dans le trou, et mettez par-dessus une quantité égale de hachis, de manière à ce que la côtelette en soit enveloppée ; replacez avec soin le papier qui la contient ; enduisez-le d'huile ou de beurre, et faites cuire sur le gril à petit feu.

N.º 324. *Côtelettes d'Agneau en Fricandeau.*

Parez-les avec soin ; piquez-les à petit lard, et mettez-les à cuire comme les entrées piquées (Voy. n.º 176) ; lorsqu'elles seront au point, vous les glacerez à l'ordinaire (Voy. n.º 177), et les servirez sur une purée d'épinards (Voy. n.º 110).

N.º 325. *Côtelettes d'Agneau à la Soubise.*

Parez-les et laissez tenir les deux côtes dont vous marquez le bout avec un couteau, sans en ôter la chair ; mettez quatre petits lardons, en travers, dans le côté du filet, et faites-les cuire comme ci-dessus ; dès qu'elles seront au point, vous ratisserez le bout des côtes, et vous rangerez vos côtelettes le bout en dedans ; servez-les sur une sauce à la Soubise (Voy. n.º 135.)

N.º 326. *Pascaline au Naturel.*

Emincez une fressure d'agneau ; mettez-la dans une petite poêle avec du lard râpé ou du sain-doux ou bien du beurre ou de l'huile, ou même du dégraissis de cuisson ; sautez-la un moment, et l'assaisonnez avec du sel et du poivre ; quand elle sera au point, vous y mêlerez une échalotte et du persil hachés, un jus de citron ou bien un filet de vinaigre, et servirez au sec.

N. 327. *Pascaline à la ménagère.*

Coupez la fressure et préparez-la comme ci-dessus ; quand elle est sautée un moment dans la poêle, jetez-y une pincée de farine et mouillez, un peu après, avec du bouillon (Voy. n.º 1) ou de l'eau bouillante ; ajoutez-y un oignon piqué (Voy. n.º 1) ; quand la cuisson sera complète, vous pourrez y mêler quelques tranches de truffes et un peu de persil haché ; vous ferez une liaison avec deux ou trois jaunes d'œufs ; vous exprimerez par-dessus un jus de citron ou le remplacerez par un filet de vinaigre ; si vous ne craignez pas l'huile vous en ajouterez une cuillerée à bouche ; vous ferez sauter le tout ensemble, et le verserez dans le plat.

N.º 328. *Pascaline en poulette.*

Coupez la fressure et mettez-la à dégorger dans de l'eau fraîche, ensuite vous la ferez blanchir ; après quoi vous la passerez sur le feu dans une casserole, avec un morceau de jambon et un peu de beurre ou de lard râpé ; jetez-y une pincée de farine, et mouillez ensuite avec du bouillon ; ajoutez un bouquet (Voy. n.º 168), un oignon piqué (Voy. n.º 1) ; écumez et soignez la cuisson ; quand elle sera complète, vous lierez avec deux jaunes d'œufs, après avoir ajouté quelques tranches de truffes et un peu de persil haché ; avant de servir vous mettrez une cuillerée à bouche de bonne huile ou un petit morceau de beurre ; vous ferez sauter le tout, et verserez dans le plat.

N.° 329. *Quartier d'Agneau rôti.*

Le quartier d'agneau sert de rôti quand on le fait cuire à la broche ; il peut aussi servir d'entrée quand on le pose sur une garniture de haricots au roux (Voy. n.° 144) ou à la purée d'oignons, (Voy. n.° 106) ou d'ail, etc.

N.° 330. *Derrière d'Agneau, pour grosse pièce de relevé de potage.*

Otez la peau du dessus des cuisses, et piquez à petit lard ; enveloppez la pièce de papier beurré ou graissé, et mettez-la à la broche ; avant de servir, ôtez le papier afin qu'elle prenne belle couleur, et, quand ce dernier résultat est obtenu, dressez-la sur une garniture de haricots (Voy. n.° 144) ou toute autre ; n'omettez-pas de mettre une petite papillote au bout du manche, et servez.

COCHON.

N.° 331. *Fromage de Cochon.*

Nettoyez bien la tête d'un cochon et mettez-la à dégorger à l'eau fraîche, afin d'en ôter toutes les parties sanguines ; mettez-la ensuite dans une grande terrine avec de l'eau-sel ou simplement du sel pilé ; si vous le préférez ; vous pouvez y joindre deux jarrets de cochon, afin que le fromage soit moins gras ; laissez le tout prendre sel pendant deux jours, durant lesquels vous le retournerez de douze en douze heures ; après cela, mettez-le à cuire dans une braise (Voy. n.º 167) où vous avez déjà fait cuire un jarret ou des pieds ou toute autre salaison ; il faut avoir la précaution d'allonger cette braise avec de l'eau, afin que le sel n'y domine pas trop ; on peut, quand on n'a pas de braise, la remplacer par du bouillon fait avec quelques os de cochon, et dans lequel vous mettez d'abord l'assaisonnement convenable, puis deux feuilles de laurier, un oignon piqué, un gros bouquet (Voy. n.º 1) et enfin une branche de basilic ; laissez cuire le fromage jusqu'à un certain point, car un excès de cuisson le ferait briser ; retirez la marmite du feu, et, quand son contenu sera à moitié refroidi, rangez les peaux que vous devez conserver aussi entières que possible dans un moule de terre : j'observe ici qu'il est très-dangereux d'employer à cet usage des moules de cuivre, parce que le fromage étant très-lent à se refroidir, et passant conséquemment un temps considérable dans l'usine, peut contracter une propriété malfaisante et dangereuse.

Mêlez ensuite à la chair cuite des tranches de

truffes, du poivre, une pincée d'épices, et remplissez bien votre moule ; recouvrez-le d'une assiette qui touche au-dessus du fromage et le comprime ; posez même un poids par-dessus et, quand vous voudrez sortir votre préparation, faites chauffer le fond du moule, passez la lame d'un couteau dans tout le pourtour et renversez-le ; alors dégraissez et décorez le fromage.

N.° 332. *Hure de Sanglier.*

Choisissez, pour simuler une tête de sanglier, une tête de cochon noir ; brulez-en les soies et désossez-la toute entière ; ôtez ensuite la chair qui tient à la peau ; coupez-la à filets et l'assaisonnez dans un plat creux avec du sel ; vous placerez ces filets dans la peau de la tête, ainsi que deux ou trois sous-filets de porc, coupés de la même manière ; la tête, ainsi arrangée, doit être mise dans un plat et l'on doit verser par-dessus une saumure faite avec de l'eau, du sel, quatre feuilles de laurier, un peu de romarin, de la sauge, du gérofle et du basilic qu'on a fait bouillir ensemble environ une demi-heure et qu'on a ensuite passé au tamis ; ayez le soin de tourner tous les jours la tête, afin qu'elle prenne goût de tout côté ; quand elle sera bien marinée, vous la placerez sur une serviette, vous rangerez de nouveau la viande que vous avez coupée, en mêlant avec justesse le gras et le maigre des filets, de la langue à l'écarlate, des truffes aussi coupées en filets, disposez-les en couches et supprimez une partie du gras de la tête, s'il vous semble qu'il y en ait trop; assaisonnez le tout avec du poivre et une pincée d'épices : tâchez, en reployant les peaux de la tête, de lui rendre sa forme primitive, et serrez ferme avec la serviette sur laquelle elle est déjà posée; après avoir rangé les oreilles par dessous, ficelez-la et placez-la avec son contenu dans une brasière où vous la ferez cuire; vous la mouillerez avec du bouillon que vous avez obtenu, durant l'intervalle de cette préparation, des os même de la tête, que vous avez nettoyés, mis à dégorger et enfin fait bouillir dans une marmite avec un bouquet et un oignon piqué (Voy. n.º 1) et auquel, si on veut lui donner plus de corps, on peut joindre des pieds ou un jarret de cochon ; ajoutez à la cuisson principale un gros bouquet (Voy. n.º 168) ; assurez-vous qu'elle est de bon sel, et, lorsqu'elle sera au point, vous la mettrez sur un grand plat ou sur une tourtière, vous la couvrirez d'un couvert plat et chargé d'un gros poid, et, le lendemain, vous ôterez la serviette, vous placerez la tête sur un plat, vous en redresserez les oreilles au moyen de deux brochettes ; vous en frottez les yeux avec du beurre d'écrevisses (Voy. n.º 111), si vous en avez ; imitez les défenses avec de la tétine de veau, et vous la servirez entourée de gelée d'aspic (Voy. n.º 103) ; ce plat se sert ordinairement sur un socle décoré des attributs de la chasse.

N.° 333. *Andouillettes aux truffes.*

Coupez, à petits dés et de la grosseur d'un pois, des joues de cochon ; ôtez-en le gras, et n'employez que les gayettes ; pesez votre viande, elle doit absorber deux gros de sel épice par livre, et deux onces et demie de truffes coupées de la même manière ; mêlez le tout ensemble en le remuant avec une cuiller de bois ; ensuite introduisez-le dans de gros boyaux de cochon, qu'il ne faut pas trop remplir, afin qu'on puisse les ficeler de distance en distance sans les crever ; quand les andouillettes sont faites, il faut les suspendre au crochet, vingt-quatre heures ; lorsque vous voudrez les mettre à cuire, vous les couperez toutes séparément et les mettrez dans une casserole avec un bon bouquet (Voy. n.° 168), un oignon piqué de deux clous de gérofle, et les recouvrirez de plaques de lard ; vous les mouillerez avec du bouillon et de l'eau, mêlés par égale portion, et les ferez bouillir à petit feu pendant trois heures et demie qui suffisent à leur préparation ; pendant cet intervalle, la casserole doit être couverte d'un rond de papier et d'un couvert de casserole ; après l'entière cuisson, retirez-les sur un plat dans lequel vous mettrez une cuillerée de dégraissis dont vous les frotterez quand elles seront refroidies, et vous les passerez dans de la mie de pain ; cinq minutes avant de les servir, vous les mettrez à griller sur un feu doux, ce laps de temps suffit pour que la chaleur pénètre dans l'intérieur de l'andouillette.

N.º 334. *Andouilles à la Provençale.*

Mettez de la crépine de cochon à détremper dans de l'eau tiède ; coupez-la ensuite en carrés-longs que vous étendrez sur un linge blanc, et posez sur chacun d'eux une couche bien mince de farce cuite (Voy. n.º 158) ; laissez un vide au milieu, que vous remplirez de salpicon (Voy. n.º 165) et que vous recouvrirez avec de la farce, de manière à ce que le tout forme une petite andouille où le salpicon soit enveloppé dans la farce de tous les côtés ; reployez la crépine par-dessus le tout, liez-la par les deux bouts avec une ficelle, passez-la dans l'œuf battu, puis dans la mie de pain, et faites griller les andouillettes à petit feu ; vous les servirez avec une sauce espagnole (Voy. n.º 80).

N.º 335. *Andouilles de boyaux de Cochon.*

Coupez des boyaux de cochon à petits morceaux ; assaisonnez-les avec du sel, du poivre et des épices ; ensachez-les ensuite dans de gros boyaux que vous ficelerez de distance en distance, afin que les andouilles aient la même forme que celles dont nous venons de donner la recette ; cela fait, assaisonnez-les dans un plat, et les laissez dans cette saumure deux jours pendant lesquels il faut les retourner de temps en temps ; vous les ferez cuire ensuite dans une braise (Voy. n.º 167) de cochon ; quand elles seront cuites, faites-les refroidir, passez-les à la mie de pain, et faites-les griller.

N.° 336. *Andouilles pour conserver.*

Otez toutes les parties nerveuses de la chair que vous devez employer ; ôtez-en aussi une partie du gras qu'il est à propos de remplacer par du lard frais ; coupez le tout à petits dés, après quoi vous peserez votre viande, et l'assaisonnerez de la manière suivante : Vous mettrez, pour vingt livres de viande, une livre de sel pilé, une once de poivre en poudre et quatre gros en grains ; mêlez bien le tout ensemble, après quoi vous l'introduirez dans de gros boyaux au moyen d'un entonnoir destiné à cet usage ; pressez-le avec précaution, afin de ménager le boyau, mais faites néanmoins que vos andouilles soient bien fermes ; piquez-les avec une épingle afin de donner une issue à l'air qui ne peut manquer de s'y introduire, et dont le séjour les ferait rancir ; et, quand enfin les boyaux sont pleins et parfaitement serrés, formez les andouilles en ficelant de distance en distance ; vous les mettrez, après cela, dans une grande corbeille recouverte d'un linge blanc, et vous les laisserez y séjourner jusques au lendemain ; alors vous les placerez dans un lieu sec, un peu aéré, ou bien vous les suspendrez à la cheminée pour les faire sécher ; lorsqu'elles seront sèches, enveloppez-les dans du papier, et couvrez-les de cendres passées à l'avalanche ou au passoir, quelques temps avant d'être employées, parce qu'il est essentiel qu'elles soient bien refroidies ; lorsque vous voudrez manger les andouilles, faites-les bouillir quatre à cinq heures dans de l'eau ; on peut aussi les manger crues, comme le saucisson.

N.º 337. *Langue farcie aux truffes.*

Faites dégorger la langue à l'eau fraîche ; faites-la blanchir ensuite à l'eau bouillante ; nettoyez-la et ôtez-en la peau ; après cela, vous la larderez, en long, avec de gros lardons assaisonnés de sel épice et de morceaux de truffes coupés aussi en forme de lardons ; fourrez-la dans un gros boyau que vous lierez des deux bouts ; alors, assaisonnez la langue fourrée avec du sel épice, laissez-la deux ou trois jours dans cet assaisonnement, en la tournant tous les jours ; après cela vous la mettrez à cuire dans une braise (Voy. n.º 167) de cochon.

N.º 338. *Foie de Cochon au chasseur.*

Fendez, par le milieu, du foie de cochon en le laissant tenir d'un côté ; faites dans l'intérieur des entailles régulières, jetez un peu de sel et de poivre par-dessus, et marinez avec de l'huile ; quand il a pris goût, mettez par-dessus une farce faite avec du lard, du persil et une échalotte hachés ensemble : on peut, quand on ne le craint pas, y joindre un peu d'ail ; reployez le foie et l'enveloppez dans de la crépine ; vous le poserez ensuite entre deux bardes de lard dans une léchefrite, et le ferez cuire feu dessus et dessous ; lorsqu'il sera au point, vous le dresserez sur son plat ; vous dégraisserez sa cuisson, à laquelle vous ajouterez après un peu de jus, si vous en avez, un filet de vinaigre, et que vous passerez au tamis sur le foie.

N.° 339. *Foie de Cochon à la ménagère.*

Coupez le foie en lames, coupez aussi du mou et du filet que vous faites cuire d'abord à petit feu dans une poêle (Voy. n.° 174) où vous avez fait fondre un peu de gras ; assaisonnez avec du sel et du poivre, et, quand le degré de cuisson sera convenable, vous y mêlerez le foie qui se durcirait s'il restait long-temps sur le feu ; quand le tout est au point, on y joint un filet de vinaigre.

N.° 340. *Pain de foie de Cochon.*

Prenez une partie d'un foie de cochon ; joignez-y du mou, la joue, c'est-à-dire, cette partie de chair qui tient à la tête, et qu'on désigne sous le nom de ris de cochon ; assaisonnez ce mélange avec un gros et demi de sel épicé par livre et quatre onces de lard ; hachez bien le tout ensemble ; joignez-y un peu d'échalotte ou d'oignon, du persil et de l'orange, que vous hachez aussi et que vous mêlez à la viande ; placez ce hachis dans un plat creux ; mêlez-y, de nouveau, du lard à la quantité de deux onces par livre, et du jambon, à la quantité de deux onces, que vous aurez d'abord coupés à petits dés ; coupez des truffes de la même manière, mêlez-les au reste, après quoi vous verserez le tout dans une casserole foncée avec de la crépine de cochon ; enveloppez bien votre farce dans cette crépine ; posez par-dessus un rond de papier, et mettez la casserole au four une demi-heure après sa première chaleur ; vous l'y laisserez deux heures, au bout desquelles vous l'en retirerez et la laisserez refroidir ; quand vous voudrez renverser votre préparation qui, en se refroidissant, a pris la forme du moule qui la contient, faites chauffer le cul de ce moule ou casserole, le pain se détachera de lui-même, vous le renverserez sur un plat, le dégraisserez, et le décorerez avec toute sorte de fleurs.

N.° 341. *Gayettes de Cochon à la ménagère.*

Prenez de la farce de pain de foie, que vous diviserez en quantités suffisantes pour simuler des pommes ordinaires ; enveloppez vos subdivisions de crépine, et laissez-les jusques au lendemain ; vous les mettrez alors à cuire à bien petit feu dans du saindoux froid ; lorsque les gayettes seront au point, vous les verserez sur un plat avec leur graisse ; on peut les servir froides et chaudes ; on peut aussi les conserver en les recouvrant de saindoux.

N.° 342. *Carré de Cochon au Robert.*

Il faut jeter du sel sur le carré et au-dessous, deux jours avant de le mettre à cuire ; ce préalable rempli, mettez-le à la broche ; lorsqu'il est au point, on le sert sur une sauce Robert (Voy. n.° 138).

N.° 343. *Cervelles de Cochon.*

Même procédé que pour les cervelles de veau (Voy. n.° 221).

N.° 344. *Côtelettes de Cochon aux truffes.*

Coupez des côtelettes de cochon ; parez-les et ratissez-en le bout de la côte ; battez-les et les rangez dans un sautoir avec du beurre clarifié ou du lard râpé ; assaisonnez avec du poivre et du sel ; peu de temps avant de servir, vous poserez le sautoir sur le feu ; quand les côtelettes seront cuites d'un côté, vous les tournerez de l'autre, et vous les rangerez ensuite en cordon sur un plat ; vous jeterez, dans le fond de cuisson, des tranches de truffes auxquelles vous joindrez de fines herbes et un demi-verre de vin blanc sec ; vous assaisonnerez le tout de bon goût, et, quand il sera réduit des trois quarts, vous le mouillerez avec de l'espagnole (Voy. n.° 80) ; laissez encor bouillir un moment, après quoi dégraissez et versez sur vos côtelettes.

N.° 345. *Côtelettes de Cochon à la ménagère.*

Coupez les côtelettes d'une seule côte : parez-les sans ratisser le bout de la côte ; assaisonnez-les, battez-les et mettez-les à cuire à la poêle avec un peu de saindoux ou de beurre : quand elles seront au point, retirez-les de la poêle : jetez dans le fond de cuisson une pincée de farine qu'il faut tourner un instant avec une cuiller de bois sur un feu bien doux ; mouillez ensuite avec de l'eau bouillante et un bon filet de vinaigre ; assaisonnez cette sauce ; lorsqu'elle sera de bon goût, vous y remettrez les côtelettes que vous laisserez mijoter quelques minutes sur un feu modéré ; vous pouvez ensuite les servir avec quelques câpres ou des cornichons et un peu de moutarde.

N.º 346. *Côtelettes de Cochons aux oignons, à la ménagère.*

Préparez-les comme les précédentes ; lorsqu'après leur cuisson vous les retirez de la poêle, remplacez-les par des oignons coupés à petits dés, que vous faites cuire dans le jus qu'elles y ont laissé ; faites roussir ces oignons bien également en les tournant et retournant de temps en temps avec la cuiller ; quand ils seront de belle couleur, vous les saupoudrerez avec de la farine, vous les mouillerez avec du bouillon ou de l'eau bouillante, et laisserez encore cuire à petit feu ; assaisonnez-les de bon goût, après quoi, vous y mêlerez un instant les côtelettes ; vous les laisserez se réchauffer sur les cendres chaudes, et vous les servirez en y ajoutant un filet de vinaigre et un peu de moutarde.

N.º 347. *Sous-filet de Cochon piqué.*

Parez le sous-filet ; ôtez-en toutes les parties nerveuses et la peau du dessus, et piquez-le à petit lard ; vous le marinerez ensuite à l'huile (Voy. n.º 182) ; quand il aura séjourné vingt quatre heures dans la marinade, vous le mettrez à la broche avec cette marinade que vous envelopperez, ainsi que le filet, dans un papier beurré ou graissé ; un moment avant de servir, ôtez le papier, afin que la pièce se colore, et quand elle est de belle couleur, ôtez-la de la broche, dressez-la sur son plat et versez par-dessus une sauce au chevreuil (Voy. n.º 870).

N.º 348. *Sous-filet de Cochon au Robert.*

Vous le préparez absolument comme le précédent, mais vous le servez sur une sauce Robert (Voy. n.º 138).

N.º 349. *Sous-filet de Cochon en escalope.*

Otez toujours du sous-filet les parties filandreuses et la peau du dessus ; coupez-le ensuite en tranches bien minces, un peu en biais ; parez chaque morceau et donnez-lui une forme arrondie ; vous les mettrez tous dans un sautoir avec du beurre clarifié ; vous les sauterez un moment et les verserez dans une sauce allemande (Voy. n.º 83).

N.º 350. *Escalope de sous-filet de Cochon à la Robert.*

Préparez-la comme ci-dessus et servez-la dans une sauce Robert (Voy. n.º 138).

N.º 351. *Épaule de Cochon à la marinière.*

Laissez mortifier, pendant trois jours, l'épaule que vous voulez préparer ainsi ; laissez-la ensuite séjourner deux jours dans l'eau-sel, après quoi vous la piquerez avec des aulx et un peu d'orange de sauce ; vous la ferez cuire à la broche et la servirez froide.

N.° 352. *Jambon glacé.*

Parez parfaitement le jambon dans tout son pourtour : coupez l'os du milieu, ôtez la palette et toute la surface du dessous ; coupez aussi le bout du manche et mettez-le à dessaler dans une grande marmite pleine d'eau : s'il est gros et vieux, vous l'y laisserez deux jours pendant lesquels vous renouvelerez l'eau deux fois par jour ; s'il est petit et plus nouveau, vous proportionnerez le temps à la nécessité ; quand la pièce aura ainsi trempé et sera nettoyée, vous l'envelopperez d'une serviette et vous la mettrez à cuire dans une grande marmite où vous la ferez bouillir pendant six heures ; observez que l'eau doit la recouvrir entièrement et qu'elle doit être aromatisée par un gros bouquet ficelé (Voy. n.° 168) ; quand le temps prescrit est écoulé, ôtez la marmite du feu, retirez-en le jambon un moment après et placez-le, avec son enveloppe, sur un plat de terre creux et bien rond ; vous délierez alors la serviette que vous tendrez un peu, afin qu'elle ne fasse point de plis ; vous laisserez bien égoutter le jambon, et vous poserez par-dessus un couvert chargé d'un gros poids ; le lendemain, ôtez le jambon de la serviette, placez-le sur une tourtière : parez-le avec soin, en découpant la couenne qui reste au manche ; enlevez celle du dessus ; essuyez bien la pièce ; glacez-la pendant deux fois (Voy. n.° 177) et décorez-la avec du beurre de Languedoc (Voy. n.° 112) que vous mettrez dans une seringue et qui en sortira par la pression, semblable à une grosse ficelle que vous tournerez sur le jambon en forme d'escargot ; vous placerez entre les dessins, de la gêlée hachée ; on peut aussi décorer le jambon en faisant, avec la même matière, des soleils entre les rayons desquels on met toujours de la gelée hachée ou simplement de l'aspic (Voy. n.° 103) ; hachez de l'aspic que vous mettrez dessus et tout autour du plat où est posé le jambon, et servez ce dernier, le manche proprement enveloppé d'un papier découpé. On peut servir cette pièce sur un socle décoré.

N.° 353. *Jambon glacé aux truffes.*

Parez un jambon et faites-le dessaler, comme à l'article qui précède ; après cela, vous le désosserez jusqu'au manche et vous le fendrez à filet jusqu'à la couenne ; placez dans chaque entaille de grosses tranches de truffes, après quoi vous roulerez le jambon, vous le ficelerez et le ployerez dans une serviette où vous le serrerez bien ; placez-la ensuite avec son contenu dans une marmite, avec de l'eau, un gros bouquet ficelé (Voy. n.° 168) et deux ou trois bouteilles de vin blanc sec ; vous ferez bouillir lentement et sans discontinuité pendant six heures, au bout desquelles vous retirerez la marmite du feu, et, quand elle sera un peu refroidie, vous en sortirez le jambon que vous mettrez sur une tourtière, et que vous comprimerez au moyen d'un couvert chargé d'un poids : le lendemain vous ôterez le jambon de la serviette qui l'enveloppe, vous le parerez avec soin, en découpant la couenne du manche, vous enleverez également celle du dessus, vous l'essuyerez et le glacerez (Voy. n.° 177) à deux reprises ; hachez ensuite de la gêlée que vous mettrez dessus et tout autour.

N.° 354. *Jambon à la Gingara.*

Coupez des tranches de jambon un peu épaisses, parez-en la peau, et battez-les avec le dos de la lame d'un gros couteau ; mettez-les ensuite à cuire dans une poêle ou casserole, avec une goutte d'huile ou de saindoux ; faites-les roussir également des deux côtés, après quoi vous les mettrez dans un plat creux avec deux verres d'eau fraîche et un filet de vinaigre ; mettez dans la poêle ou casserole où vous avez préparé le jambon, une pincée de farine que vous ferez roussir à petit feu, en la tournant avec la cuiller ; vous mouillerez avec le mouillement où trempent vos tranches ; continuez de tourner avec la cuiller, jusqu'à ce que vous ayez obtenu un beau roux ; vous pouvez vous arrêter quand le bouillonnement commence ; entretenez-le quelques instans à petit feu, et vous y jeterez vos tranches de jambon qu'il ne faut y laisser bouillir qu'un instant ; on peut mêler de la sauce aux pommes d'amour (Voy. n.° 119) à cette préparation.

N.° 355. *Jambon aux oignons.*

Préparez le jambon comme ci-dessus ; quand vous l'avez déposé dans le mouillement indiqué, mettez dans la casserole ou la poêle où vous l'avez fait cuire, des oignons coupés à petits dés ; faites-les roussir à petit feu, en les remuant de temps en temps avec la cuiller ; enfin, quand il seront cuits, mettez-y la pincée de farine ; mouillez un moment après avec l'eau où trempe le jambon, mêlez enfin le tout ensemble, et servez.

N.° 356. *Jambon à la Béarnaise.*

Cette préparation est la même que celle dont nous venons de donner le détail, avec cette différence qu'il faut faire cuire les oignons sans les roussir ; quand ils seront cuits vous y mêlerez le jambon, et vous y ferez une liaison avec deux jaunes d'œufs.

N.° 357. *Noix de Jambon aux petits pois.*

Coupez la noix d'un jambon, c'est-à-dire cette partie ronde qui se trouve entre l'os et le gras : mettez-la à dessaler dans l'eau fraîche, pendant vingt-quatre heures ; après quoi vous la nettoyerez bien et la mettrez à cuire dans une marmite pleine d'eau ; quand vous aurez écumé, vous y jeterez un gros bouquet (Voy. n.° 168) et un oignon piqué de deux ou trois gérofles; laissez alors bouillir votre noix trois heures et demie, quatre heures au plus, elles suffisent pour cette cuisson ; ensuite vous la placerez dans une casserole après avoir ôté la peau du dessus de la noix ; versez sur la pièce une bouteille de vin blanc sec dans laquelle vous la ferez mijoter sur des cendres rouges, environ une demi-heure ; pendant ce temps, la casserole doit être couverte, et vous devez avoir posé, sur le couvert, des cendres rouges, à l'effet de sécher le gras de la noix ; ce dernier résultat obtenu, glacez-la (Voy. n.° 177) et servez-la sur une garniture de petits pois (Voy. n.° 141).

N.° 358. *Jarrets de Cochon glacés.*

Après les avoir laissés pendant deux jours dans l'eau-sel, ficelez-les et faites-les cuire dans la braise (Voy. n.° 167) de cochon ; quand ils seront au point, vous les poserez sur un plat, vous ôterez l'os qui dépasse la chair, et vous verserez par-dessus le fond de cuisson que vous aurez clarifié (Voy. aspic, n.° 103).

N.° 359. *Jarret aux truffes.*

Préparez et faites cuire le jarret comme à l'art. 358 ; après cette première cuisson, ôtez-en tous les os, et mettez à leur place des truffes coupées, que vous avez passées un instant sur le feu, dans un peu du fond de cuisson du jarret : après quoi, vous placerez le jarret dans un plat creux et vous répandrez par-dessus le fond de cuisson clarifié (Voy. n.° 103).

N.° 360. *Jarret de Cochon en galantine.*

Mettez-le dans l'eau-sel à l'ordinaire, après quoi

vous le désosserez en le fendant par côté ; ôtez-en aussi la chair que vous couperez à filets ; coupez de la même manière des truffes et un peu de gras de jambon, et placez-les en les mettant à propos dans la peau du jarret, entre deux couches légères de lard pilé avec une truffe ; roulez ensuite le jarret, en tâchant de lui rendre sa première forme ; assaisonnez-le avec du sel épice, et ficelez-le dans une toile de canevas ; vous le ferez cuire dans une braise (Voy. n.° 167), et quand, après la cuisson, vous l'en retirerez, vous le mettrez sur un plat et le chargerez d'un poids ; ce n'est que lorsqu'il est bien refroidi qu'on le débarrasse du canevas, et qu'on le couvre de gelée.

N.° 361. *Petites saucisses.*

Employez, pour faire la petite saucisse, de la viande vulgairement appelée entre-lardée, c'est-à-dire où le gras soit mêlé de maigre ; coupez-la bien menue, car l'usage qu'on a de la hacher la dessèche ; pesez-la quand elle est ainsi coupée, et assaisonnez-la ; chaque vingt livres de viande doit absorber une demi-livre de sel, une demi-once de poivre et une pincée d'épice ; mêlez bien l'assaisonnement à la viande qu'il serait à propos d'humecter un peu en y découpant une petite quantité de lard, quand on a eu le soin d'enlever une partie du gras de la viande ; amalgamez le tout ensemble, et remplissez-en de petits boyaux au moyen d'un entonnoir ; piquez avec une épingle pour donner issue à l'air, et, quand les boyaux sont pleins, vous les reployez par le milieu, vous en pressez les deux côtés, à des distances égales et parallèles, et les appuyant l'un sur l'autre, vous les nouez en passant par-dessus celui du dessous, ce qui donnera à la saucisse l'aspect d'une chaîne.

N.° 362. *Saucisses aux truffes.*

Préparez et assaisonnez comme pour les précédentes ; coupez des truffes en carrelés, amalgamez bien le tout et achevez comme pour celles que j'ai décrites au n.° 361.

N.° 363. *Boudins.*

Ayez le sang d'un cochon ; faites cuire quatre douzaines et demie de blancs de chicorées ; que la cuisson se fasse à l'eau bouillante, et que le légume soit extrêmement cuit ; faites blanchir deux poignées d'épinards ; hachez-les ainsi que les chicorées ; placez le tout dans une casserole et joignez-y deux livres et demie de graisse fondue ; passez vos herbes, une bonne heure, sur un feu modéré, assaisonnez-les avec huit onces de sel, une demi-once de poivre et un peu d'épice ; prenez alors des oignons coupés à petits dés ; cuisez-les de même à la graisse fondue, et, quand ils sont bien cuits, mouillez-les avec un litre de lait ; vous les mêlerez ensuite avec vos herbes que vous ôterez du feu et dans lesquelles vous verserez aussi un demi-verre d'eau rose ; remuez parfaitement ce mélange et versez-y le sang en remuant toujours.

Coupez des lardons allongés et carrés sur leur

coupe ; versez, dans les boyaux que vous avez préparés, une cuillerée de sang, et jetez-y deux lardons, ainsi de suite jusques à la fin, dans le même ordre et en même quantité ; faites ensuite, à longues distances, avec de la ficelle, des nœuds pour marquer les divisions que vous voudrez faire; mettez le tout en liasse et cuisez-le dans un chaudron d'eau presque bouillante ; vous piquerez vos boudins avec une épingle, lorsque le sang sera déjà assez coagulé pour ne pas s'échapper ; vous les mettrez à l'eau fraîche et les couvrirez d'un linge jusqu'à ce qu'ils soient refroidis ; après vous les suspendrez.

N.º 364. *Manière de fondre la panne de Cochon.*

Enlevez les peaux et les parties de chair qui tiennent à la graisse ; coupez la panne à gros dés et mettez-la dans un pot ou une marmite que vous remplirez bien ; faites cuire au côté de la cheminée ou sur la paillasse, avec des cendres rouges; qu'elle bouille très-lentement et sans aucune flamme ; la cuisson est opérée lorsque les grotillons tombent au fond et que la graisse est bien claire.

Craignez de la cuire à grand feu ; elle deviendrait noire et de mauvaise odeur ; mais craignez aussi de ne pas la laisser assez cuire ; elle rancirait.

N.º 365. *Manière de saler le Lard.*

Pilez le sel, posez-le sur la couenne et frottez fortement avec une pierre pour assouplir la peau;

jetez du sel sur une table à saler, rangez-y vos pièces de lard que vous couvrirez de sel ; superposez vos secondes pièces en suivant le même procédé, et continuez de même jusques à la fin.

Au bout de quelques jours, déplacez-les et portez celles du dessous au-dessus, ayant soin que le sel les recouvre toujours ; au bout de vingt-cinq à trente jours, suspendez-les dans un lieu exempt de toute humidité ; enfermez-les ensuite, si vous voulez, dans des coffres ou dans des tonneaux, en jetant, entre chaque pièce, quelques feuilles de laurier.

N.° 366. *Manière de saler le Jambon.*

Je ne conseille pas aux particuliers de ce pays-ci de saler des jambons ; le climat ne le comporte guère, et il sera difficile de les obtenir bons ; cela vient de ce que le pays est trop chaud pour permettre de laisser mortifier la viande avant de la saler ; elle se gâterait avant que le sel eût ensuite pénétré assez dans l'intérieur pour l'en préserver ; aussi ceux que l'on tente de faire sont-ils durs et peu délicats ; et, d'ailleurs, pour un prix presque égal, on peut se procurer des jambons de Bayonne qui sont bien supérieurs. Si nous ne pouvons rivaliser pour cette salaison avec Bayonne et Mayence, nous avons, du reste, un avantage incontestable pour les andouilles, les saucissons et les lards.

Voici, toutefois, le procédé qui m'a le mieux réussi pour obtenir des primeurs en jambons, lorsque ceux d'Ortez tardaient à arriver.

J'ôte, du jambon, la palette et la partie du jarret ; je le laisse mortifier pendant trois jours, et je frotte la couenne de sel que je fais pénétrer en lissant avec une pierre ; je frotte ensuite le dessus et la couenne avec un peu de salpêtre, et le place dans une terrine en le recouvrant de sel pilé ; je le retourne chaque vingt-quatre heures, et, au bout de dix-huit jours, je le sors, le plie dans un mauvais linge blanc, l'enfonce dans la terre en un lieu à l'abri de la pluie, et le laisse là le même espace de temps qu'il a séjourné dans la terrine. Je le retire, alors, pour le suspendre et l'exposer à la fumée quelques jours avant de m'en servir.

N.º 367. *Sanglier.*

La meilleure partie est la hure ; on la sert en galantine ; on en présente le jambon à la broche, d'abord mortifié et mariné ; il se sert pour grosse pièce de relevé, avec une sauce au chevreuil (Voy. n.º 870).

N.º 368. *Pieds de Cochon à la Ste-Menéhould.*

Nettoyez les pieds, ôtez-en les batillons, flambez-les et mettez-les à dégorger dans de l'eau fraîche, ensuite vous les ferez prendre sel pendant deux jours, au bout desquels vous les ficelerez bien deux à deux et les ferez cuire dans une braise (Voy. n.º 167) de cochon ; vous les en retirerez quand ils seront au point, et quand ils seront refroidis, vous les déficelerez, vous fendrez chacun d'eux par le milieu, vous en graisserez bien chaque partie que vous passerez dans la mie de pain, et que vous ferez griller à feu ardent ; servez ce plat pour hors-d'œuvre.

N.° 368 *(bis)*.   *Pieds de Cochon farcis aux truffes.*

Faites-les cuire comme les précédens ; lorsqu'ils seront cuits et retirés de la braise, fendez-les en dedans pendant qu'ils sont chauds ; ôtez-en tous les os et remplissez-en le vide avec un salpicon bien truffé (Voy. n.° 165) ; vous replierez les pieds dans de la crépine, ensuite vous les passerez dans l'œuf, puis dans de la mie de pain, enfin vous les ferez griller et les arroserez, en les servant, avec un peu de jus de citron.

N.° 369.   *Cochon de lait marcassinés.*

Choisissez un cochon de lait un peu fort et dont la tête soit noire ; suspendez-le au crochet par les pattes de derrière et frappez-le à coup de verges jusqu'à ce qu'il expire ; alors versez bouillant dans son museau, au moyen d'un entonnoir, un breuvage fait avec de l'eau, du thym, du laurier, du basilic, de la sauge et du romarin que vous avez fait bouillir ensemble une demi-heure, et que vous avez ensuite passé au tamis ; quand vous l'avez introduit dans le corps de l'animal, ficelez-lui bien le museau afin qu'il s'empreigne bien du goût des aromates indiqués, et laissez-le sur une planche jusqu'au lendemain ; alors vous l'écorcherez comme un levreau, en observant de lui laisser des soies à la hauteur d'un pouce autour de la queue et celles de la tête ;

videz-le ; blanchissez-le au fourneau ; piquez-le à menu lard et marinez-le pendant vingt-quatre heures dans du vinaigre, du thym, du basilic, de la sauge, du laurier, des tranches d'oignons, de carottes et du persil en branche ; retournez-le plusieurs fois durant cet intervalle, et mettez-le ensuite à la broche, enveloppé d'un papier que vous retirerez un moment avant de servir, afin de lui laisser prendre couleur ; quand il sera roux, retirez-le sur un plat, et versez par-dessus une sauce au chevreuil (Voy. n.º 870) ; ce plat se sert pour grosses pièces de relevé.

N.º 370. *Cochon de lait rôti.*

Après avoir saigné le cochon, frottez-le avec son sang, et saupoudrez-le avec de la résine en poudre ; vous l'ébouillanterez ensuite avec de l'eau, et, le plus promptement possible, vous en raclerez la peau pour enlever les soies, et vous le laverez dans l'eau fraîche ; après l'avoir bien nettoyé, videz-le, ôtez-en les boyaux et le foie, troussez les pattes du devant que vous fixerez sous le ventre au moyen d'une brochette ; troussez celles du derrière en fendant le milieu des bâtillons, et les dirigeant en dehors, de manière à ce que les deux bouts viennent se joindre sous la cuisse ; vous ferez, après tout cela, tremper le cochon environ sept à huit heures, pendant lesquelles vous le laverez souvent et le changerez d'eau, afin de lui faire perdre le goût de la résine, et enfin vous l'égoutterez, le ferez sécher au crochet, le ferez ensuite cuire à la broche ; pendant que cette dernière tournera, flambez la pièce avec une feuille de papier que vous enflammez et faites brûler par-dessous ; frottez souvent le cochon avec une plume trempée dans l'huile, pour éviter que la peau ne se brûle ; quand la cuisson sera au complet, vous le retirerez, le dresserez sur un plat. fendrez la peau du cou, et le servirez pour relevé de potage.

N.° 371. *Cochon de lait aux Macaronis.*

Préparez-le absolument comme le cochon de lait rôti (Voy. n.° 370), et quand il sera au point, vous le sortirez de la broche ; vous lui ferez une incision au ventre, et vous le remplirez d'un bon macaroni (Voy. n.° 865).

N.° 372. *Cochon de lait à la Périgueux.*

Rapez du lard frais que vous mêlerez à des truffes entières ; assaisonnez le tout, et, quand votre cochon sera prêt à être mis au crochet, remplissez-lui le ventre de ce mélange, et faites-le cuire à la broche (Voy. n.° 370).

N.° 373. *Cochon de lait en Galantine.*

Lorsque le cochon est nettoyé, laissez-le mortifier jusqu'au lendemain ; alors vous l'étendrez sur un linge, vous le fendrez par le ventre jusqu'à la tête que vous laisserez intacte, et vous le désosserez en entier.

Préparez en même temps une farce faite avec de la viande et du lard mêlé, et assaisonnée dans la proportion suivante : deux livres de lard pour une livre de viande, et un gros et demi de sel épice ; ajoutez de fines herbes et des truffes, et hachez le tout ensemble ; vous le pilerez ensuite en y mettant deux jaunes d'œufs ; divisez cette farce en trois parties égales ; étendez-en une dans l'intérieur du cochon ; égalisez-la bien avec le couteau, et placez par-dessus des filets que vous laissez dans toute leur longueur, mais que vous coupez bien carrément ; vous pouvez employer les filets de bécasse, de perdreau, de lapereau, de volaille, de faisan ; vous les établissez en rang, et vous placez, dans l'intervalle de chaque filet, des truffes coupées dans la même forme, des filets de langue à l'écarlate (Voy. n.° 210) et de jambon cuit ; recouvrez avec la deuxième partie de votre farce ; égalisez de nouveau avec le couteau, et rangez encore des filets que vous recouvrirez avec ce qui vous reste de farce ; cela terminé, roulez le cochon en tâchant de lui rendre sa forme ; cousez-le afin que son contenu ne se déplace pas ; enveloppez-le d'un canevas, et mettez-le à cuire dans une poissonnière que vous avez d'abord foncée avec des tranches de sous-noix de veau et de jambon de Bayonne ; posez-en aussi par-dessus votre pièce, après l'avoir assaisonnée, mais coupez-les bien minces pour ce dernier usage ; il faut ensuite ajouter à la cuisson un bon bouquet (Voy. n.° 168), des carcasses et des abatis de volaille, et la mouiller avec une bouteille de Madère et du consommé de volaille ; couvrez-la avec un papier et un couvert sur lequel vous poserez des cendres chaudes ; cette préparation doit s'opérer lentement et sur un feu doux ; lorsqu'elle est au point, vous la laissez refroidir dans l'usine où vous l'avez préparée, après cela, vous l'en retirez, vous passez le fond de cuisson au tamis, vous le dégraissez bien, et vous le mêlez à du consommé de volaille et de jarret de veau clarifié, comme il est expliqué à l'art. 103.

N.° 374 *Boudins blancs.*

Le boudin blanc est un composé d'oignons, de mie de pain, de lait ou crême de lait et de chair de volaille rôtie ; il faut d'abord couper huit oignons à petits dés, les faire cuire à petit feu afin qu'ils ne se roussissent pas, dans de la panne fondue et les assaisonner avec du sel, du poivre, des épices et du basilic ; il faut aussi mettre, dans une autre casserole, de la mie d'un pain blanc à potage que vous couvrirez de lait et que vous dessècherez ensuite sur le feu pour en faire un mitonnage ; mêlez ensuite, par quantités égales, de la chair de volaille cuite à la broche, dont vous avez ôté les peaux et les nerfs ; pilez parfaitement le tout ensemble, en y joignant six jaunes d'œufs, et ajoutez-y l'assaisonnement convenable ; vous employerez toujours le poivre, le sel, l'épice et le basilic ; quand cette farce vous paraîtra assez pilée, vous l'ôterez du mortier, vous la joindrez aux oignons que vous avez déjà préparés, et vous les broyerez en ajoutant, au tout, un demi-litre de lait ou de crême ; remplissez alors vos boyaux et liez-les avec une ficelle ; vous les ferez cuire dans un mélange d'eau et de lait ; il faut que ce liquide soit presque bouillant ; mais il faut bien se donner de garde d'augmenter le degré de chaleur : la cuisson du boudin doit s'opérer sans que le bouillonnement se manifeste, autrement il se creverait ; après cette première préparation, laissez-les refroidir, et, quand vous voudrez les servir, vous les piquerez, vous les placerez sur un papier huilé par dessous, et vous les ferez cuire sur le gril.

N.° 375. *Jambon à la broche.*

Il est à propos de choisir un jambon primeur ; parez-le comme le jambon glacé (Voy. n.° 352), et faites-le dessaler pendant deux jours et demi, en changeant l'eau deux fois par jour ; cette première opération terminée, placez-le dans une terrine ; versez par-dessus deux bouteilles de vin blanc sec ; vous le laisserez ainsi une demi-journée, après quoi vous l'envelopperez d'une crépine de cochon frais que vous fixerez au moyen d'une ficelle, et vous le ferez cuire à la broche ; il faut, pendant les quatre heures que dure ordinairement cette cuisson, arroser la pièce avec un peu d'eau chaude, dont l'effet est de l'attendrir ; elle tombera dans la lichefrite où vous la puiserez de nouveau pour renouveler l'arrosage, et cela indéfiniment, jusqu'à ce que le jambon soit au point. J'ai vu, quelquefois, employer à cet usage de l'eau mêlée avec du lait ; mais, alors, on prend le jus et la graisse qui découlent du jambon, pendant la cuisson, et ce jus et cette graisse, quand on employc seulement de l'eau, servent à la bonification de la sauce ; quand la pièce est cuite aux trois-quarts, il faut la déficeler pour ôter la couenne du dessus et celle du jarret qu'il faut découper en dents de loup ; saupoudrez bien le dessus du gras avec de la chapelure de pain passée au tamis ; vous cesserez alors de l'arroser afin qu'elle prenne couleur ; quand, enfin, elle est bien rousse, vous l'ôtez de la broche ; vous en entourez le manche avec un papier, et vous la posez sur une garniture de petits pois (Voy. n.° 141) ou bien une sauce aux tomates (Voy. n.° 119). On peut aussi passer au tamis le fond de cuisson, le dégraisser, le faire réduire et le mêler à la sauce avec laquelle on veut servir le jambon.

CHEVREAU.

Les meilleurs chevreaux sont ceux des Cevennes ; on en tire le parti suivant :

N.° 376. *Tête de Chevreau au naturel.*

On nettoye bien les oreilles et les os du dessous ; on coupe la mâchoire supérieure jusques au-dessous des yeux ; enfin on lave la tête et on la fait dégorger à l'eau fraîche ; quand tous ces préalables sont remplis, on la met à cuire dans de l'eau bien chaude, assaisonnée avec du sel, un bouquet, un oignon piqué (Voy. n.° 1) et un peu de lard ; et, quand la cuisson est au point, on enlève l'os du crâne et on la dresse sur un plat pour la servir.

Nota. On fait cuire, de la même manière, les boyaux et les pieds, et on les sert ainsi au naturel, en les réunissant en petits paquets ; on peut, pour diversifier les apprêts, et toujours après cette première cuisson, les passer à la casserole dans du lard fondu ou du beure et quelques fines herbes ; on y ajoute alors la pincée de farine ; on mouille ensuite avec du bouillon (Voy. n.° 1), et enfin, on y fait une liaison (Voy. n.° 169).

Le faible bouillon, obtenu de la cuisson des objets ci-dessus désignés, peut aussi servir à faire un potage de santé, en y joignant de bonnes herbes et une liaison de trois ou quatre jaunes d'œufs.

N.° 377. *Gibelotte de Chevreau.*

Coupez à morceaux le quartier du devant, et mettez-les à dégorger dans de l'eau fraîche ; jetez-les ensuite dans de l'eau bien chaude, et, quand cette dernière commence à bouillir, vous la passerez au tamis ; vous rafraîchirez de nouveau les morceaux ; vous les essuyerez et les passerez enfin à la casserole, sur un feu doux, dans du lard fondu ou du beurre, ou même du saindoux ; assaisonnez avec du sel, du poivre, un petit oignon piqué et un bouquet (Voy. n.° 1) ; vous saupoudrerez la gibelotte avec une pincée de farine ; vous la mouillerez, une minute après, avec du bouillon ou de l'eau que vous avez passée au tamis, ou moitié de l'un et de l'autre ; vous écumerez, et enfin, lorsque la sauce sera à sa réduction parfaite, vous y joindrez un peu d'ail ratissé, si vous ne le craignez pas, un peu de persil haché, et même des truffes, des huîtres cuites dans leur eau, et des pointes d'asperges; liez le tout avec deux ou trois jaunes d'œufs; après quoi vous y exprimerez un jus de citron qu'on peut remplacer par un filet de vinaigre.

N.º 378. *Ris de Chevreau.*

Les ris de chevreau sont plus délicats que ceux d'agneau; il ne faut pas les faires blanchir; leur préparation est l'affaire d'un moment; il faut les laver, les échauder ensuite, et les exposer à un feu doux, dans une casserole foncée d'une tranche de jambon, et dans laquelle vous avez mis du lard ou du beurre : joignez à tout cela deux ou trois cuillerées de bouillon, et liez avec deux jaunes d'œufs et un jus de citron; cette cuisson est sitôt faite, qu'elle ne comporte pas la farine comme tous les autres ragoûts.

N.º 379. *Rôti de Chevreau.*

On sert ordinairement, pour rôti, le quartier du derrière ou même tout le derrière : cependant je donne la préférence au devant; d'où il résulte qu'on peut mettre indistinctement ces parties à la broche; mais il est à propos, quand on choisit le derrière, de piquer à petit lard la gigue qui, ordinairement, est sèche et filandreuse; lorsque le rôti est cuit à moitié, il faut le flamber avec un morcean de lard bien ployé dans du papier propre, et qui, piqué à une brochette pendant que la broche tourne, est exposé au feu, mais à une certaine distance; la mi-cuisson obtenue, on allume le papier, le lard s'enflamme, et l'on répand avec proportion, sur le rôti, le jus qui s'en échappe goutte à goutte comme une étincelle flamboyante ; cette opération terminée, et la cuisson au point, jetez un peu de sel sur le rôti, et servez-le, le manche enveloppé d'un papier blanc.

N.° 380. *Fressures de Chevreau au sel.*

Coupez la fressure à morceaux que vous mettrez à dégorger dans de l'eau fraîche ; mettez-les ensuite à égoutter, et passez-les sur le feu dans une casserole ou une petite poêle avec du lard fondu ou du beurre, ou toute autre graisse ; assaisonnez avec du sel et du poivre, et, quand la cuisson sera au point, ajoutez-y de fines herbes bien hachées et le jus d'un citron ou un filet de vinaigre.

N.° 381. *Fressures en poulette.*

Coupez et faites dégorger comme au précédent ; mettez ensuite les fressures dans de l'eau bouillante ; l'ébullition, interrompue par la fraîcheur des morceaux, reprendra bientôt, et alors vous jeterez ceux-ci dans un tamis ; placez dans une casserole ou une petite poêle, sur le feu, une tranche de jambon et du beurre ou du lard râpé ou bien du saindoux ; passez-y les fressures en les faisant sauter ; mettez-y un pincée de farine ; faites sauter de nouveau, après quoi vous mouillerez avec du bouillon ou de l'eau bouillante ; ajoutez un bouquet et un oignon piqué (Voy. n.° 1), et enfin assaisonnez ; quand la préparation vous paraîtra parfaite, vous lierez avec deux jaunes d'œufs et le jus d'un citron ou un filet de vinaigre.

N.º 382. *Fressures à la ménagère.*

Coupez la fressure et mettez-la à cuire, à petit feu, dans une poêle avec du lard fondu ou du beurre ou du saindoux ; vous remuerez le tout de temps en temps avec une cuiller de bois (observez qu'il ne faut jamais faire sauter la poêle sur un feu clair, dans la crainte de donner à l'apprêt un goût de fumée) ; assaisonnez comme ci-dessus ; ajoutez de fines herbes bien hachées, puis vous y mettrez une pincée de farine ; enfin vous mouillerez avec de l'eau bouillante et lierez absolument comme ci-dessus ; si vous jugez à propos d'y mettre un peu d'ail, vous le hacherez et en opérerez le mélange avant la liaison, après laquelle il faut joindre au tout une cuillerée à bouche de bonne huile qu'on mêle bien au ragoût en le faisant sauter ; après cette dernière opération, servez.

VOLAILLES.

N.º 383. *Jeune Poularde en entrée de broche, cuite à la broche ou sur le gril.*

Les poulardes les plus estimées sont celles de sept à huit mois, que l'on a engraissées. Il faut les saigner, les plumer et les flamber légèrement, après quoi on les vide par la poche en fendant la fourchette avec la lame d'un couteau qu'il faut pour cela passer sous la peau qui tient au cou ; vous retirez les boyaux avec le crochet d'une écumoire ou d'une cuiller à dégraisser ; enlevez le gésier et le foie avec précaution afin de ne pas crever le fiel ; après cela, pelez les pattes, coupez les ongles, et bridez la poularde en entrée de broche (Voy. n.° 170), en faisant une incision sous le bout de la cuisse et relevant les pattes que vous troussez sur le côté tout le long des cuisses et que vous fixez, au moyen d'une aiguille à brider ; vous passerez une ficelle aux deux extrémités et vous la nouerez par derrière ; faites alors cuire la volaille en entrée de broche (Voy. n.° 171). Je recommanderai de choisir généralement la volaille aux pattes noires ; elle est préférable à l'autre.

N.° 384. *Volaille aux truffes.*

Marinez des truffes avec du beurre ou du lard rapé ; assaisonnez-les avec du sel et du poivre, et remplissez-en le vide qu'occupait la poche ainsi que tout l'intérieur du corps que vous avez enlevé ; posez du citron sur la volaille, et faites-la cuire en entrée de broche (Voy. n.° 171) ; vous la servirez sur une garniture faite avec des truffes préparées avec une cuillerée d'huile ou de beurre et l'assaisonnement convenable, et auxquelles vous aurez ajouté de fines herbes, un demi-verre de vin blanc sec, un peu d'espagnole (Voy. n.° 80), un peu de demi-glace (Voy. n.° 108), et qui, ayant bouilli dans ce mouillement, sont écumées, dégraissées et sont enfin rapprochées par la réduction de la sauce.

N.º 385. *Poularde aux Céleris.*

Posez une poularde, cuite en entrée de broche (Voy. n.º 171), dans un plat bordé de pieds de céleris cuits dans une bonne braise (Voy. n.º 167) et glacés (Voy. n.º 177), et versez sur le tout une sauce espagnole (Voy. n.º 80).

N.º 386. *Poularde aux culs d'Artichauts.*

Posez la poularde, cuite en entrée de broche (Voy. n.º 171), sur un plat entouré de culs d'artichauts (Voy. n.º 150) que vous avez glacés (Voy. n.º 177), et versez pour sauce une espagnole (Voy. n.º 80) dans laquelle vous aurez mêlé un peu de demi-glace (Voy. n.º 108).

N.º 387. *Jeune Poularde en petit-deuil.*

Préparez la poularde en entrée de broche (Voy. n.º 171); quand elle sera au point, vous la déficelerez et la servirez avec une sauce en petit-deuil (Voy. n.º 126).

N.º 388. *Poularde à l'Estragon.*

Faites-la cuire en entrée de broche (Voy. n.º 171), après quoi vous la dresserez sur son plat et la servirez avec une sauce à l'estragon (Voy. n.º 128).

N.° 389. *Poularde à l'Italienne.*

Préparez toujours en entrée de broche (Voy. n.° 171), et servez avec une sauce à l'italienne blanche (Voy. n.° 125).

N.° 390. *Poularde à la Dangis.*

Faites cuire la volaille comme à tous les articles ci-dessus, et dressez-la sur un plat dans lequel vous avez d'abord mis une garniture d'huîtres.

N.° 391. *Poularde à la Remoulade.*

Mettez une remoulade (Voy. n.° 132) dans un plat, et posez par-dessus une volaille cuite en entrée de broche (Voy. n.° 171) et bien égouttée.

N.° 392. *Poularde à la Pâte en ouille.*

Faites bouillir, pendant quinze minutes, et dans du bouillon (Voy. n.° 1), de la pâte en ouille (Voy. n.° 592), bien émincée, vous l'égoutterez ensuite et la mettrez un instant dans une sauce espagnole (Voy. n.° 80), en ébullition, à laquelle vous avez mêlé, gros comme la moitié d'une noix, de demi-glace (Voy. n.° 108); vous verserez cette sauce dans un plat, et poserez par-dessus la poularde cuite en entrée de broche (Voy. n.° 171).

N.° 393. *Poularde aux Tomates.*

Posez une volaille cuite en entrée de broche (Voy. n.° 171) et bien égouttée, sur une sauce aux tomates (Voy. n.° 119).

N.° 394. *Poularde à la Ravigote.*

Mettez dans une casserole une ravigote pilée, faite avec du sel, du poivre et quatre cuillerées à bouche de velouté (Voy. n.° 81) ; chauffez cette sauce en la remuant avec une cuiller ; ajoutez-y deux cuillerées à bouche d'huile et trois cuillerées de vinaigre que vous remuerez bien aussi, et versez le tout dans un plat ; vous poserez par-dessus la poularde cuite en entrée de broche (Voy. n.° 171).

Cette sauce sert pour les salades de volaille et de poisson à froid.

N.° 395. *Poularde à la Cardinale.*

Prenez une poularde fraîchement tuée, vous passerez votre doigt entre la peau et les filets, et vous y introduirez une espèce de purée faite avec quarante queues d'écrevisses, passées d'abord dans un peu de beurre, parfaitement pilées avec de fines herbes passées au tamis, et auxquelles vous avez ensuite mêlé un morceau de beurre d'écrevisse (Voy. n.° 111) ; vous trousserez la poularde en entrée de broche ; vous la ferez cuire de même (Voy. n.° 171) et vous la servirez sur une purée de volaille (Voy. n.° 105) au beurre d'écrevisse (Voy. n.° 111).

N.° 396. *Poularde à l'Ivoire.*

Prenez une poularde fraîchement tuée, passez votre doigt entre la peau et les blancs, et placez, dans l'intervalle que vous venez d'établir, une barde de lard bien blanche et bien mince qui doit s'adapter parfaitement sans faire de plis ; tendez bien la peau par-dessus et troussez la pièce en entrée de broche ; vous la ferez cuire de même (Voy. n.º 171) et vous la servirez sur une sauce au charbon (Voy. n.º 127).

N.º 397. *Manière de désosser les Volailles.*

Coupez dabord les ailerons, et les pattes un peu au-dessus de la jointure des cuisses.

Fendez la peau sur le derrière du cou, depuis sa naissance jusques à la tête, et introduisez les doigts dans l'estomac pour en extraire la poche.

Tournez votre volaille sur l'estomac, la tête vers vous, et fendez la peau depuis le cou jusques au croupion, en faisant glisser le couteau sur les os ; écartez cette peau des deux côtés pour découvrir les jointures des ailes que vous couperez comme dans une volaille rôtie ; repliez alors le tout vers l'estomac, et détachez la peau du cou, à sa jonction avec la tête, afin qu'elle en soit entièrement séparée ; dépouillez en tirant toujours vers le bas de la pièce ; arrivé aux cuisses, forcez-en les jointures en les repliant vers le dos ; quand elle est brisée, tirez la totalité des viandes vers le croupion, et coupez la couronne du fondement ; la carcasse vous restera d'un côté, de l'autre la dépouille entière.

Prenez alors les os des cuisses, intérieurement, détachez-en la chair du dedans au dehors, en ratissant avec le couteau l'os que vous tirerez à vous : enlevez également tous les nerfs.

Vous viendrez ensuite aux os des ailes, pour lesquels vous ferez la même opération.

N.° 397 (bis). *Poularde à la Napolitaine.*

Désossez-la comme ci-dessus ; farcissez-la avec quatre onces de macaroni que vous avez d'abord cuits aux trois quarts, et que vous avez ensuite sautés avec du beurre, du fromage de parmesan et du jus de rôti ordinaire ; vous coudrez la volaille par le dos, et vous la mettrez à cuire dans une casserole, entre deux bardes de lard et des morceaux de veau coupés à tranches ; assaisonnez le tout, mettez-y un bouquet (Voy. n.° 168), un oignon piqué (Voy. n.° 1), et mouillez avec du consommé (Voy. n.° 5) ou du bouillon (Voy. n.° 1) ; cette cuisson doit s'opérer lentement, à un feu doux ; il faut que le couvert soit chargé de cendres rouges ; quand la poularde est au point, il faut la déficeler, l'égoutter ; dégraisser le fond de cuisson, le passer au tamis, le faire encore réduire en y mêlant de l'espagnole (Voy. n.° 80) et le répandre sur la poularde.

N.° 398. *Poularde au riz.*

Flambez une poularde, enlevez-en les boyaux et la poche, et désossez-la en la fendant par le dos ; vous la farcirez ensuite avec deux onces de riz que vous avez fait bouillir dans du bon bouillon (Voy. n.º 1) pendant douze minutes, que vous avez ensuite assaisonné avec un peu de muscade, une pincée de poivre, et que vous avez mêlé dans un plat, après l'avoir bien fait égoutter sur un tamis, avec quatre cuillerées de dégraissis de volaille ou du beurre fondu ; quand toute cette farce sera placée, vous coudrez la poularde en tâchant de lui rendre sa première forme ; vous l'entourerez de bardes de lard que vous ficelerez, et vous la mettrez à cuire dans une casserole foncée aussi avec des bardes de lard, et dans laquelle vous verserez une poêle (Voy. n.º 174) quand vous y aurez déposé la volaille ; pendant que cet apprêt se fait à petit feu, préparez du riz, à la quantité de huit onces, mettez-le dans une casserole avec du bon bouillon un peu gras (Voy. n.º 1), dont le volume excède celui du riz de deux fois et demi ce même volume ; on peut, pour calculer juste, mesurer le riz dans un verre, et mesurer ensuite la quantité de liquide nécessaire à sa préparation, savoir : deux verres et demi pour un ; faites partir sur le fourneau, après quoi vous modérerez le feu et laisserez mijoter le riz pendant trois quarts d'heures ; vous l'égoutterez alors au tamis, et le mettrez ensuite dans une casserole avec une petite quantité d'espagnole (Voy. n.º 80) travaillée avec la valeur d'une cuillerée à bouche de demi-glace (Voy. n.º 108) ; après avoir mêlé le tout ensemble, vous le verserez en cordon autour d'un plat ; vous réserverez le plus liquide de la garniture pour le milieu du plat, et vous y poserez la volaille par-dessus.

N.° 399. *Poularde en Galantine.*

Videz et flambez une poularde ; désossez-la comme il est dit à l'art. 397, et pesez-en la chair afin de savoir au juste l'assaisonnement qui convient ; il faut employer un gros et demi de sel épice par livre de viande ; étendez ensuite la poularde désossée sur un linge blanc ; détachez-en les blancs que vous remplacerez avec la chair que vous ôterez des cuisses ; coupez-les de toute leur longueur, aussi carrément que possible et de la grosseur du petit doit ; assaisonnez la chair que vous avez déjà placée dans la volaille, avec le tiers du sel épice destiné à l'entier assaisonnement de la pièce, et placez par-dessus une couche de farce faite avec huit onces de noix de veau, une livre de lard, de fines herbes, deux truffes, et qui, après avoir été bien hachée et assaisonnée avec les trois quarts d'un gros de sel épice, doit avoir été pilée et mêlée à deux jaunes d'œufs. Cette farce doit être divisée en trois parties, dont la première se place, comme je l'ai déjà dit, sur la poularde désossée ; il faut la bien égaliser avec un couteau, et poser par-dessus des filets tous coupés de même longueur et même dimension ; ces filets seront ou du blanc de la volaille même ou de langues à l'écarlate, de truffes, du maigre de jambon cuit, du gras de jambon cuit aussi, qu'on peut remplacer par du gras de porc frais, et vous les placerez sur la farce, en les mélangeant avec goût, ou les plaçant en rang les uns au-dessus des autres ; assaisonnez-les et couvrez-les avec la deuxième partie de la farce ; posez, sur cette dernière, un second rang de filets ; assaisonnez-les, couvrez-les de la troisième partie de farce que vous égaliserez bien avec le couteau, et roulez la volaille en lui rendant sa forme première ; plaquez-la avec des bardes de lard ; enveloppez-la ensuite dans une toile de canevas, après quoi vous la ficelerez et la mettrez à cuire dans une casserole où elle sera entourée de morceaux de veau coupés bien minces, de quelques lames de jambon, de deux pieds de veau désossés dont on a coupé les batillons, d'un bouquet (Voy. n.° 168) et d'un oignon piqué (Voy. n.° 1) ; vous couvrirez le dessus de la galantine avec les abatis et la carcasse de la volaille avec des tranches de veau, et, quand la casserole sera posée sur le feu, vous mouillerez avec un verre de vin de Madère ou de vin blanc sec, et une cuillerée à pot de consommé (Voy. n.° 5) ou de bouillon (Voy. n.° 1), et vous couvrirez votre cuisson d'un papier et d'un couvert chargé de cendres rouges ; cette préparation doit se faire à un feu doux ; quand elle sera au point, vous la laisserez se refroidir, sans la toucher, avec tout son jus ; vous en retirerez ensuite la galantine que vous mettrez entre deux plats, dont celui du dessus sera chargé d'un poids et vous passerez au tamis le fond de cuisson, vous le dégraisserez, vous le colorerez avec un peu de blond de veau

(Voy. n.º 6) ou de jus (Voy. n.º 77) : vous pourrez même l'allonger, si cela est nécessaire, avec du consommé clarifié, et, lorsqu'il sera congelé, vous le placerez autour de la galantine que vous avez débarassée de sa toile durant cet intervalle, et que vous avez glacée (Voy. n.º 177) ; on peut aussi la décorer.

N.º 400. *Jeune Poularde à la Languedocienne.*

Désossez une jeune poularde bien grasse (Voy. n.º 397), et remplissez-la de truffes, de foie gras et de jambon cuit, le tout coupé à gros dés ; assaisonnez ensemble, avec du sel, du poivre, un peu d'épice et de basilic, humectés avec du lard rapé, et lié avec deux jaunes d'œufs ; il est bon d'ajouter à cette farce de fines herbes ; quand vous aurez déposé dans la poularde tout ce qu'elle en peut contenir, vous la coudrez par le dos, en tâchant de lui conserver sa forme, et vous la ferez cuire dans une casserole foncée avec une barde de lard et de petites tranches de veau coupées bien minces ; exprimez sur la poularde un peu de jus de citron, posez tout autour et par-dessus les abatis, la carcasse, un bouquet (Voy. n.º 168), un oignon piqué (Voy. n.º 1), des bardes de lard et des tranches de veau, et couvrez avec un papier ; vous mouillerez avec un demi-verre de vin de Madère et une semblable quantité de consommé (Voy. n.º 5) ; vous ferez cette préparation à un feu très-doux, soit dessous, soit sur le couvert ; quand elle sera au point, qu'il faut tâcher de saisir juste, vous en ôterez le fil, vous la ferez bien égoutter, et vous la servirez avec son fond de cuisson dégraissé, passé au tamis, et que vous allongerez, au besoin, avec de l'aspic chaud (Voy. n.º 103).

N.º 401. *Poularde en Fricandeau.*

Après avoir vidé et flambé une poularde ou toute autre volaille ; coupez-en les pattes et faites rentrer le bout de l'os dans le corps, au travers duquel vous passerez une brochette pour le blanchir au fourneau ; bridez ensuite la pièce en passant une ficelle dans les deux cuisses, au moyen d'une aiguille à brider, et en nouant les deux bouts de cette ficelle par derrière ; vous piquerez ensuite la poularde à menu lard et vous la mettrez à cuire comme il est détaillé à l'article des entrées piquées (Voy. n.º 176) ; vous la glacerez (Voy. n.º 177) quand elle sera au point, et vous la servirez avec toute sorte de garnitures (Voy. n.ᵒˢ 141 à 153)

N.º 402. *Poularde à la Chipolata.*

Faites cuire, dans une poêle (Voy. n.º 174), des filets de volaille, auxquels vous laissez tenir les sous-filets ; vous préparez en même temps de la petite saucisse que vous couperez ensuite à huit lignes de longueur et dont vous ôterez la peau, de petits oignons glacés (Voy. n.º 148), de petites carottes tournées en olives, de petits croûtons de pains tournés de la même façon et frits au beurre, des truffes tournées aussi en olives, et, quand tous ces objets seront cuits, vous dresserez vos filets au milieu d'un plat, en plaçant le gros du filet au bas et la partie aiguë en haut ; tous les filets réunis et rapprochés, de manière à servir d'appui les uns aux autres, auront la forme d'un pain de sucre ; vous placerez à la base des rangs ou cordons de tous les objets indiqués et vous les établirez les uns sur les autres, jusqu'à ce qu'il n'en reste plus ; vous verserez sur cette entrée son fond de cuisson dégraissé, passé au tamis et que vous avez fait réduire après y avoir ajouté un demi-verre de vin de Madère, et à peu près un verre de velouté (Voy. n.° 81).

N.° 403. *Poularde en Capilotade.*

Dépecez une poularde rôtie ; mettez-la dans une casserole et versez par-dessus une sauce italienne (Voy. n.° 124) ; cette entrée ne doit pas bouillir ; servez-la avec des croûtons glacés (Voy. n.° 177) que vous placez entre chaque morceau de volaille.

N.° 404. *Filets de Poularde piqués.*

Otez la peau des filets et piquez-les en plein à petit lard ; vous les ferez cuire comme il est indiqué aux cuissons d'entrées (Voy. n.° 176) ; vous les glacerez (Voy. n.° 177) et les servirez sur toute sorte de garnitures (Voy. n.°s 141 à 153).

N.° 405. *Sauté de filets de jeune Poularde.*

Parez les filets, enlevez-en la peau et les nerfs ; posez-les ensuite, tournés dessus dessous sur un coin de table où vous aurez d'abord fait tomber un peu d'eau, appuyez fortement la main gauche dessus, tandis que de la droite vous passerez entre la table et le filet la lame d'un couteau qui emporte la seconde peau du filet, qui s'était collée à la table par l'effet de l'humidité ; tous les filets ayant subi la même opération, rangez-les dans un sautoir ; assaisonnez-les avec du sel et du poivre, ajoutez-y de fines herbes, quoique cela ne soit pas de rigueur, et versez par-dessus du beurre fondu que vous écumerez ; au moment de servir, posez le sautoir sur le fourneau ; quand l'action du feu aura roidi les filets des deux côtés, et qu'ils seront au point, penchez le sautoir pour en égoutter le beurre, et dressez vos filets en couronne, sur un plat, en posant en dessous le bout le plus mince ; placez entre chacun d'eux des croûtons de pain coupés dans la même forme, frits au beurre et glacés (Voy. n.° 177) ; on peut, si l'on veut diversifier, y joindre des sautés de tranches de truffes, de langues à l'écarlate et de cornichons, des sous-filets de volaille piqués aux truffes et cuits dans la forme d'un fer à cheval, et même ajouter des queues d'écrevisses.

N.º 406. *Sauté de filets de volaille à la purée de Bécasse.*

Vous parez et préparez les filets comme à l'article qui précède ; vous les rangez en couronne sur le plat, de la même manière, en plaçant un croûton glacé entre chacun d'eux et vous versez au milieu une purée de bécasse (Voy. n.º 104).

Nota. On peut employer toute sorte de purées.

N.º 407. *Sauté de filets de volaille à la suprème.*

Servez vos filets préparés comme ci-dessus, saucez avec une allemande (Voy. n.º 83) et placez dans l'intervalle de l'un à l'autre une grosse tranche de truffe.

N.º 408. *Filets de volaille à la Conti.*

Servez les filets sautés dans une béchamelle (Voy. n.º 82) et rangez par-dessus des sous-filets coupés en forme de fer à cheval et piqués avec des truffes ; la béchamelle doit occuper le milieu du plat.

N.º 409. *Sauté de filets de volaille à l'Italienne.*

Sautez les filets ; rangez-les en couronne ; séparez-les par des tranches de cornichons, et versez par-dessus une italienne blanche (Voy. n.º 125).

N.º 410. *Sauté de filets de volaille à l'Espagnole.*

Après les avoir sauté, placez-les en couronne

sur le plat; mettez de la langue à l'écarlate (Voy. n.º 210) dans l'intervalle des uns aux autres et saucez-les avec une espagnole (Voy. n.º 80) dans laquelle vous avez mis, gros comme la moitié d'une noix, de demi-glace (Voy. n.º 108).

N.º 411. *Sauté de filets à la Cardinale.*

Rangez vos filets sautés en couronne, placez sur chacun d'eux deux queues d'écrevisses et séparez-les avec une petite truffe cuite, coupée comme une noisette; versez au milieu du plat un sauce allemande (Voy. n.º 83) au beurre d'écrevisses (Voy. n.º 111).

N.º 412. *Observation.*

On saute de la même manière les filets de toute sorte de volailles et de gibier, et l'on en varie à volonté les sauces et garnitures.

N.º 413. *Émincée de filets de volaille à la Chicorée.*

Faites blanchir le blanc des chicorées à l'eau bouillante, vous les jeterez ensuite dans l'eau fraîche et vous les égoutterez bien en les pressant entre les mains pour en extraire toute l'eau, après quoi vous les hacherez parfaitement et les passerez dans une casserole sur le feu, dans du beurre frais, environ quinze minutes, et vous y ferez réduire deux cuillerées, à dégraisser, de consommé (Voy. n.º 5) ou de bouillon (Voy. n.º 1); après leur réduction, mouillez avec une quantité égale de velouté (Voy. n.º 81) et de crème de lait que vous pouvez remplacer par du lait qu'il faut avoir, pour cela, fait réduire à moitié ; tournez les chicorées dans ce mouillement jusqu'à ce qu'elles soient assez rapprochées ; alors vous y mêlerez une émincée de volaille et vous verserez le tout sur un plat autour duquel vous aurez disposé une bordure de croûtons de pain roussis au beurre et coupés en bouchons.

N.° 414. *Émincée de volaille à la Béchamelle.*

Servez une émincée de filets de volaille rôtie à la broche dans une béchamelle (Voy. n.° 82),

N.° 415. *Émincée de filets de volaille à l'Allemande.*

Servez l'émincée de filets dans une sauce allemande (Voy. n.° 83).

N.° 416. *Observation.*

On prépare en émincée tous les restans de rôti tant de volaille que de boucherie, et l'on en varie les sauces à volonté.

N.° 417. *Escalope de Volaille.*

L'escalope n'est autre chose qu'une émincée ; la seule différence est qu'on emploie, dans cette dernière, des viandes rôties, tandis que pour l'escalope elles doivent être crues ; coupez en biais des filets de volaille, parez-les en leur donnant une forme arrondie ; je ne conseille pas d'en battre les morceaux, parce qu'ils se rétrécissent ensuite quand ils sont exposés au feu ; cependant on peut les applatir légèrement avec la lame d'un couteau ; vous les rangerez ensuite dans un sautoir ; vous verserez par-dessus du beurre clarifié ; vous l'assaisonnerez avec du poivre, et, selon la sauce où vous voulez le servir, de fines herbes ; vous sautez le tout ensemble un moment et le versez avec une sauce béchamelle (Voy. n.° 82), sauce allemande (Voy. n.° 83) ou toute autre.

N.° 418. *Vieille Poule de ménage.*

Poule au gros sel, Voy. Potage, n.° 2.

N.° 419. *Vieille poule aux Champignons secs, à la ménagère.*

Préparez une vieille poule comme pour le gros sel ; coupez-en le cou en deux parties, coupez aussi les ailerons, ôtez-en le foie et pesez le tout ; après avoir battu la volaille, vous assaisonnez avec un gros et demi de sel épice par livre de chair, et vous employez trois onces de lard aussi par livre, une partie coupée en gros lardons, dont vous piquez la volaille après que vous les avez assaisonnés avec une partie du sel épice déjà pesé ; tâchez de les insinuer entièrement dans la chair ; coupez ce qui vous reste de lard à petits dés, ou bien hachez-le pour le faire fondre à la casserole ; vous pouvez y ajouter une cuillerée de saindoux ou de dégraissis de cuisson, après quoi vous y déposerez la volaille sur laquelle vous répandrez tout ce qui vous reste d'assaisonnement ; faites-la roussir des deux côtés sur un feu modéré ;

ajoutez à votre cuisson un oignon, une carotte, et si vous êtes obligé de mouiller avec du bouillon, observez ou qu'il ne doit pas être assaisonné ou qu'il faut supprimer une partie équivalente de l'assaisonnement destiné à la préparation de la poule ; on peut, si on le veut, et cela tranche la difficulté, mouiller avec de l'eau bouillante ; la poule, presque au point, doit être placée et mijoter un instant dans des champignons que vous avez fait tremper à l'avance, que vous avez lavés avec soin à deux ou trois eaux, que vous avez fait bouillir à l'eau une demi-heure et qui enfin, après avoir été bien égouttés au passoir, sont préparés dans le dégraissis de la volaille dont ils sont la garniture ; quand vous servirez votre entrée, n'omettez pas de la dégraisser ; non seulement ce dégraissis est utile pour d'autres cuissons, mais il est malfaisant pour la santé.

N.° 420. *Vieille Poule aux racines.*

Préparez la vieille poule comme ci-dessus ; pendant sa cuisson, faites blanchir quelques carottes tournées en olives, quelques pieds de céleri ; vous ferez ensuite roussir, à part, les carottes avec le dégraissis de la volaille ; vous y mettrez une pincée de farine et les mouillerez avec du bouillon auquel vous joindrez le fond de cuisson passé au tamis ; ajoutez alors le céleri blanchi et quelques tranches de truffe et faites mijoter la volaille dans cette garniture sur des cendres rouges ; quand vous servirez, vous débuterez par dégraisser ; vous poserez la poule sur un plat, et répandrez la garniture par-dessus.

N.° 421. *Nota.*

Les cuisinières doivent éviter de faire cuire les garnitures avec la viande qu'elles doivent accompagner, parce qu'elles en absorbent le suc et, par conséquent, la dégoûtent. Cet inconvénient subsiste, quoique d'une manière moins sensible, quand on met dans les casseroles plus de carottes ou de toute autre légume qu'il ne faut ; le suc qui les pénètre et les nourrit nuit à la saveur de la viande, à laquelle il est dérobé. Je recommande expressément qu'on emploie, pour toutes les garnitures possibles, le procédé que j'indique dans les deux articles qui précèdent.

N.° 422. *Vieille Poule en braise.*

Troussez la poularde en entrée de broche (Voy. n.° 170), piquez-la à gros lardons, mais à l'intérieur, en passant la lardoire dans la peau du cou ; assaisonnez-la avec du sel épice, et mettez-la à cuire dans une braise (Voy. n.° 167); quand elle sera au point, vous la poserez sur un plat, l'égoutterez, et poserez par-dessus une des garnitures ci-après indiquées.

N.° 423.   Garniture d'huîtres.
N.° 424.   Garniture de truffes.
N.° 425.   Garniture de petits pois.
N.° 426.   Garniture de pieds de céleri glacés et saucés dans une espagnole (Voy. n.° 80), à demi-glace (Voy. n.° 103).

N.º 427. Garniture de culs d'artichauts glacés (Voy. n.º 150), saucés d'une italienne (Voy. n.º 124).

N.º 428. Garniture de Champignons frais passés au beurre et une tranche de jambon, et mouillés avec une espagnole (Voy. n.º 80).

N.º 429. Garniture de morilles passées aux fines herbes et mouillées d'une italienne (Voy. n.º 124.).

N.º 430. Garniture de racines (Voy. n.º 151).

N.º 431. Garniture de navets (Voy. n.º 146). à l'espagnole (Voy. n.º 80).

N.º 432. Garniture de champignons secs, blanchis et passés comme il est dit à la Poule à la ménagère (Voy. n.º 419), à la différence qu'il faut mouiller avec du coulis (Voy. n.º 78).

N.º 433. Garniture d'olives (Voy. n.º 142).

N.º 434. Garniture de cardes à la ménagère (Voy. n.º 810), travaillée avec de la demi-glace (Voy. n.º 108).

N.º 435. *Vieille Poule en étuvée, à la ménagère.*

Dépecez une vieille poule, pesez-la et disposez, pour chaque livre, trois onces de lard et un gros et demi de sel épice ; vous couperez un tiers de votre lard en lardons dont vous piquerez les morceaux de volaille et vous couperez le reste à petits dés pour humecter et nourrir la cuisson ; assaisonnez le tout avec le sel épice ; mettez dans le pot où vous la déposez, une carotte, un oignon, un peu de couenne de porc frais que vous ratissez d'abord et que vous coupez à morceaux, un pied de céleri et un peu de dégraissis de cuisson qu'on peut remplacer par une cuillerée à bouche de saindoux ; entourez alors votre garde-manger de cendres rouges, couvrez-le d'un papier et d'un couvert, et faites-le sauter de temps en temps afin que tout se roussisse également ; vous mouillerez avec du bouillon non salé ou de l'eau bouillante ; vous préparerez les garnitures que vous voulez employer, de la manière indiquée à la garniture des vieilles poules, toujours en les passant avec le dégraissis de la cuisson.

N.° 436. *Garniture d'Aubergines.*

Pelez des aubergines, coupez-les en long d'une forme régulière, de manière à ce que chacune d'elle fournisse huit morceaux ; faites-leur rendre leur eau, en répandant un peu de sel par dessus ; si elles sont dures vous les ferez blanchir ; mais si elles sont jeunes et tendres cela n'est pas nécessaire, et, en un quart d'heure, le sel leur aura fait rendre leur eau ; pressez-les alors dans la main, et faites-les cuire dans du dégraissis de viande ; lorsqu'elles seront à peu près cuites, vous y mettrez une pincée de farine et les mouillerez avec le fond de cuisson auquel on peut ajouter un peu de bouillon ; achevez la cuisson, après quoi vous y joindrez la viande que vous laisserez mijoter un instant ; vous dégraisserez et servirez. On peut aussi faire frire les aubergines dans l'huile ou dans le beurre, et les faire mijoter avec la viande.

N.° 437. *Garniture de petits Oignons pour certaines entrées de ménage.*

Epluchez des oignons ; coupez-les à gros dés et faites les cuire avec la viande, en observant d'assaisonner un peu plus fortement et de nourrir un peu plus la cuisson ; quand on emploie de petits oignons des Cevennes, on les laisse entiers.

N.° 438. *Chapon.*

Videz, flambez et préparez le chapon absolument comme les poulardes, soit pour rôti soit pour entrées de broche ; observez seulement qu'on doit, quand on le veut servir pour rôti, le vider par le dessous de la cuisse.

N.° 439. *Poulet.*

Poulet rôti, Voy. Poularde, n.° 383.

N.° 440. *Poulets en Tortue.*

Après avoir désossé des poulets (Voy. n.° 397), ayez quatre pattes dont vous ôterez la peau en les exposant un moment sur la braise, et dont vous couperez les ongles ; vous en insinuerez deux dans la peau des cuisses et les deux autres dans les peaux du bréchet ou os qui termine l'aileron ; enveloppez la moitié de la tête du poulet avec la peau du cou, après en avoir coupé la crête à moitié, et farcissez votre volaille avec une farce cuite (Voy. n.° 158), au milieu de laquelle vous placerez un peu de salpicon (Voy. n.º 165); cousez-la par le dos jusques à la tête, vous la mettrez ensuite à cuire dans une poêle (Voy. n.º 174); lorsqu'elle sera au point, vous en ôterez le fil, vous la placerez par le dos dans un plat et vous lui couvrirez l'estomac d'écailles faites avec des truffes; ces truffes coupées d'abord en bouchons et taillées ensuite en petites tranches, doivent être insinuées, les unes au-dessus des autres, dans la chair même de la volaille à laquelle on fait des incisions régulières à cet effet; employez une queue d'écrevisse pour simuler celle de la tortue, et posez le tout sur une sauce hollandaise (Voy. n.º 118).

N.º 441. *Poulets en entrée de broche.*

Voy. Poularde en entrée de broche; servez-les avec les mêmes sauce et garniture (Voy. n.º 383).

N.º 442. *Fricassée de Poulets au naturel.*

Videz de jeunes poulets, flambez-les légèrement et dépecez-les en commençant par les cuisses; vous ôterez ensuite les filets, après quoi vous couperez les ailerons, l'estomac, le croupion et enfin le cou que vous couperez en deux; vous mettrez tous ces morceaux à dégorger dans l'eau fraîche, pendant une bonne heure, en ayant soin de les changer d'eau; lavez-les et mettez-les dans une casserole bien étamée, sur un feu modéré; avant que l'ébullition commence, retirez-la et passez l'eau au tamis; lavez les poulets à l'eau fraîche; égouttez-les sur un linge ; parez légèrement les membres, en coupant les peaux qui dépassent le tour de la cuisse, ratissez-en le bout de l'os ainsi que celui des filets.

Placez alors, dans une casserole, une tranche de jambon de Bayonne. un peu de lard rapé ou un morceau de beurre ; posez sur un feu modéré et sautez quelques instans vos poulets ; faites sauter souvent afin que tous les morceaux se roidissent légèrement ; jetez-y alors une petite cuillerée à bouche de farine, tenez toujours sur le feu en faisant sauter ; retirez ensuite du fourneau, mouillez avec l'eau où vous aviez fait blanchir, ajoutant moitié bouillon ; le tout étant bien mêlé, remettez sur le feu, assaisonnez, ajoutez un bouquet, un oignon piqué (Voy. n.° 1), écumez, faites bouillir et recouvrez d'un couvert de casserole ; trois quarts d'heures suffisent à la cuisson.

Avant de faire la liaison, qui doit se composer de deux ou trois jaunes d'œufs, vous pouvez jeter dans votre fricassée quelques tranches de truffes ; mais, lorsque vous y amalgamerez la liaison, ayez soin que votre casserole soit en ébullition et que le mouillement soit réduit au point convenable ; retirez du fourneau, faites sauter et remettez au feu afin de laisser revenir un bouillonement ; faites sauter encore ; enlevez du fourneau, et ajoutez un jus de citron ; vous dresserez alors sur un plat l'entrée en commençant par les abatis, les croupions, puis les cuisses et les filets ; répandez enfin la sauce sur le tout.

Nota. On met aux fricassées de poulets toute

sorte de garnitures, champignons, truffes, petits oignons, carottes tournées, pieds de céleri, culs d'artichauts, ris d'agneaux, petits pois, pointes d'asperges, écrevisses, huîtres, etc. (Voy. n.ºs 141 à 153.)

N.° 443. *Fricassée de Poulets à la Hollandaise.*

Préparez de même que ci-dessus, mais, avant de faire votre liaison, ayez du persil blanchi à l'eau bouillante; pilez-le; passez-le au tamis, et jetez-le dans la liaison; vous dresserez ensuite comme la précédente.

N.° 444. *Fricassée de Poulets à la Dauphine.*

Faites celle-ci comme la fricassée à la Hollandaise; mais ne vous servez pour cela que des abatis, des croupions, des cuisses et de l'estomac; conservez les filets que vous piquerez et ferez cuire comme les entrées piquées (Voy. n.° 176).

Quand vous dresserez sur le plat, mettez dans le milieu les abatis, les croupions et l'estomac; rangez les cuisses autour, en posant entre chaque cuisse un filet piqué et glacé (Voy. n.° 404); et, pour donner un bel aspect à votre fricassée, posez sur le milieu un ris de veau glacé, bien roux (Voy. n.° 246.)

N.° 445. *Fricassée de Poulets au Riz.*

Cuisez du riz dans de l'excellent bouillon auquel vous ajouterez quelques cuillerées à bouche de dégraissis de volaille; ayez soin que ce mouillement ait un volume qui égale deux fois et demi celui du riz.

Faites partir sur le fourneau, et faites mijoter ensuite sur des cendres rouges ; lorsqu'il est cuit, il faut qu'il soit bien épais, bien entier, et sans plus de mouillement ; mais, pour qu'il ne se trouve pas décoloré, vous devez prendre la précaution de mêler au bouillon, avant la cuisson, un peu de blond de veau (Voy. n.° 6), de jus (Voy. n.° 77) ou de safran.

Placez ce riz dans un moule, de manière à en garnir le fond et le pourtour ; versez dans le milieu une fricassée de poulets bien liée, et recouvrez-la de riz également ; posez ce moule sur des cendres chaudes ou entre deux fourneaux, et, au bout d'une demi-heure, renversez-le sur le plat ; essuyez la graisse, et faites couler dessus une sauce allemande (Voy. n.° 83.)

N.° 446. *Filets de Poulets en Chérubins.*

Laissez tenir les filets à l'estomac, en enlevant toutefois la fourchette ; piquez alors un des filets avec des truffes, l'autre avec du petit lard, et faites cuire comme une entrée piquée (Voy. n.° 176), et les servez sur une sauce au beurre d'écrevisses (Voy. n.° 111) ou sur une hollandaise (Voy. n.° 118.)

N.° 447. *Poulets piqués en Fricandeaux.*

De même que les chapons et poulardes (Voy. n.° 401), avec pareilles sauces et garnitures.

N.° 448. *Poulets en entrée de broche.*

Voyez les Poulardes, n.° 383, leurs sauces et garnitures.

N.° 449. *Filets de Poulets sautés.*

Comme aux filets de poulardes (Voy. n.° 404).

N.° 450. *Filets de Poulets piqués.*

Pareillement à ceux de dinde (Voy. n.° 465).

N.° 451. *Cuisses de Poulets en Caneton.*

Comme la cuisse de dinde (Voy. n.° 474).

N.° 452. *Cuisses de Poulets en Musette.*

Le même apprêt qu'à celle de dinde (Voy. n.° 475).

N.° 453. *Cuisses de Poulets en ballottine.*

Voy. également la cuisse de dinde, n.° 476.

N.° 454. *Salade de Volaille.*

Faites cuire trois ou quatre poulets dans une poêle (Voy. n.° 174); quand ils seront cuits et refroidis, dépecez-les; parez-les en ôtant les peaux; nettoyez le bout de l'os des cuisses et des ailes, et marinez-les au vinaigre (Voy. n.° 181).

Quant à moi, j'emploie pour cela le procédé ci-après :

J'ai des cornichons, une échalotte, un anchois, du persil, des truffes, de l'estragon et du cerfeuil, le tout bien haché. Je mets cela dans un saladier, je l'assaisonne avec du sel, une pincée de poivre, de la moutarde, un jus de citron, deux cuillerées à bouche de bon vinaigre et quatre d'huile ; je remue le tout avec une cuiller ; j'ajoute deux ou trois cuillerées d'aspic (Voy. n.° 103), et je jette enfin dans cette marinade les poulets que j'y laisse pendant quelques heures.

Quand on veut faire la salade, on met dans un plat des feuilles de laitues et un peu de cerfeuil ; on range par-dessus les cuisses de poulets en couronne, les estomacs au milieu, et les ailes également en couronne, mais plus serrées au-dessus des cuisses ; versez-y la marinade, et décorez alors avec des tranches de truffes cuites, des cornichons, des olives farcies, et même quelques tranches de pommes de terre et des champignons confits ; vous pouvez ajouter aussi des haricots verts, des pointes d'asperges, des choux-fleurs, le tout cuit d'abord ; ensuite vous hacherez un peu d'aspic (Voy. n.° 103) au-dessus de tout cela ; vous ferez une bordure autour du plat avec des œufs durs entre lesquels vous placerez un petit filet de cœur de laitues, et enfin vous entourerez par un cordon de croûtons de gelée.

N.° 455. *Filets de volaille à la Mayonnaise.*

Versez, dans un moule à cylindre, huit lignes environ d'aspic chaud (Voy. n.° 103) et bien clarifié ; laissez-le congeler ; vous y ferez ensuite une petite décoration avec des truffes et des blancs de volailles ; vous ferez tomber par-dessus un peu plus d'aspic, mais légèrement, pour contenir cette décoration ; lorsque le tout aura fait corps entièrement, achevez de remplir le moule avec de l'aspic.

Mettez-en dans le plat où vous devez servir votre mayonnaise ; attendez qu'il soit congelé ; trempez votre moule à l'eau chaude ; essuyez-le bien et renversez-le dans le plat.

Ayez alors des filets de poulets déjà sautés et marinés (Voy. n.° 405), mettez-les au milieu du cylindre et versez dessus votre mayonnaise (Voy. n.° 133).

N.° 456. *Dinde en Galantine.*

Désossez la dinde (Voy. n.° 397), ôtez-en toutes les parties nerveuses des cuisses, et pesez-la afin de l'assaisonner convenablement ; vous emploierez un gros et demi de sel épice par livre de viande ; ôtez les filets de la dinde dans toute leur longueur ; remplissez la place qu'ils occupaient avec la chair des cuisses, et posez votre pièce sur une serviette ; vous l'assaisonnerez avec un tiers du sel épice destiné à son entier assaisonnement ; après quoi vous étendrez dans tout son intérieur une couche de farce faite avec une livre de veau, deux livres et quatre onces de lard, deux échalottes, du persil et trois ou quatre truffes, le tout bien haché ensemble et assaisonné avec un gros et demi de sel épice, et que vous avez ensuite pilée en y joignant trois jaunes d'œufs ; cette farce, divisée en trois parties, est destinée à recevoir et couvrir les deux couches de filets qu'on doit placer dans la dinde ; il faut la bien égaliser avec la lame d'un couteau, et ranger les filets par-dessus, en les entremêlant ; ces filets, qui doivent être tous coupés de la même manière, sont de la langue à l'écarlate (Voy. n.° 210) ou bien du maigre de jambon, du gras de jambon qu'on remplace, au besoin, par du gras de porc frais ; ce sont les filets mêmes de la dinde et deux livres de truffes coupées aussi à filets ; établissez-en une couche sur la farce, assaisonnez et couvrez avec la deuxième partie du hachis ; posez votre second rang de filets, assaisonnez de nouveau et couvrez encore avec votre dernière portion de hachis ; cela fait, roulez la dinde, cousez-la avec du fil, et plaquez-la dessus et dessous avec des bardes de lard ; vous la ployerez ensuite dans une toile de canevas, vous la ficelerez d'un bout à l'autre et vous la mettrez à cuire dans une poissonnière foncée avec quelques tranches de veau coupées bien minces et quelques lames de jambon ; assaisonnez-la, couvrez-la avec les abatis et les os de la carcasse ; mettez à côté, deux pieds de veau désossés, un bon bouquet (Voy. n.° 168), un oignon piqué de deux gérofles, et mouillez avec un verre de Madère ou vin blanc sec et deux cuillerées à pot de consommé (Voy. n.° 5) ou bouillon (Voy. n.° 1) ; cette cuisson doit s'opérer lentement ; il faut en concentrer la chaleur au moyen d'un papier placé sous le couvert, sur lequel il est à propos de poser des cendres rouges ; quand la galantine sera cuite, vous l'ôterez du feu, la ferez refroidir dans sa cuisson d'où vous la retirerez ensuite pour la poser entre deux plats avec un poids par-dessus ; vous passerez la cuisson au tamis, vous la dégraisserez et la colorerez avec du blond de veau ou jus (Voy. n.º 77) ; vous la clarifierez ensuite (Voy. n.º 103) ; ôtez alors la toile qui entoure la galantine, ôtez-en aussi le lard, et vous la glacerez (Voy. n.º 177) ; vous la servirez entourée de gelée et décorée, si vous le voulez ; mais ordinairement on la coupe à tranches.

N.º 457. *Dinde glacée.*

Préparez-la comme la dinde en galantine, à la différence qu'il faut tâcher, en la cousant, quand elle est farcie, de lui rendre sa première forme ; faites-la cuire de même, et, quand elle sera refroidie et dépouillée, vous la glacerez deux fois (Voy. n.º 177); vous en décorerez le dessus avec de la gelée, et vous l'entourerez également de croûtons de gelée.

Cette pièce se sert ordinairement sur un socle graissé ou beurré, et décoré avec du pastillage ou pâte d'office.

N.º 458. *Dinde truffée.*

Passez un moment sur le feu, dans du lard rapé et un peu d'huile, cinq à six livres de belles truffes ; vous les laisserez ensuite refroidir, après quoi vous les humecterez avec un hachis de lard frais que vous aurez pilé avec quelques truffes, et vous les assaisonnerez ; cette préparation terminée, vous tuerez une dinde, vous la plumerez de suite, la flamberez, la viderez et la remplirez avec vos truffes ; il faut, après cela, l'envelopper dans un papier, puis dans une serviette dont vous nouez les deux bouts, et la laisser ainsi suspendue au crochet dix à douze jours, au bout desquels vous la mettrez à cuire après l'avoir bardée d'une tranche de lard, et avoir posé un papier beurré par-dessus.

N.° 459. *Dinde en entrée de broche, aux truffes.*

Troussez une dinde, en entrée de broche (Voy. n.° 171) ; joignez et mêlez ensemble, dans un plat creux, des truffes entières, des morceaux de saucisse d'un pouce de longueur et une once de beurre ou de lard rapé : assaisonnez avec du sel, amalgamez le tout et introduisez-le dans le corps de la dinde que vous emballerez dans du papier, et que vous ferez cuire en entrée de broche (Voy. n.° 171) ; lorsqu'elle sera au point, vous la débarrasserez de son enveloppe, vous l'égoutterez, la dresserez sur son plat, et verserez par-dessus une sauce claire (Voy. n.° 152).

N.° 460. *Dinde en côtes de melon.*

Désossez la dinde (Voy. n.° 397), ôtez-en toutes les parties nerveuses et les ailerons ; vous placez ensuite au milieu un peu de farce fine (Voy. n.° 159) et un gros salpicon (Voy. n.° 165) bien truffé ; vous la refermerez, en la cousant avec du fil, et vous tâcherez de lui donner une forme arrondie ; vous formerez les côtes de melon en la serrant avec une ficelle que vous croisez à l'un des bouts et qui, revenant se nouer à l'autre, forme quatre compartimens ; une seconde ficelle que vous dirigez dans l'intervalle des premières, complète la ressemblance en formant huit tranches distinctes ; cette pièce doit être mise à cuire, à l'ordinaire, dans une braise (Voy. n.° 167) entre des bardes de lard ; quand elle est au point, on la débarrasse de sa graisse et de la ficelle, on la dresse sur un plat, on place au milieu un cornichon pour simuler la queue de melon, et enfin on la sert avec une sauce à l'italienne (Voy. n.° 124).

N.° 461. *Dinde en fer à cheval.*

Quand vous l'avez désossée (Voy. n.° 397) ; comme dans tous les articles qui précèdent, vous la farcissez avec du salpicon (Voy. n.° 165), et la cousez ensuite avec une aiguille à brider et de la ficelle ; vous serrerez, afin de retirer en dedans le croupion et l'extrémité qui lui est opposée, et vous les rapprocherez en nouant ensemble les deux bouts de ficelle, de façon à donner à la pièce la forme d'un fer à cheval ; vous la ferez cuire dans une poêle (Voy. n.° 174), et choisirez, pour la préparer, une casserole qui puisse, tout juste, la contenir afin qu'elle ne se déforme pas ; lorsqu'elle sera au point, et que vous voudrez la servir, posez, à intervalles égaux, de gros clous faits avec des truffes, et mettez au-dessous une sauce aux tomates (Voy. n.° 119).

N.° 462. *Dinde en Fricandeau.*

Après avoir vidé votre dinde, coupez-en les

pattes à la jointure et faites glisser le bout de l'os dans l'intérieur du corps, en fendant le dessous de la cuisse ; vous la blanchirez ensuite sur le fourneau, en passant une brochette au travers, et vous la piquerez en plein comme un fricandeau ; faites-la cuire de même (Voy. n.° 242); lorsque la cuisson est terminée, glacez-la (Voy. n.° 177) et posez-la sur une garniture de racines ou toute autre (Voy. n.°s 141 à 153).

N.° 463. *Gros Dinde pour une partie de campagne.*

Troussez un gros dinde comme ci-dessus et deux vieilles perdrix, joignez à ces trois pièces un morceau carré de noix de bœuf ou de la partie de la culotte, et pesez le tout ensemble, vous mettrez un gros et demi de sel épice, par livre de chair, et trois onces de lard ; le tiers du lard qu'exige la quantité de viande doit être coupé à gros lardons et assaisonné avec le tiers du sel épice que comporte son poids ; vous vous en servirez pour piquer les chairs ; une deuxième partie doit être mise dans une braisière avec des parures de viande ou des tranches de veau coupées bien minces que vous assaisonnez dans la même proportion et sur lesquelles vous posez la dinde, les perdrix, le bœuf et un jarret de cochon ou deux pieds de veau ; assaisonnez encore avec ce qui vous reste de sel épice, et recouvrez avec la troisième partie du lard et tous les débris de viande ; ajoutez-y quelques tranches de veau, s'il vous en reste, un peu de jambon coupé mince, deux carottes et un oignon ; tout ainsi préparé, faites suer un instant sur le feu, après quoi vous verserez dessus une bouteille de vin de Madère ou de vin blanc sec et vous ajouterez à ce mouillement du bouillon qui ne soit point salé (Voy. n.° 1) ; couvrez alors avec un papier et un couvert de casserole sur lequel vous poserez des cendres rouges, et veillez à la cuisson afin de retirer à propos les pièces dont la cuisson est plus prompte ; quand le tout sera au point, vous le réunirez dans une grande terrine ; vous passerez le fond de cuisson au tamis, vous le dégraisserez, le clarifierez à l'ordinaire (Voy. n.° 103) et le verserez dans la terrine.

N.° 464. *Vieux Dindon dépecé, à la ménagère.*

Après avoir flambé et vidé un dinde, dépecez-le et pesez-en la chair dont chaque livre doit absorber un gros et demi de sel épice et trois onces de lard ; vous couperez, dans cette dernière quantité, quelques lardons que vous assaisonnerez et dont vous piquerez vos morceaux de dinde ; coupez le reste à petits dés ; assaisonnez-le, ainsi que toute la viande, avec le sel épice déjà pesé, et placez-la dans un pot ou casserole avec le lard et un peu de couenne de porc frais coupée à morceaux ; mouillez alors avec un verre de vin blanc sec et joignez à tout cela un bouquet (Voy. n.° 168) et un oignon ; cette cuisson doit se faire à un feu doux.

N.º 465. *Filets de Dinde piqués.*

Piquez en plein des filets de dinde, à petit lard, après en avoir ôté la peau, et faites-les cuire comme il est dit à l'article des entrées piquées (Voy. n.º 176); après cela vous les glacerez (Voy. n.º 177) et les poserez indistinctement sur une des garnitures ci-après désignées.

N.º 466. Sauce à la chicorée (Voy. n.º 137).
N.º 466 *(bis)*. Sauce à l'oseille (Voy. n.º 136).
N.º 467. Sauce aux petits pois (Voy. n.º 141).
N.º 468. Sauce aux racines (Voy. n.º 151).
N.º 469. Sauce émincée de concombre (Voy. n.º 143).
N.º 470. Sauce à la remoulade (Voy. n.º 132).
N.º 471. Sauce aux tomates (Voy. n.º 119).
N.º 472. Sauce au restaurant (Voy. n.º 123).

N.º 473. *Cuisse de Dinde en Caneton.*

Désossez des cuisses de dinde ; marquez huit lignes au-dessous de la jointure de la patte, et ratissez bien la partie de l'os destiné à figurer le bec du canard ; vous le couperez ensuite à six lignes ; farcissez les cuisses avec un peu de farce fine (Voy. n.º 159) au milieu de laquelle vous mettrez un peu de salpicon (Voy. n.º 165) ; cousez-les avec une aiguille ordinaire et du fil, en tâchant de leur donner une forme longue, celle du corps d'un petit canard ; reployez par-dessus la partie d'os destinée à figurer le bec, et retenez-le au moyen d'une ficelle ; vous les ferez cuire dans une poêle (Voy. n.° 174) et , lorsque vous les servirez , vous mettrez , de chaque côté , des ailes faites avec des tranches de truffes ou de carottes ou même de cornichons , et vous placerez au-dessous deux pattes d'écrevisses ; saucez-les avec une Hollandaise (Voy. n.° 118).

N.° 474. *Cuisse de Dinde en Musette.*

Désossez - la entièrement , coupez la patte au nœud , coupez de même les ongles , faites rentrer la patte dans le bout de la cuisse et farcissez cette dernière avec un peu de farce (Voy. n.° 159) et de salpicon (Voy. n.° 165) ; vous la coudrez après cela en lui donnant une forme arrondie , et vous assujétirez , à côté , la patte qui , placée de cette manière , donnera à l'objet la forme d'une musette ; vous pouvez le piquer à petit lard , le faire blanchir dans le beurre clarifié pour le faire ensuite cuire comme les entrées piquées (Voy. n.° 176) , après quoi vous le glacerez et le poserez sur toute sorte de sauces.

N.° 475. *Cuisse de Dinde en Ballottine.*

Vous la préparez comme ci-dessus , mais au lieu de retourner la patte vers la cuisse , vous la laissez dans toute sa longueur et la faites cuire dans une poêle (Voy. n.° 174) ; quand elle est au point , il faut la déficeler et la servir sur un haricot vierge ou toute autre garniture.

N.º 476. *Ailerons de Dinde.*

Après les avoir bien épluchés, coupez-en l'extrémité et retirez-en tous les os, à l'exception de ceux du petit bout de l'aileron ; vous les ferez ensuite dégorger quelque temps et les blanchirez à l'eau ; après quoi vous les parerez de nouveau, vous les piquerez et les ferez cuire comme les entrées piquées (Voy. n.º 176) ; glacez-les quand ils seront au point (Voy. n.º 177), et posez-les à volonté sur les garnitures suivantes :

N.º 477. A la chicorée (Voy. n.º 137).
N.º 478. Aux truffes (Voy. n.º 139).
N.º 479. Aux petits pois (Voy. n.º 141).
N.º 480. Aux racines (Voy. n.º 151).
N.º 481. Sauce émincée de concombre (Voy. n.º 143.)
N.º 482. Sauce à l'oseille (Voy. n.º 136).
N.º 483. Sauce à la Dangis ou garniture d'huîtres.
N.º 484. Sauce à la remoulade (Voy. n.º 132).
N.º 485. Sauce aux tomates (Voy. n.º 119).

N.º 486. *Ailerons de Dinde aux haricots vierges.*

Désossez-les, faites-les blanchir comme à l'article 476 et faites les cuire dans une braise (Voy. n.º 167) ; quand ils seront au point, vous les égoutterez, les glacerez (Voy. n.º 177) et les placerez en couronne autour d'un plat où vous avez mis des croûtons frits au beurre ; vous verserez au centre une garniture de petits navets (Voy. n.º 146) à la béchamelle (Voy. n.º 82).

N.° 487. *Ailerons de Dinde en Hoche-pot.*

Préparez-les comme les précédens ; après les avoir glacés, rangez-les dans le plat de la même manière, et versez au milieu une garniture de petites carottes tournées en olives, comme les navets, et cuites dans leur réduit que vous laissez tomber en glace ; vous les saucerez dans le plat avec une sauce espagnole (Voy. n.° 80).

N.° 488. *Cuisses de Dinde à la sauce Robert.*

Lorsqu'il reste les cuisses d'une dinde rôtie, et qu'on veut les servir, il faut les entailler, de distance en distance, les mariner au vinaigre (Voy. n.° 181), ensuite les faire griller à feu ardent, et les servir sur une sauce Robert (Voy. n.° 138).

Nota. On peut tirer le même parti des cuisses de toute volaille.

GIBIER.

N.° 489. *Perdrix aux Choux.*

La bonne perdrix est facile à connaître ; tant qu'elle est jeune, elle a, aux extrémités des trois grandes plumes de l'aile, un petit liséré blanc qui diminue à mesure qu'elle avance en âge, et qui finit par disparaître quand elle est vieille. La meilleure est la perdrix rouge ; nous ne connaissons guère ici que celle-là.

Après avoir plumé, flambé et vidé des perdrix, vous les trousserez en faisant entrer le bout des cuisses dans le corps; vous les larderez avec de moyens lardons assaisonnés de sel épice, mais en prenant garde que ces lardons ne paraissent pas en piquant les filets; insinuez la lardoire au-dessous de la peau du cou; bridez ensuite votre gibier, et mettez à cuire dans une bonne braise (Voy. n.° 167).

Faites cuire en même temps des choux et des morceaux de petit salé ou de saucisson, comme il est dit à la garniture de la pièce de bœuf (Voy. n.° 189); égouttez le tout; bardez une casserole en y rangeant tout autour et au fond des tranches de votre saucisson cuit; posez au milieu vos perdrix, le blanc en dessous; entourez-les de choux, puis de morceaux de petit salé alternativement, et recouvrez encore l'ensemble avec des choux sur lesquels vous placerez enfin une barde de lard; soumettez au four une heure avant de servir; renversez le contenu de votre casserole sur un couvert, afin d'égoutter la graisse; dressez sur le plat, et versez-y une espagnole (Voy. n.° 80) que vous glacerez (Voy. n.° 177).

N.° 490. *Perdrix à l'étouffé.*

Préparez et troussez d'abord comme ci-dessus; quand elles sont également piquées, faites-les cuire dans une braise (Voy. n.° 167) entre des bardes de lard, des tranches de veau et quelques lames de jambon de Bayonne ; faites suer le tout, puis vous y verserez un verre de Madère ou de vin blanc sec que vous laisserez réduire en glace ; vous mouillerez alors avec du consommé ou du bouillon, et laisserez cuire à petit feu.

Quand les perdrix seront cuites ; égouttez et passez le fond de cuisson dans un tamis ; dégraissez-le ; faites-le tomber dans une casserole que vous poserez sur le feu et dans laquelle vous jeterez aussi deux cuillerées de dégraissis de fumet de gibier (Voy. n.° 101) et trois d'espagnole (Voy. n.° 80) ; faites bouillir, écumez, dégraissez bien, et, lorsque votre sauce est à son point de réduction, posez vos perdrix dans un plat d'entrée, et versez-la dessus.

N.° 491. *Perdrix aux Racines.*

Vous les préparez de même ; les faites cuire de même aussi dans une braise (Voy. n.° 167) ; vous les égouttez ; les posez sur un plat d'entrée, et versez par-dessus une garniture de racines (Voy. n.° 151).

N.° 492. *Perdrix à la purée de Lentilles.*

Faites comme les précédentes, et mettez à cuire, en même temps, des lentilles dans du bouillon, avec un morceau de petit salé ; passez-les au tamis ; joignez-y le fond de cuisson des perdrix, après l'avoir bien dégraissé, et délayez votre purée avec une espagnole bouillante (Voy. n.° 80).

Placez vos perdrix bien égouttées sur le plat, et versez-y la purée ainsi préparée.

N.° 493. *Perdrix aux Lentilles, à la ménagère.*

Il faut disposer les perdrix comme celles dont je viens d'indiquer l'apprêt, et les mettre à cuire dans un garde-manger de terre ou une casserole avec le reste du lard que vous aurez mis dans la quantité de trois onces par livre de chair ; vous assaisonnerez le tout avec un gros et demi de sel épicé par livre ; ajoutez un oignon et une carotte ; faites cuire à petit feu en entourant le pot de cendres rouges ; mouillez avec du bouillon peu assaisonné (Voy. n.° 1) ou de l'eau bouillante.

Faites cuire, à part, des lentilles dans du bouillon ou de l'eau, et ajoutez-y quelques morceaux de petit salé ; assaisonnez-les, et, après leur cuisson (comme après celle des perdrix), égouttez-les : versez-les dans une casserole pour y joindre le fond de cuisson du gibier, après l'avoir passé au tamis et dégraissé ; jetez-y également le petit salé, faites mijoter un instant à petit feu ; puis, dressez sur le plat vos perdrix et versez les lentilles par-dessus.

N.° 494. *Perdrix aux petits pois, à la ménagère.*

Cuisez toujours de même les perdrix ; ayez des petits pois, du petit salé coupé à dés, mettez-les dans une casserole, sur le feu, avec un morceau de beurre ou du lard fondu ; joignez-y un bouquet (Voy. n.° 168), le cœur d'une laitue, et, lorsqu'elles seront cuites aux trois quarts, passez-y le fond de cuisson des perdrix ; faites mijoter ces dernières dans les petits pois, un moment avant de servir ; dressez sur le plat et versez la sauce dessus après l'avoir bien dégraissée.

Nota. On peut mettre, autour des perdrix, toute sorte de garnitures, comme aux vieilles poules (Voy. n.º 418).

N.º 495. *Jeunes Perdreaux rôtis.*

C'est au commencement d'octobre que les jeunes perdreaux rouges doivent se manger rôtis.

Après les avoir plumés, flambés et vidés, pelez-en les pattes, coupez-leur les ongles et blanchissez-les ; vous les briderez ensuite et les piquerez à menu lard.

Vous opérerez leur cuisson à la broche, après les avoir enveloppés d'une feuille de papier beurré que vous enleverez un moment avant de servir, afin de leur faire prendre bonne couleur.

N.º 496. *Perdreaux en entrée de broche.*

Vous faites la même préparation préliminaire que pour les volailles (Voy. n.º 170), et les faites cuire comme elles, à la broche, au four, sur le gril ou dans une poêle ; après la cuisson, vous les débridez, les égouttez et les posez dans un plat d'entrée avec les sauces ou garnitures qui sont détaillées aux poulardes en entrée de broche (Voy. n.º 170).

N.° 497. *Perdreaux en Galantine.*

Comme la poularde (Voy. n.° 399).

N.° 498. *Filets de Perdreaux sautés.*

Comme ceux de volailles (Voy. n.° 404).

N.° 499. *Escalopes de Perdreaux.*

Consultez l'art. 417, sur celles de volailles.

N.° 500. *Émincées de filets de Perdreaux.*

Allez à l'art. 413 pour celles de volailles.

N.° 501. *Côtelettes de filets de Perdreaux.*

Conformez-vous pour cela à ce que je dis pour celles des poulets, à l'art. supplémentaire 871.

N.° 502. *Perdreaux à la Périgueux.*

Coupez des truffes à gros dés, assaisonnez-les, et joignez-y de fines herbes hachées et du lard rapé.

Garnissez de ces truffes tout l'intérieur des perdreaux, ainsi que la peau du devant par où vous avec tiré la poche ; troussez-les comme pour entrée de broche (Voy. n.° 170) ; mettez-les à cuire dans une casserole, entre des bardes de lard et de veau coupées en lames, et qui les entoureront de tous côtés ; joignez à cela un bouquet (Voy. n.° 168), un oignon piqué (Voy. n.° 1) ; faites suer, et versez-y un demi-verre de Madère ou de vin blanc sec que vous ferez tomber en glace.

Mouillez alors, à moitié cuisse, avec du bouillon excellent (Voy. n.º 1) ou du consommé (Voy. n.º 5), et faites cuire à petit feu, en recouvrant d'un rond de papier et d'un couvert avec du feu dessus.

Quand vous voudrez servir, passez au tamis le fond de cuisson, déjà bien dégraissé, que vous verserez dans une casserole et auquel vous joindrez deux cuillerées de dégraissis de fumet de gibier (Voy. n.º 101) et quatre d'espagnole (Voy. n. 80) ; posez sur le feu, écumez, et, à moitié réduction, versez sur vos perdreaux déjà bien égouttés.

N.º 503. *Perdreaux en Salmi.*

Faites-en cuire trois ou quatre à la broche ; dépecez-les, ratissez le bout des os des cuisses et des ailes, parez-les parfaitement, et mettez les débris, les peaux et les carcasses dans une casserole avec un verre de vin de Madère ou de vin blanc sec ; joignez-y deux échalottes entières et la moitié d'une feuille de laurier ; faites bouillir sur le fourneau, et, lorsque le vin sera réduit des trois quarts, mêlez-y le fond de cuisson de quelque volaille, bien dégraissé ; à défaut, jetez-y un peu de consommé (Voy. n.º 5) auquel vous ajouterez de l'espagnole (Voy. n.º 80) ou du coulis (Voy. n.º 78) ; faites bouillir et réduire de moitié ; écumez, dégraissez et passez au tamis ; tenez cette sauce un peu plus liée que les sauces ordinaires, et versez-la dans la casserole où vous aurez mis les perdreaux ; faites chauffer le tout au bain-marie, et lorsque vous servirez, placez les estomacs au milieu du plat, dressez les cuisses en couronne, en intercallant entre chaque un croûton glacé.

Posez au-dessus, et toujours en couronne, les filets, plaçant entre chaque filet une tranche de truffe cuite au vin ; vous répandrez alors la sauce sur le tout.

N.o 504. *Hachis de Perdreaux rôtis.*

Prenez de la chair de perdreau rôti, depouillez-la des peaux, des nerfs et des os que vous mettrez dans une casserole sur le feu, et auquel vous joindrez une échalotte, une demi-feuille de laurier, un demi-verre de vin blanc sec, et tout autant de fumet de gibier (Voy. n.o 101) ou de fond de cuisson ; à défaut, vous mettrez du consommé (Voy. n.o 5) ou du bouillon (Voy. n.o 1), avec un verre d'espagnole (Voy. n.o 80) ou de coulis (Voy. n.o 78) ; faites réduire le tout à moitié, et passez au tamis.

Hachez alors la chair de vos perdreaux et mêlez-y la sauce bien bouillante ; faites chauffer le hachis sans laisser bouillir, et servez-le dans un plat d'entrée, en l'entourant de petits croûtons de pain frits ; on peut, à la place de ces croûtons, mettre des œufs pochés (Voy. n.o 780).

N.o 505. *Purée de Perdreaux.*

Comme celle de bécasses (Voy. n.o 104) ; rappelez-vous seulement que le perdreau ne fait pas rôtie.

N.º 506. *Perdreaux en Poire.*

Vous désosserez comme à l'article 397, et remplirez le corps avec des truffes, des ris d'agneau, des champignons que vous couperez à gros dés et que vous passerez un instant sur le feu avec un peu de lard rapé ou un morceau de beurre ; vous ajouterez quelques fines herbes, de l'assaisonnement, et vous coudrez vos perdreaux.

Faites-les blanchir dans une casserole avec un morceau de beurre et le jus d'un citron ; mettez-les à refroidir pour les piquer à menu lard.

Opérez la cuisson comme aux entrées piquées (Voy. n.º 176), en ajoutant quelques tranches de veau, et, après qu'ils seront cuits, vous les glacerez (Voy. n.º 177).

Passez le fond de leur cuisson au tamis après l'avoir bien dégraissé, versez-le dans une petite casserole avec un quart de verre de fumet de gibier (Voy. n.º 101) et autant de Madère ou de vin blanc sec ; faites réduire le tout à demi-glace ; mêlez-y de l'italienne blanche (Voy. n.º 125), le jaune d'un œuf dur haché et un filet de vinaigre à l'estragon ; versez cette sauce dans le plat et posez-y vos perdreaux.

N.º 507. *Faisan rôti.*

Prenez de préférence le faisan coq et jeune pour rôti ; vous le connaîtrez à un petit bouton que vous trouverez à la place de l'ergot ; plumez, flambez et videz ; laissez tenir les plumes

de la moitié du cou et de la tête que vous em-
papilloterez.

Blanchissez-le sur le feu ; brûlez les pattes pour
en ôter la peau ; coupez les ongles ; piquez-le
à menu lard et mettez-le à la broche après l'a-
voir bridé et avoir mis sur le derrière une barde
de lard.

Enveloppez la pièce d'un papier beurré que
vous enleverez un instant avant de servir pour
lui faire prendre bonne couleur.

Après l'entière cuisson, et en servant, décou-
vrez la tête pour en laisser voir le plumage ;
vous pouvez présenter à part, dans un saucier,
une sauce poivrade (Voy. n.° 117) ou toute autre sauce piquante.

Nota. On tire du faisan le même parti que
du perdreau : on le présente avec les mêmes sauces, les mêmes garnitures ; on en fait des purées,
des entrées de broche, etc.

N.° 508. *Canepetière.*

La chair de la canepetière est moins délicate que
celle du faisan ; néanmoins elle est prisée ; on
la sert pour rôti, et quelquefois sur une farce
faite avec son foie. Ce gibier doit être vidé, piqué
à menu lard et cuit à la broche ; il faut lui mettre
sur le dos une plaque de lard et l'envelopper dans
un papier beurré.

N.° 509. *Pintade.*

On tire de la pintade le même parti que de

toute autre volaille ; on la prépare en rôti, en entrée de broche, en galantine, etc. Voyez les diverses préparations de la jeune poularde, n.° 383, auxquelles il faut se conformer ; quand vous la servirez pour rôti, ayez soin de préserver les plumes de la tête de l'action du feu, en enveloppant cette dernière d'un papier dont on ne la débarrasse qu'après l'entière cuisson.

N.° 510. *Jeune Paon.*

Le jeune paon qu'on sert pour rôti doit être vidé, flambé et piqué ; on doit lui laisser, autour du cou et sur toute la tête, des plumes qu'on préserve du feu en les enveloppant de papier ; on doit aussi, pendant qu'il est à la broche, l'entourer d'un papier enduit de graisse ou de beurre, dont on le débarrasse un instant avant que de servir, afin de lui faire prendre couleur ; enfin, quand il est au point, ôtez le papier dont sa tête est empapillotée, et servez-le : c'est un rôti de luxe.

N.° 511. *Jeune Paon en entrée de broche.*

Voyez jeune Poularde, n.° 383.

N.° 512. *Paon en Galantine.*

Voyez Dinde en galantine, n.° 456.

N.° 513. *Paon aux truffes.*

Voyez Dinde aux truffes, n.° 458.

N.º 514. *Vieux Paon en daube.*

Voyez Dinde en daube ou étuvée, n.º 464.

N.º 515. *Outarde.*

La jeune outarde est un met délicat et fort prisé : on la sert ordinairement pour rôti ; il faut la vider, la piquer avec de moyens lardons, lui appliquer sur le dos une barde de lard et lui empapilloter la tête à laquelle on a laissé tenir les plumes, avant de la mettre à la broche ; vous l'envelopperez ensuite d'un papier beurré ou graissé, et vous la ferez cuire à l'ordinaire ; on présente communément une sauce poivrade (Voy. n.º 117) dans un saucier, à côté de l'outarde.

N.º 516. *Outarde en Galantine.*

Cette préparation est sans contredit la meilleure ; on y fait entrer toute sorte de filets de volaille et de gibier ; conformez-vous, pour cet apprêt, à l'article Cochon de lait en galantine, n.º 374.

N.º 517. *Vieille Outarde.*

Observation. La vieille outarde n'est plus propre à être servie pour rôti ; il faut la préparer ou en galantine ou en daube ; si néanmoins on était forcé de s'en servir, pour ce à quoi je ne la crois plus bonne, il faudrait avoir la précaution de faire cuire un aileron afin d'être sûr du degré.

N.° 518. *Outarde en Daube.*

Voy. dinde en daube, n.° 464.

Plumez, videz, flambez l'outarde et troussez-la, faisant rentrer le bout des cuisses dans le corps ; piquez-la avec de moyens lardons que vous avez d'abord assaisonnés avec du sel épice et de fines herbes, et placez-la dans une braisière entre des plaques de lard, de veau et de jambon de Bayonne ; assaisonnez le tout avec du sel épice ; joignez-y un bouquet (Voy. n.° 168), un oignon piqué (Voy. n.° 1), et mouillez avec une bouteille de vin de Madère ou de vin blanc sec ; vous ferez alors partir sur un feu ardent que vous entretiendrez jusqu'à la parfaite réduction du mouillement ; il doit tomber en glace ; alors vous modérerez le feu ; le reste de la cuisson doit s'opérer lentement et sur des cendres rouges ; il faut y ajouter deux cuillerées à pot de bouillon, couvrir la braisière d'un papier et d'un couvert chargé de cendres rouges jusqu'à parfaite cuisson ; vous en passerez ensuite le fond au tamis ; vous le mêlerez à de la sauce espagnole (Voy. n.° 80), et vous le ferez réduire à part dans une petite casserole dans laquelle vous aurez mis des tranches de truffes, des pieds de céleri coupés court et des olives ; vous verserez cette garniture sur l'outarde.

Si vous voulez la servir froide, vous ajouterez à la cuisson deux pieds de veau ou jarrets, et, quand le tout sera au point, vous le clarifierez et le répandrez sur la pièce.

N.º 519. *Canards.*

Ceux auxquels on donne la préférence pour rôti, sont les jeunes canards dits albrans qu'on prend dans les marais, avant qu'ils soient assez forts pour voler, et que, par conséquent, les chiens prennent avec facilité. Il faut les plumer, les flamber, les vider et les cuire à la broche.

N.º 520. *Canards à la broche.*

Préférez pour rôti les albrans.
Les cols verds.
Ceux dits *Piolaires.*
Et les queues d'hirondelle.

N.º 521. *Canards en entrée de broche.*

Troussez-les en entrée de broche (Voy. n.º 170), et mettez-les à cuire à la broche enveloppés à l'ordinaire, ou bien au four (Voy. n.º 172), ou poêlés (Voy. n.º 175) ; vous les servirez à volonté avec une sauce à l'orange (Voy. n.º 131) ou au citron (Voy. n.º 100), une poivrade (Voy. n.º 117), une sauce hachée) Voy. n.º 116), aux olives (Voy. n.º 142), à l'italienne (Voy. n.º 124), à l'espagnole (Voy. n.º 80) travaillée au fumet de gibier (Voy. n.º 102), et demi-glace (Voy. n.º 108), enfin avec une sauce aux tomates (Voy. n.º 119).

N.º 522. *Canard braisés.*

Faites-le cuire dans une braise (Voy. n.º 167); vous passerez ensuite au tamis le fond de cuisson ; vous le dégraisserez bien , et , quand vous l'aurez fait réduire en glace, vous y joindrez une garniture de navets (Voy. n.º 146), ou de racines (Voy. n.º 151), ou même d'olives (Voy. n.º 142) que vous ferez bouillir un moment ; que vous écumerez, et que vous verserez sur le canard bien égoutté.

N.º 522 *(bis)*. *Canard en Hoche-pot.*

Préparez-le comme le précédent et servez-le avec une garniture de petites carottes tournées en olives et cuites dans leur glace , comme il est indiqué (Voy. n.º 147) ; il faut d'abord dresser le canard sur son plat , verser la garniture par-dessus et saucer le tout avec une espagnole (Voy. n.º 80) à demi-glace (Voy. n.º 108)

N.º 523. *Canard aux haricots vierges.*

Le canard doit être préparé comme ci-dessus et servi avec une garniture de navets tournés en olives (Voy. n.º 146) ; saucez le tout avec une béchamelle (Voy. n.º 82).

N.º 524. *Canard en poire.*

Voyez, pour cette préparation , le pigeon en poire, n.º 872 ; cuisez-le en entrée piquée (Voy. n.º 176) ;

glacez-le et le servez avec toute sorte de sauces ou garnitures, comme il est indiqué à l'article jeune Poularde (Voy. n.º 383).

N.º 524 (bis). *Canard à la ménagère.*

On le prépare ordinairement à la broche et on le sert avec toute sorte de sauces et garnitures (Voy. n.ᵒˢ 141 à 153).

N.º 525. *Canard farci.*

Hachez, en quantité égale, le foie du canard et du lard ; mêlez à cette farce de fines herbes, des truffes et deux jaunes d'œufs ; assaisonnez de bon goût avec du sel épice, et remplissez le corps du canard ; vous le ferez cuire à la broche, et le servirez avec une sauce italienne (Voy. n.º 124) ou toute autre sauce piquante.

N.º 526. *Canard farci à la Ménagère.*

Farcissez le canard avec un hachis quelconque dans lequel vous ferez entrer autant de lard que de viande et que vous assaisonnerez de bon goût ; placez-le dans une casserole sur une plaque de lard fondu ; vous l'assaisonnerez avec du sel épice, un oignon, une carotte, et vous le ferez roussir lentement ; vous mouillerez ensuite avec du bouillon ou de l'eau bouillante, et, quand la cuisson sera complète, vous la dégraisserez et vous y joindrez des tranches de truffes, des pieds de céleri cuits et même des olives ; vous pourrez lier votre garniture avec une petite pincée de farine délayée dans de l'eau ou du bouillon froid ; après quoi vous servirez.

N.º 527. *Canard aux navets, à la ménagère.*

Faites cuire le canard comme ci-dessus ; pendant qu'il se prépare, faites blanchir des navets à l'eau bouillante ; vous les égoutterez ensuite et les ferez roussir à petit feu dans le dégraissis de la cuisson du canard ou de toute autre cuisson ; quand ils seront suffisamment colorés, vous les mouillerez avec du bouillon (Voy. n.º 1) ou de l'eau bouillante, vous y joindrez une couenne de porc frais, et, quand ils seront au point, vous les verserez sur le canard, après les avoir fait mijoter un instant ensemble.

N.º 528. *Canard farci en Melon.*

Voyez Dinde farcie en côtes de melon, n.º 460.

N.º 529. *Foies de Canard aux truffes.*

On ne prépare ainsi que les foies des canards de Toulouse ; faites-les dégorger dans l'eau fraîche durant quelques heures ; posez-les ensuite dans une casserole pleine d'eau que vous placez à côté du fourneau et que vous en retirez quand elle est presque bouillante ; mettez tout de suite les foies à rafraîchir ; vous les poserez ensuite sur un linge blanc, vous les parerez soigneusement de toutes les fibres et du fiel, et vous les placerez dans une casserole entre deux bardes de lard après les avoir assaisonnés ; vous ajouterez à cette cuisson une carotte, un oignon piqué (Voy. n.º 1) et vous verserez par-dessus de la poêle (Voy. n.º 174) : posez sur la casserole un rond de papier beurré, un couvert chargé de cendres rouges et faites cuire à bien petit feu ; une demi-heure doit suffire à cette préparation.

Préparez en même temps, au vin blanc, des truffes coupées dans la dimension d'une pièce de dix sous ; quand le foie sera au point, vous le piquerez avec la pointe d'un couteau et vous introduirez dans les piqûres les petites tranches de truffes qui, se rangeant régulièrement les unes au-dessus des autres, sembleront être des écailles ; après cette opération, glacez (Voy. n.º 177) et servez avec une sauce au beurre d'écrevisses (Voy. n.º 111).

N.º 530. *Pain de foie gras de Canard.*

Faites un mitonnage (Voy. n.º 154) avec quatre onces de mie de pain blanc ; quand il sera refroidi, pesez-en une livre que vous pilerez avec douze onces de lard râpé.

Hachez une livre et demie de foie gras, jetez-le dans le mortier et assaisonnez avec deux gros et demi de sel épice et deux cuillerées à bouche de fines herbes déjà passées, avec un petit morceau de beurre.

Pilez bien cette farce ; joignez-y huit ou neuf jaunes d'œufs en pilant toujours ; passez le tout au tamis, et faites tomber dans une terrine où vous mêlerez aussi quatre onces de gras de jambon cuit, quatre de langues à l'écarlate (Voy. n.º 210), huit de truffes, le tout coupé à petits dés, et une demi-once de pistaches.

Après l'amalgame parfait du tout, bardez un moule ou une casserole avec du lard très-mince, décorez le tour et le fond avec des truffes cuites au vin blanc sec et des blancs de volailles cuits aussi ; faites autour du fond un cordon de queues d'écrevisses, et, cette décoration ainsi terminée, remplissez de farce votre casserole, ayant soin de frapper bien doucement avec cette dernière sur la table, afin de tasser parfaitement le contenu, et pour qu'il remplisse bien tous les vides.

Recouvrez de bardes de lard, mettez un rond de papier, un couvert et des cendres rouges ; faites cuire au bain-marie et tenez, pendant une heure et demie que doit durer la cuisson, votre eau prête à bouillir sans qu'elle bouille jamais ; si elle vient à bouillonner, votre farce sera toute persillée, tandis qu'elle doit être extrêmement unie.

Après la cuisson, déposez la farce en un lieu frais ; démoulez ensuite en présentant au feu la casserole, de façon à faire détacher seulement la graisse ; ôtez le lard et glacez la partie qui n'a pas eu de décoration (Voy. n.º 177).

Cette farce se présente sur un plat où l'on a déjà fait congeler de l'aspic (Voy. n.º 103) et autour duquel on dresse des croûtons de gelée.

N.º 531. *Terrine de foies de Canard.*

Faites dégorger; parez et blanchissez les foies, comme à l'article 530, coupez-les à grosses lames que vous assaisonnez avec un gros et demi de sel épice par livre; hachez et pilez ensuite les débris qu'il convient de peser pour y mêler du lard et du gras de jambon cuit, le double de sa quantité; pilez le tout; assaisonnez-le également de sel épice et de fines herbes bien hachées et passées sur le feu dans une petite casserole avec un peu de beurre; ajoutez-y deux jaunes d'œufs, et lorsque cette farce est bien pilée, ôtez-la du mortier.

Coupez des truffes à tranches un peu épaisses; fermez et entourez de bardes de lard une terrine qui supporte le feu, et placez-y une couche de vos truffes que vous assaisonnez légèrement; posez sur ces truffes une couche de farce que vous égalisez bien, puis une couche de foie, encore une nouvelle couche de truffes, de farce, de foie, toujours alternativement et jusqu'à un demi-pouce du bord de la terrine.

Recouvrez de bardes de lard, d'un rond de papier, et soumettez au four, une heure après sa chaleur première (Voy. n.º 596): en retirant du four votre casserole, égouttez la graisse et remplissez le vide qu'elle laisse, d'un bon consommé de volaille (Voy. n.º 5) bien clarifié (Voy. n.º 103); servez lorsque ce consommé sera bien congelé.

Je conseille de remplacer ainsi la graisse par

du consommé, lorsque l'objet doit être mangé tout de suite ; car lorsqu'on veut la conserver, il faut la mettre à refroidir à sa sortie du four et l'enduire de graisse. Mais il est facile, à ceux qui reçoivent cette pièce de loin, de faire chez eux l'opération que j'ai indiquée, et de substituer ainsi à la graisse qui enveloppe la terrine un bon consommé bien congelé, au lieu d'avoir à dépouiller la terrine d'un corps qui répugne ; ils pourront hardiment servir ainsi, gelée, foie et farce, car la pièce gagnera à la fois pour l'aspect et pour le goût.

N.º 532. *Jeune Oie sauvage.*

Elle est de bien meilleur goût que l'oie domestique ; elle n'arrive qu'à l'époque des froids piquans ; du foie des oies domestiques on fait d'excellens pâté, et les quartiers, confits à la graisse, servent pour de bonnes garnitures ; on les sert aussi avec une sauce Robert (Voy. n.º 138), sur de la purée de pois (Voy. n.º 24) ou aux petits pois (Voy. n.º 141).

N.º 533. *Oie rôtie.*

Il la faut également jeune ; après l'avoir flambée et vidée, enlevez la peau des pattes (on appelle cela les refaire) ; coupez-les au milieu ; tranchez le cou et les ailerons à la jointure ; bridez et plaquez d'une barde de lard ; enveloppez d'un papier, comme pour les autres rôtis, et servez avec une sauce piquante dans un saucier (Voy. n.° 116).

N.° 534. *Oie à la peau de Goret.*

Préparez-la comme la précédente, la faisant rôtir toutefois sans lard et sans papier ; versez dessus, en la servant, une sauce poivrade (Voy. n.° 117).

N.° 535. *Pain de foie d'Oie.*

Voyez le pain de Foie de canard, n.° 531.

N.° 536. *Foie d'Oie aux truffes.*

Comme celui de canard aux truffes (Voy. n.° 529).

N.° 537. *Oie en entrée de broche aux truffes.*

Voyez la Dinde, n.° 459.

N.° 538. *Oie glacée.*

Comme la dinde glacée (Voy. n.° 487).

N.° 539. *Oie aux olives.*

Troussez l'oie en faisant rentrer le bout de la cuisse dans le corps ; piquez-la avec de moyens lardons ; assaisonnez-la avec du sel épice, et mettez-la à cuire dans une braise ordinaire (Voy. n.° 167) ; vous l'égoutterez avant de la servir, et vous verserez par-dessus une garniture d'olives, (Voy. n.° 142).

On peut aussi employer des garnitures aux navets (Voy. n.° 146), aux truffes, aux racines

(Voy. n.° 151), aux huîtres, à l'italienne (Voy. n.° 124) et même la sauce hachée (Voy. n.° 116).

N.° 540. *Sarcelle.*

La sarcelle se prépare comme le canard, avec les mêmes sauces et garnitures; on doit, avant de la mettre à cuire, la vider, lui peler les pattes, lui couper les ongles.

N.° 541. *Macreuse.*

La macreuse se nourrit dans les marais ; sa chair est rougeâtre et de bon goût ; on la mange comme les poulardes (Voy. n.° 383) en rôti, en entrée de broche avec toute sorte de garnitures, et le plus ordinairement en court-bouillon ou en salmi.

La macreuse est difficile à plumer ; on a plusieurs procédés pour cela ; par fois, on l'échaude et on la frotte même avec de la résine pour la débarrasser absolument de son plumage ; il faut alors la faire tremper pour lui faire perdre le goût de résine qui reste long-temps ; il me paraît plus convenable de la plumer au rebours, c'est-à-dire, de tourner la tête vers soi, et d'enlever ensuite le duvet qui se trouve entre la plume et le corps de l'animal, en s'humectant un peu les doigts. La macreuse doit être vidée comme la volaille.

N.° 542. *Salmi de Macreuses.*

Faites cuire des macreuses à la broche ; retirez-les avant qu'elles soient au point ; vous avez en même temps passé, dans de l'huile ou du beurre, quelques tranches de truffes que vous avez mouillées avec un verre de vin blanc sec, et auxquelles vous avez joint de fines herbes, une demi-feuille de laurier piquée d'un gérofle et un ail ou un oignon ; quand l'action du feu a suffisamment rapproché ces objets ; vous avez mouillé avec du coulis, et vous avez ajouté à cette sauce des pieds de céleri cuits, des olives dont vous avez ôté les noyaux : alors réunissez les macreuses à cette garniture, faites-les mijoter ensemble sur des cendres chaudes, après quoi vous servirez.

On peut dépecer la macreuse ou la servir entière ; quand elle est dépecée, on doit la placer sur le plat dans l'ordre prescrit à l'article fricassée de poulet (Voy. n.° 442).

N.° 543. *Court-bouillon de Macreuses à la ménagère.*

Après avoir flambé et vidé la macreuse, dépecez-la, mettez dans une casserole du lard haché ou du beurre ou de l'huile, et posez-la sur le feu ; vous y déposez les quartiers de macreuse que vous assaisonnez avec du sel épice, une échalotte qu'on peut remplacer par un peu d'oignon, et vous les faites roidir légèrement des deux côtés ; vous y mettrez ensuite une pincée de farine, et vous mouillerez avec du vin et du bouillon (Voy. n.° 1) que vous aurez mêlé par égale portion ; ajoutez-y un ail, la moitié d'une feuille de laurier piquée d'un clou de gérofle, et faites cuire à petit bouillonnement ; quand la cuisson sera au point, vous la dresserez sur son plat, à l'ordinaire.

N.º 544. *Cailles rôties.*

La caille du mois de septembre est la meilleure; elle est alors grasse; il faut la plumer, la flamber, la vider, lui passer une petite brochette au travers des cuisses pour la blanchir au feu, et l'envelopper d'une feuille de vigne sur laquelle on place et fixe, avec du gros fil, une barde de lard; quand elle est ainsi arrangée, vous l'enfilez dans une brochette que vous attachez par les deux bouts à la broche, et vous la faites rôtir.

N.º 545. *Cailles poêlées.*

Plumez, flambez, videz vos cailles et coupez-leur les ongles; passez-leur au travers des cuisses une petite brochette de bruyère, et mettez-les à cuire entre des bardes de lard, après les avoir assaisonnées et avoir répandu sur elles un peu de jus de citron; mouillez-les bien court; deux pleines cuillerées de dégraissis de consommé de volaille (Voy. n.º 5) doivent suffire; on peut y suppléer par deux cuillerées de bouillon (Voy. n.º 1); soignez la cuisson qui ne doit pas être au complet, pour en retirer les cailles; passez, après les avoir retirées, le fond de cuisson au tamis, dégraissez-le et versez-le sur vos cailles en guise de sauce; si elle était trop courte, on pourrait y ajouter une cuillerée de sauce claire.

N.º 546. *Cailles à l'Italienne.*

Préparez-les comme les précédentes; passez le

fond de cuisson au tamis, faites-le réduire, dégraissez-le bien et mêlez-y une sauce italienne blanche (Voy. n.º 125); réunissez comme à l'ordinaire les cailles à leur sauce, faites-les mijoter un moment ensemble et servez-les.

N.º 547. *Cailles à la Ravigote.*

Préparez toujours les cailles comme ci-dessus, et servez-les avec une sauce ravigote (Voy. n.º 134).

Nota. La caille peut être cuite dans une poêle (Voy. n.º 174) et être servie avec toute sorte de garnitures (Voy. n.ºˢ 141 à 153).

N.º 548. *Caille en Robe de chambre.*

Introduisez une caille cuite dans une poêle (Voy. n.º 174), dans une laitue préparée dans une braise (Voy. n.º 167), et à la tige de laquelle vous aurez ménagé une ouverture pour donner issue à la tête de la caille ; glacez ensuite cette préparation (Voy. n.º 177) et servez-la avec une sauce espagnole (Voy. n.º 80).

N.º 549. *Cailles à la Crapaudine.*

Après les avoir vidées, coupez-les comme les pigeons à la crapaudine, et préparez-les de même (Voy. n.º 134).

N.º 550. *Cailles à la Crapaudine ménagère.*

Voyez Pigeons, n.º 587.

N.º 551. *Cailles à la Gascogne.*

Préparez des cailles dans une poêle (Voy. n.º 174), et saucez-les d'une gascogne (Voy. n.º 165).

N.º 552. *Caille au Gratin.*

Voyez la Grive, n.º 554.

N.º 553. *Grives rôties.*

Après les avoir plumées, flambées, faites-les blanchir à la braise afin de pouvoir les piquer; placez, si vous le préférez, une feuille de vigne sur l'estomac ou une feuille blanche de céleri; bardez par-dessus et passez une longue brochette au travers des cuisses; toutes vos grives étant appliquées l'une contre l'autre, assujétissez la brochette à la broche et posez au-dessous une lèchefrite dans laquelle vous placerez des tartines de pain avec un petit morceau de beurre sur chaque.

Après la cuisson, posez les tartines dans le plat et les grives par-dessus.

N.º 554. *Grives au Gratin.*

Flambez-les; mais laissez-leur les pattes allongées, coupez-en seulement les ongles; enlevez-leur le sous-bec, les yeux et désossez-les; mettez dans l'intérieur une bonne cuillerée de salpicon (Voy. n.º 165); faites rentrer le cou de façon à ce que la tête seulement paraisse au dehors; redonnez à la grive sa forme première; hachez-en les boyaux avec un peu de lard rapé et de fines herbes et mêlez le tout à de la farce à gratin.

Foncez, avec ce mélange, un plat d'entrée ; rangez-y dessus les grives, la tête en dehors et les pattes réunies dans le milieu ; assaisonnez légèrement ; recouvrez d'une barde de lard, d'un rond de papier, et faites cuire au four modéré, ou bien sur un trépied avec des cendres chaudes et recouvertes du four de campagne ; de suite, après la cuisson, égouttez la graisse, ôtez le lard, versez-y une espagnole (Voy. n.° 80) et posez entre chaque grive un croûton glacé.

On peut faire une autre sauce de la manière suivante : brisez les débris de carcasses, une échalotte, la moitié d'une feuille de laurier, et jetez sur le tout un demi-verre de vin blanc sec, tout autant de fond de cuisson de volaille ou de consommé (Voy. n.° 5) ou bien de fumet de gibier (Voy. n.° 101) ; faites réduire des trois quarts, sur le feu, et mouillez ensuite avec de l'espagnole (Voy. n. 80), écumez, dégraissez et versez sur les grives après avoir passé au tamis.

Nota. On fait des gratins de grives en cerises ; pour cela, on ôte les pattes, la tête, on les désosse, on les farcit, on leur donne une forme arrondie comme celle des cerises ; il est nécessaire, pour y réussir, de les coudre ; ainsi disposées on les fait blanchir au beurre fondu, puis on les pique à petit lard, on enlève les fils, et on les fait cuire.

Après la cuisson, une patte plantée dans le milieu de chaque grive doit figurer la queue de la cerise; faites une bordure de croûtons glacés, coupés à dents de loup, et versez dessus une sauce comme la précédente.

N.º 555. *Grives en Caisse.*

Voy. Cailles, n.º 873.

N.º 556. *Tourdes rôtis.*

Le tourde se prépare comme la grive (Voy. n.º 553).

N.º 556 (*bis*). *Tourdes en Salmi, à la ménagère.*

Les tourdes, pour être préparés en salmi, doivent être cuits à la broche à peu près aux trois quarts, mais avec une barde de lard bien moindre que si vous vouliez les servir rôtis ; placez toujours au-dessous les tartines.

Après cette première cuisson, ôtez les boyaux avec la pointe d'un couteau, hachez-les avec le lard des bardes; mettez à part le gésier; pilez ensuite dans un mortier en y mêlant quelques grains de genièvre ou quelques gouttes d'eau-de-vie au genièvre ; liez cette sauce avec une pincée de farine ; mettez dans une casserole, sur le feu, un verre de vin rouge, mitigez-le avec du bouillon ou de l'eau ; assaisonnez avec du sel, du poivre, une échalotte hachée ou quelques petits oignons, une cuillerée à bouche d'huile ou un morceau de beurre et une demi-feuille de laurier piquée d'un ail et d'un clou de gérofle que vous aurez soin d'ôter en servant; si, par cas, on ne craint pas l'ail, servez-vous en en le ratissant, afin qu'il ne se retrouve pas entier dans le ragoût.

Faites bouillir votre vin, ainsi assaisonné, et joignez-y ensuite des pieds de céleri déjà cuits, des olives blanchies à l'eau bouillante pendant deux minutes et des tranches de truffes.

Délayez les boyaux, déjà préparés comme je l'ai dit plus haut, et versez-les dans la sauce, en remuant toujours avec la cuiller jusques à ce qu'elle commence à bouillonner, puis vous y placez vos tourdes et les y faites mijoter quelques instans sur des cendres rouges.

Coupez les tartines que vous aviez mises sous la broche, placez-les dans un plat d'entrée, posez vos tourdes dessus en faisant tourner en l'air les têtes et les becs et versez sur le tout la garniture.

N.º 557. *Salmi de Tourdes ordinaire.*

Après les avoir flambés, troussés et en avoir extrait les gésiers, piquez-les à menu lardons ; six pour chaque tourde suffisent ; placez-les alors dans une casserole avec une échalotte hachée, un ail et une feuille de laurier piqués ensemble d'un clou de géroffle : passez-les sur un feu doux avec deux cuillerées à bouche d'huile ou un morceau de beurre ; faites-les roidir seulement en les faisant sauter de temps en temps, ensuite vous mouillerez avec un verre de vin dans lequel vous jeterez des pieds de céleri cuits, des olives sans noyaux, blanchies à l'eau pendant quelques minutes et des tranches de truffes ; lorsque le vin se sera réduit de moitié, mouillez avec une espagnole (Voy. n.° 80) ; à défaut, jetez-y une pincée de farine ; mouillez avec du bouillon et faites mijoter sur des cendres rouges.

Si vous ne craignez point le goût du genièvre, vous pouvez en hacher quelques grains dans votre sauce ou bien y laisser tomber quelques gouttes d'eau-de-vie au genièvre ; ayez quelques croûtons frits au beurre ou à l'huile, glacez-les et placez-les entre les tourdes, sur votre plat ; vous verserez ensuite votre garniture par-dessus.

Nota. On met les tourdes au gratin comme les grives.

N.° 558. *Alouettes.*

Comme les grives et les tourdes.

N.° 559. *Pluvier rôti.*

Préférez le pluvier doré ; ne le videz pas ; laissez les plumes de la tête que vous entourerez de papier en le faisant rôtir ; piquez-le à menu lard, et placez au-dessous une tartine de pain beurré ; servez le pluvier sur sa rôtie, et, lorsque vous en aurez plusieurs, bardez l'un et piquez l'autre alternativement.

N.° 560. *Salmi de Pluviers.*

Faites-les cuire à la broche avec une barde de lard et toujours au-dessus de la tartine ; sitôt cuits, un peu verts de cuisson, mettez dans une casserole un demi-verre de vin blanc sec, une échalotte, une demi-feuille de laurier et un demi-verre de fumet de gibier (Voy. n.º 101) ; faites réduire à moitié ; ajoutez un bon verre d'espagnole (Voy. n.º 80) que vous faites d'abord bouillir avec, à peu près, gros comme une noix de demi-glace (Voy. n.º 108).

Broyez dans un mortier les boyaux des pluviers ; délayez-les avec votre sauce ; passez le tout au tamis ; faites tomber dans une casserole où vous mettrez les pluviers, sans faire bouillir.

Coupez les tartines en deux, après les avoir parées ; placez-les dans un plat d'entrée ; posez les pluviers par-dessus et versez-y la sauce.

N.º 560 (*bis*). *Salmi de Pluviers garni.*

Procédez comme ci-dessus, en joignant à la sauce des tranches de truffes, des pieds de céleri cuits et des olives ; lorsque la garniture a pris goût, mêlez-y les boyaux broyés, passez au tamis, et achevez comme à l'article précédent. On fait aussi de salmis de pluviers semblables à ceux de bécasses (Voy. n.º 564).

N.º 561. *Salmi de Pluviers, à la ménagère.*

Comme celui de tourdes (Voy. n.º 556 *bis*).

N.º 562. *Vanneau.*

Le vanneau ne se vide pas, on le présente rôti, en salmi, etc., comme le pluvier ; il est moins délicat. Quand vous le donnerez pour rôti, enveloppez la tête et la moitié du cou, comme pour le pluvier doré (Voy. n.° 559).

N.° 563. *Bécasse rôtie.*

Laissez-la bien mortifier : flambez-la, troussez les pattes en dedans des cuisses, et passez le bec au travers ; bridez-la ; faites-la blanchir sur la braise, et vous la piquerez ensuite à menu lardons, ou vous la larderez selon votre gré.

Fixez-la à la broche au moyen d'une brochette ; arrosez la bécasse pendant sa cuisson avec un peu de bon dégraissis ou un peu d'huile.

Beurrez des tartines un peu épaisses, et posez-les sous la bécasse dans la lèchefrite.

N.° 564. *Salmi de Bécasses.*

Cuisez-les à la broche ; dépecez-les en commençant par les cuisses, et les ailes ensuite ; pilez la chair de l'estomac ainsi que les boyaux ; mêlez-y une truffe.

Mettez, sur le feu, dans une casserole, les os et les débris des bécasses ; mouillez-les avec un demi-verre de Madère ou de vin blanc sec ; ajoutez une échalotte, une demi-feuille de laurier et un gérofle ; faites réduire aux trois quarts, après avoir mêlé un demi-verre de fumet de gibier (Voy. n.° 101) ; mouillez alors avec une espagnole (Voy. n.° 80) ou un coulis (Voy. n.° 78), et faites bouillir un instant.

Délayez, avec cette sauce, la chair que vous avez

pilée ; passez au tamis, et versez dans la casserole avec les bécasses ; faites chauffer au bain-marie, et servez en mettant des croûtons glacés, faits avec les rôties mêmes, entre chaque filet, ou bien des tranches de truffes déjà cuites.

Versez la sauce par-dessus.

N.º 564. *Salmi de Bécasses ordinaire.*

Faites-les cuire à la broche ; posez des tartines beurrées dans la lèchefrite ; passez dans une casserole, avec deux cuillerées d'huile ou de beurre, quelques truffes, de fines herbes bien hachées, un ail et une demi-feuille de laurier piquée d'un clou de gérofle ; vous pouvez y joindre quelques pieds de céleri cuits et fendus par le milieu et des olives déjà blanchies ; faites réduire dans le tout un verre de vin blanc sec, et mouillez ensuite avec une espagnole (Voy. n.º 80) ou un coulis (Voy. n.º 77) : si vous n'avez ni de l'un ni de l'autre, jetez dans ce mélange une pincée de farine ; mouillez avec du bouillon (Voy. n.º 1) ; faites bouillir un instant.

Pilez les boyaux que vous délayerez avec un peu de cette sauce ; passez au tamis, et mêlez le résidu à la garniture ci-dessus détaillée.

Joignez alors les bécasses à la sauce, mais sans laisser bouillir ; quand vous voudrez servir, posez d'abord les tartines dans le plat, puis les bécasses, et enfin la garniture que vous versez par-dessus.

Vous pouvez remplacer l'ail, si vous le craignez,

par un petit oignon ; vous pouvez aussi dépecer les bécasses et faire bouillir les débris : avec ce fond de cuisson et le vin blanc sec vous mouillerez les bécasses ou les boyaux toujours passés au tamis.

N.° 565. *Bécassines rôties.*

On les rôtit comme la bécasse (Voy. n.° 563) et on les présente comme il est dit aux pluviers (Voy. n.° 559).

N.° 566. *Salmi de Bécassines.*

Faites comme pour les bécasses (Voy. n.° 564), avec cette seule différence que vous partagez en deux la bécassine sur toute sa longueur.

N.° 567. *Bécassines à la ménagère.*

Comme le salmi de tourdes à la ménagère (Voy. n.° 556 *bis*).

N.° 567 (*bis*). *Bécassines au Gratin.*

Comme les grives au gratin (Voy. n.° 554).

N.° 568. *Bécasseau.*

On peut le préparer comme la bécassine rôtie (Voy. n.° 565), en salmi (Voy. n.° 566), au gratin (Voy. n.° 567 *bis*), en timbale (Voy. n.° 611), pâtés (Voy. n.° 601), et en caisse (Voy. n.° 873). Mais il est à observer, pour ce dernier apprêt, que le bécasseau faisant la rôtie, on mêle les boyaux à la farce et qu'on sauce au fumet de gibier (Voy. n.° 101). On fait aussi bouillir les débris et les carcasses avec du vin blanc sec et du fumet de gibier ; on mêle cela au fond de cuisson et on mouille avec de l'espagnole (Voy. n.° 80).

N.° 569. *Ortolans.*

Plumez-les, mais laissez tenir la queue que vous envelopperez de papier beurré ; bardez-les, faites-les cuire à la broche où vous les fixerez au moyen d'une brochette ; mettez des tartines de pain dans la lèchefrite.

Ne laissez pas trop cuire l'ortolan ; dix minutes de cuisson suffisent ; avant de les ôter de la broche saupoudrez le lard avec de la chapelure de pain tamisée, et, lorsqu'ils seront colorés, enlevez-leur le papier de la queue et servez-les sur les rôties.

N.° 569 (*bis*). *Ortolans à la Nîmoise.*

Plumez-les, faites-les cuire dans une casserole entre des bardes de lard et au bain-marie ; humectez-les avec le jus d'un citron et deux cuillerées à bouche de consommé de volaille (Voy. n.° 5).

Ayez ensuite, pour chaque ortolan, une grosse truffe d'une belle épaisseur ; cannelez le pourtour avec un couteau ; marquez le couvert avec un coupe-pâte ; faites-les cuire dans le vin de Champagne ; videz ensuite l'intérieur, versez dans le trou une purée de bécasses (Voy. n.° 104) ou de faisans, et posez les ortolans par-dessus.

N.° 570. *Levreau rôti.*

Choisissez un jeune levreau ; vous pouvez le connaître facilement à l'oreille ; pour cela, il faut la prendre à deux mains et tâcher de la déchirer, comme on ferait d'une feuille de papier ; si elle résiste, le lièvre est vieux ; si elle cède, il est jeune et tendre : je conseille aux habitans de Nîmes de donner la préférence aux lièvres de pays ; ils sont excellens : ceux qui nous viennent de la Lozère sont bien inférieurs ; leur chair est souvent amère ; on les reconnaît à la grosseur de la tête.

Otez la peau et ensuite les boyaux du levreau ; donnez un coup, avec le dos du couteau, dans les cuisses, pour rompre les os ; coupez le bout des pattes, fendez-en une et passez l'autre dans la fente ; coupez également les pattes du devant ; tournez alors le levreau sur le ventre, et frappez-le avec le couperet pour l'applatir ; vous le poserez sur de la braise pour le blanchir, en commençant par le dessous des cuisses ; vous présentez ainsi au feu chaque partie à son tour ; vous essuyez la pièce parfaitement avec un linge et la frottez avec son sang ; piquez le levreau à petit lard, embrochez-le de la queue à la gorge, et arrosez-le pendant la cuisson avec du bon dégraissis, ayant soin de ne le jamais laisser sècher (Voy. n.° 285) ; lorsque vous le servez, il faut enlever les peaux des pattes et mettre autour des papillotes de papier.

Servez, en même temps, une sauce poivrade

(Voy. n.° 117) où vous aurez haché le foie bien menu.

N.° 571. *Filets de Levreau piqués.*

Enlevez les filets du lièvre, parez-les de leur peaux, et piquez-les à petit lard pour les mariner ensuite à l'huile ou au vinaigre (Voy. n.° 182); faites-les cuire dans un peu de demi-glace (Voy. n.° 108); quinze minutes avant de servir, faites-les cuire le lard en dessous et presque sans mouillement ; couvrez-les d'un papier, d'un couvert et de cendres rouges : après qu'ils ont cuit dans leur glace, versez dans le plat une sauce au chevreuil (Voy. n.° 870) et placez-y les filets.

N.° 571 (*bis*). *Sauté de filets de Lièvre.*

Otez la peau et coupez-les à filets de la longueur du doigt et de quatre lignes d'épaisseur ; assaisonnez-les dans un plat avec du sel, de fines herbes et des truffes, le tout haché, et le jus d'un citron ; placez-les dans un sautoir avec du beurre fondu, pour les sauter au moment de servir ; écoulez le beurre du sautoir et posez les filets dans leur plat, avec des croûtons glacés (Voy. n.° 177) et coupés dans la forme des premiers.

Jetez dans le sautoir un demi-verre de vin blanc sec, faites-le bouillir en y mêlant un peu de fumet de gibier (Voy. n.° 101) et un peu de demi-glace (Voy. n.° 108); quand le tout sera réduit aux trois quarts, joignez de l'espagnole (Voy.

n.° 80), écumez et versez cette sauce sur les filets.

N.° 572. *Sauté de filets de Levreau au sang.*

Préparez-les comme les précédens, et, lorsque la sauce sera parfaitement réduite, c'est-à-dire un peu moins épaisse que la précédente ; versez-y le sang en le remuant comme une liaison ; vous y joindrez le jus d'un citron, et répandrez cette sauce sur les filets.

Les filets de lièvre peuvent se servir sautés avec toute sorte de sauces.

N.° 573. *Gâteau de Lièvre.*

Pesez une livre de chair de lièvre et une livre de filet de porc, moitié gras et moitié maigre ; pesez aussi une livre quatre onces de lard sans couenne ni levûre ; hachez le tout ensemble, pilez-le parfaitement et joignez trois gros de sel épice, à raison d'un gros et demi par livre.

Lorsque ces objets sont bien pilés, coupez à dés dix onces de lard, six de jambon, une livre et demie de truffes, et amalgamez-les dans le mortier avec le lièvre, en arrosant le tout d'un demi-verre de Madère ou de vin blanc sec.

Bardez de lard une casserole, remplissez-la de votre farce jusques à six lignes du bord ; frappez avec la casserole sur la table pour bien tasser son contenu ; couvrez-la de bardes de lard, d'un rond de papier, et soumettez au four, une heure après sa chaleur première (Voy. n.° 596) ; deux heures de cuisson suffisent ; laissez refroidir le gâteau dans la casserole, et faites la chauffer un peu lorsque vous voudrez le renverser sur le plat ; enlevez les bardes de lard, et servez-le entouré et couvert de gelée hachée ; autrefois on le graissait, mais cet aspect était dégoûtant et l'on était obligé d'enlever toute cette enveloppe lorsqu'on voulait le manger ; cet objet peut se servir sur un socle graissé et décoré de gelée.

N.º 574. *Civet de Lièvre, à la ménagère.*

Coupez votre lièvre à morceaux, pesez la viande et ajoutez par livre un gros et demi de sel épice et trois onces de lard ; de ce même lard, déjà pesé, coupez quelques gros lardons et assaisonnez-les avec un peu de ce même sel ; lardez bien vos morceaux de lièvre et coupez le reste du lard à petits dés ; placez le tout dans un plat profond et saupoudrez avec le reste du sel dont j'ai donné le poids entier ; jetez-y un verre de vin, quelques couennes de cochons frais, coupées à morceaux, si vous en avez, un peu de carotte ; mélangez bien le tout et faites-le cuire dans un pot de terre où vous avez mis une cuillerée de saindoux et que vous entourez de cendres rouges ; la cuisson doit s'opérer à petit feu ; fermez le pot d'un double papier pour que la fumée ne s'en échappe pas, et posez un couvert par-dessus ; lorsque votre lièvre commencera à se cuire faites le sauter, et, après cuisson, versez-y le sang comme si vous y jetiez une liaison.

N.º 575. *Court-bouillon de Lièvre, à la ménagère.*

Après avoir coupé le lièvre à morceaux, vous le pesez ainsi qu'un gros et demi de sel épice par livre de chair ; vous ajoutez trois onces de lard, dont la moitié coupée en lardons vous sert à piquer le lièvre ; hachez le reste et placez-le dans un petit chaudron ou dans une casserole un peu haute de bords, avec une cuillerée de saindoux ou de tout autre dégraissis ; le lard du piquage doit être assaisonné sur la quantité de sel déjà pesée.

Lorsque le lard est fondu, posez-y le lièvre que vous assaisonnez avec le reste du sel épice auquel vous joignez un morceau de carotte, deux aulx ou un oignon ; faites bien revenir le lièvre en le remuant de temps en temps avec une cuiller de bois ; lorsqu'il sera bien passé et les morceaux bien roidis, mouillez jusques à la surface avec moitié eau bouillante et moitié vin ; faites partir à feu ardent, et si le lièvre est dur, ralentissez le feu afin de n'être pas obligé d'allonger le mouillement durant la cuisson convenable ; si, au contraire, il se trouve tendre, il faut que le mouillement ait opéré sa réduction quand le lièvre est cuit ; dégraissez et liez avec le sang ; observez que la sauce soit en ébullition lorsque vous la lierez ; ajoutez deux cuillerées à bouche d'excellente huile ou un morceau de beurre; la liaison terminée, faites sauter et servez.

Nota. Je conseillerai aux personnes qui n'aiment pas l'huile, de mettre dans la sauce, avant d'y jeter le sang, de petits oignons cuits, passés au beurre, et un morceau de ce dernier de la grosseur d'une noix.

N.° 576. *Cuisses de Lièvre en entrée.*

Piquez, à moyens lardons, des cuisses de lièvre que vous assaisonnerez avec du sel épice ; faites cuire dans une braise (Voy. n.° 167), en mouillant avec un demi-verre de vin blanc sec ; faites cuire à petit feu, et, après cuisson, passez le fond au tamis ; dégraissez, faites réduire en demi-glace sur le feu, et mêlez-y la sauce ou garniture que vous voudrez y joindre (Voy. n.°s 77 à 153) ; on peut aussi servir cette entrée avec son seul fond de cuisson passé au tamis et dégraissé.

N.° 577. *Lapereau en Civet.*

Comme celui de lièvre (Voy. n.° 574) ; on peut y joindre des champignons secs, cuits comme il est dit à l'art. 419 ; lorsqu'ils sont passés avec le dégraissis de la viande, vous les mouillez avec un peu de bouillon (Voy. n.° 1), et les réunissez au lapin.

N.° 578. *Lapereau à la Bourgeoise ou Courtbouillon.*

Coupez votre lapereau par morceaux ; hachez dans une casserole un peu de lard, mettez-y votre lapereau et assaisonnez avec du sel, du poivre, un oignon piqué, un peu de laurier et de basilic ; passez sur le feu, et ajoutez ensuite un anchois et une cuillerée à café de farine; mouillez avec moitié bouillon et moitié vin de Madère, à recouvrir le lapereau; posez sur un bon feu, et qu'après la cuisson il ne reste que la sauce nécessaire; joignez-y, au moment de servir, une cuillerée à bouche de bonne huile ou beurre et un peu de jus de citron.

N.º 579. *Lapereau en poulette.*

Faites-en des morceaux, comme pour le précédent, et lardez-les à petits lard; mettez à fondre, dans une casserole, une plaque de lard ou un morceau de beurre; ajoutez une tranche de jambon et passez-y votre lapereau que vous assaisonnerez avec du sel et du poivre; après l'avoir un peu passé, jetez-y une pincée de farine; mouillez avec du bouillon, joignez-y un bouquet (Voy. n.º 168), un oignon piqué (Voy. n.º 1); quand il sera cuit aux trois quarts, vous ajouterez quelques champignons, et, après la cuisson entière, vous dégraisserez et lierez avec deux jaunes d'œufs et un jus de citron; vous pouvez y mettre aussi quelques tranches de truffes.

Nota. Servez-vous, pour cet apprêt, de lapereaux bien jeunes.

N.º 580. *Gibelotte de Lapereau.*

Faites d'abord un roux avec du beurre et une pincée de farine dans une casserole (Voy. n.º 86); coupez votre lapin et faites-le revenir dans ce roux, en le tournant avec la cuiller; assaisonnez avec du sel, du poivre, du basilic et du laurier; faites fondre à moitié, dans une autre casserole, un peu de lard coupé à petits dés que vous verserez ensuite dans votre lapin; mouillez avec moitié bouillon et moitié vin blanc sec, et lorsque le lapin sera au milieu de sa cuisson, vous y joindrez de petits oignons déjà passés au beurre.

N.° 581. *Lapereau roulé.*

Fendez-le sur la longueur du ventre, et désossez-le en entier, en laissant tenir la tête à la peau du cou; assaisonnez quelques petits lardons avec du sel épice et piquez-en bien les cuisses et les filets; couchez sur la viande une farce fine (Voy. n.° 159) que vous allongerez à votre gré avec la lame d'un couteau, et sur laquelle vous couperez à petit dés une légère tranche de jambon et des truffes; roulez votre lapereau en commençant par les cuisses et allant jusques à la tête; ficelez-le, mettez à cuire dans une bonne braise (Voy. n.° 167), et, après sa cuisson, vous l'égoutterez, le déficelerez et verserez dessus une sauce hachée (Voy. n.° 116).

N.° 582. *Filets de Lapereau piqués.*

Otez la peau des filets de plusieurs lapereaux, ce qui se fait en posant la main gauche dessus et passant le couteau dans le filet, presque immédiatement au-dessous de la main; piquez à petits lard; marinez avec une goutte d'huile et un jus de citron ; faites cuire à la minute (Voy. n.º 178), dans une demi-glace (Voy. n.º 108), et, lorsqu'il sont cuits et bien glacés, rangez-les sur une sauce à la Soubise (Voy. n.º 135).

N.º 583. *Coquille de filets de Lapin.*

Parez et piquez, comme les précédens, les filets de quatre lapins.

Placez, au fond d'un plat d'entrée, de la farce à quenelles (Voy. n.º 155); un ragoût mêlé (Voy. n.º 164) dans le milieu, et recouvrez ce ragoût avec la même farce ; donnez à cet ensemble une forme bombée, celle d'une coquille.

Posez alors un de vos filets de manière à ce que la partie la plus mince fasse le commencement des rayons de la coquille et que la partie la plus grosse en figure au contraire l'extrémité ; le milieu de vos compartimens une fois indiqué par celui-ci, posez-en trois autres de chaque côté, tendant du centre à la circonférence, et s'éloignant par conséquent les uns des autres à mesure qu'ils se rapprochent des bords du plat ; que l'espace qui les séparera soit dans sa partie la plus large, à peu près comme le diamètre d'une noisette.

Vous poserez ensuite le huitième filet en travers de ceux-ci, sur le petit côté, et vous en replierez les deux bouts par-dessous.

Vous placerez, dans les intervalles de chaque rayon, un cordon de petits oignons rangés suivant leur grosseur, puis un cordon de truffes tournées en noisettes. enfin un cordon de culs d'écrevisses également disposés, et vous composerez de même le côté opposé à celui par lequel vous aurez commencé.

Couvrez votre coquille par des plaques de lard et une abaisse de pâte (Voy. n.° 603); soumettez au four, et lorsque vous servirez, enlevez la pâte et le lard, égouttez, glacez (Voy. n.° 177) et versez sur votre entrée une sauce espagnole (Voy. n.° 80).

N.° 584. *Turban de filets de Lapin.*

Posez dans votre plat un peu de farce à quenelles (Voy. n.° 155); ayez la mie d'un pain blanc pour potage, coupez-la de forme ronde, sur cinq pouces et demi de diamètre et trois de hauteur, placez-la au milieu du plat; bardez-la avec des plaques de lard et trois lignes d'épaisseur de farce à quenelles.

Prenez alors vos filets de lapin, piqués comme à l'article précédent, et dressez-les autour du pain, le gros bout sur le plat et le petit replié sur le pain; ne les rangez pas droits et serrés, mais en ligne serpentine et séparés les uns des autres par un espace semblable à celui ménagé dans l'article ci-dessus.

Vous varierez les remplissages, à mettre dans ces distances, par un rang de truffes tournées en noisettes, de petits oignons cuits au blanc, des carottes et des queues d'écrevisses.

Recouvrez avec des bardes de lard, une abaisse de pâte à feuilletage (Voy. n.° 603), et soumettez au four.

Après la cuisson, enlevez pâte, lard et pain, ainsi que le second lard qui entourait ce dernier ; égouttez bien et glacez (Voyez n.° 177) votre turban que vous remplirez ensuite avec un ragoût mêlé (Voy. n.° 164), saucé lui-même avec une allemande (Voy. n.° 83); couronnez enfin par un ris de veau piqué et glacé (Voy. n.° 246).

N.° 585. *Jeunes Lapereaux piqués en Faisandeau.*

Désossez deux jeunes lapereaux jusques à un pouce des cuisses, en commençant ras de la tête que vous coupez ; écorchez les pattes et coupez les ongles comme à une volaille ; assujétissez les cuisses au moyen d'une aiguille à brider et d'une ficelle que vous passez en travers et que vous nouez derrière.

Piquez le dedans des cuisses avec quelques menus lardons assaisonnés ; piquez aussi les filets ; mettez sur les cuisses un bon salpicon (Voy. n.° 165) bien truffé, et sur celui-ci un peu de farce bien égalisée ; ployez l'enveloppe du lapereau par-dessus les cuisses et cousez tout le tour jusques à la jointure des pattes : le tout ainsi arrangé doit avoir la forme d'une volaille.

Blanchissez le faisandeau dans une casserole avec du beurre fondu et le jus d'un citron ; mettez-le à refroidir ; piquez-le à menus lardons et marinez-le à l'huile et au vinaigre ; faites-le cuire à la broche au moyen d'une brochette passée au travers ; enveloppez-le d'un papier qui contienne la marinade ; ôtez ce papier un moment avant de servir, afin que la pièce prenne une bonne couleur ; enlevez la ficelle , glacez (Voy. n.° 177) et arrosez d'une sauce au chevreuil (Voy n.° 870)

N.° 585 (*bis*). *Cuisses de Lapin aux petits pois.*

Après avoir paré des cuisses de lapin , blanchissez-les sur la braise ou bien dans une casserole avec du beurre ; mettez à refroidir ; piquez à menus lardons et faites cuire en entrée piquée (Voy. n.° 176) ; lorsque vous voudrez servir , glacez (Voy. n.° 177) et versez dans le plat une garniture de petits pois (Voy. n.° 141) ou toute autre ; placez les cuisses par-dessus.

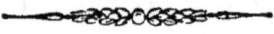

PIGEONS.

N.° 586. *Pigeons en entrée de broche.*

Troussez et faites cuire les pigeons ainsi qu'il est indiqué à l'article 170 ; après cuisson, ôtez la ficelle ; dressez-les sur leur plat, et versez-y pour sauce un jus (Voy. n.° 77) ou une remoulade (Voy. n.° 132) , ou même toute autre sauce.

N.° 587. *Pigeons à la Crapaudine.*

Choisissez des pigeons bien tendres ; troussez-les, les cuisses enfoncées dans le ventre ; fendez-les par le dos ; abattez les côtés pour applatir les pigeons, et assaisonnez-les dans un plat où vous les arroserez avec un peu d'huile ou de beurre.

Mettez dans l'intérieur du ventre une farce faite comme à l'article ci-après ; passez-les dans de la mie de pain, et faites les griller.

Vous pouvez aussi, si vous le préférez, ne les point paner et les faire cuire entre des bardes de lard dans une lèchefrite, feu dessus et dessous ; en ce cas vous verserez dessus, en les servant, une sauce claire (Voy. n.º 152), avec un jus de citron.

N.º 588. *Pigeons à la Toulousaine.*

On fait une farce avec le foie, du lard et de fines herbes, un petit morceau de veau, un jaune d'œuf et des truffes, le tout bien haché ; on farcit les pigeons que l'on met à la broche, et sur lesquels ensuite on verse une sauce à l'estragon (Voy. n.º 128). Voyez les Poulets en entrée de broche ; faites de même, n.º 441.

N.º 589. *Compote de Pigeons.*

Troussez-les après en avoir pelé les pattes, c'est-à-dire, donnez un coup du dos de votre couteau sur le bout des cuisses pour en casser l'os, et faites rentrer les pattes dans le fondement ; bridez-les bien ; coupez le cou et les ailerons ; faites blanchir après avoir mis à dégorger dans de l'eau, et cuisez comme la fricassée de poulet (Voy. n.º 442) ; ajoutez également une liaison de deux ou trois œufs.

N.º 589 (*bis*). *Pigeons au sang.*

Mettez dans un petit plat un peu de jus de citron ou un filet de vinaigre, et quand vous tuerez vos pigeons faites-y tomber le sang ; disposez-les comme pour l'apprêt ci-dessus, et servez-vous, pour liaison, du sang auquel vous aurez ajouté deux ou trois jaunes d'œufs et deux ou trois cuillerées à bouche de lait, le tout passé au tamis.

N.° 590. *Pigeons au Soleil.*

Troussez deux pigeons, comme pour rôti, sans les brider ; faites-les cuire tout entiers en fricassée (Voy. n.° 442), et que la sauce soit un peu épaisse ; après la liaison, mettez-les à refroidir sur un plat ; faites-leur prendre toute leur sauce ; passez-les dans une pâte à frire (Voy. n.° 221), et faites-les frire de belle couleur ; jetez au milieu du plat où vous les servirez, un peu de persil également frit.

N.° 591.

Gibiers faisant la rôtie.	*Pièces ne faisant pas la rôtie et qui doivent être enveloppées d'un papier graissé ou beurré à la cuisson.*
Ortolan.	Dinde.
Bec-figue.	Chapon.
Torcol *(Tire-langue)*.	Poularde.
Grasset.	Poulet.
Loriot.	Faisan.
Coucou.	Canepetière.
Alouette.	Pigeon.

Tourde.
Merle.
Merlate.
Grive.
Pluvier gris.
Pluvier doré.
Vanneau.
Râle d'eau.

Poule d'eau.
Cabidoule.
Bécasse.
Bécassine.
Bécasset.
Bécassine d'Irlande.
Pluvierette.
Charlot.
Butor.
Râle de genet.
Hupe.
Et tous les petits oiseaux du mois de septembre, lorsqu'ils sont bien gras.

Outarde.
Pintade.
Paon.
Perdreau.
Bartavelle.
Gélinotte.
Tourterelle.
Biset *(Pigeons sauvages)*.

Pièces ne faisant pas la rôtie et qui se cuisent à la broche, sans papier.

Canard.
Caille.
Sarcelle.
Albran,
Macreuse.
Palombe *(Ramier)*.

PATISSERIE.

N.° 592. *Pâte en ouille.*

Mettez, sur le tour à pâte, quatre onces de farine ; faites un trou au milieu pour recevoir le liquide ; jetez-y un demi-gros de sel et sept jaunes d'œufs ; mêlez le tout pour en faire une pâte très-ferme ; après l'avoir fraisée deux fois, vous l'abaisserez, aussi mince que possible, avec le rouleau, et vous la couperez en petites bandes que vous poserez les unes sur les autres, après les avoir saupoudrées d'un peu de farine ; alors vous les émincerez bien fin, avec le couteau, pour obtenir des subdivisions extrêmement légères ; vous les poserez sur un tamis et les soulèverez de temps en temps pour qu'elles ne s'attachent pas ; cette pâte ressemble aux pâtes de Gênes, et sert, comme elle, pour les garnitures et les potages.

N.º 593. *Pâte brisée.*

Posez, sur le tour à pâte, une livre de farine ; faites, dans le milieu, un vide que l'on appelle fontaine ; ajoutez deux gros et demi de sel fin, quatre jaunes d'œufs, deux onces de saindoux, six onces de beurre, le huitième d'un litre d'eau au plus, auquel vous en ajouterez ensuite le peu qui pourra devenir indispensable.

Commencez le mélange par le liquide, le saindoux et le beurre, en ajoutant chaque fois, et peu à peu, de la farine prise à l'intérieur de votre fontaine ; continuez, et mêlez enfin le tout en le pressant dans les mains ; la pâte doit être assez intense pour se séparer en miettes ; quand elle est à ce point, mouillez-la bien légèrement avec de l'eau fraîche ; fraisez-la, c'est-à-dire foulez-la à plusieurs reprises, avec la pomme de la main, sur le tour, en l'éloignant et la ramenant à vous sans cesse, pendant la pression; faites ainsi jusqu'à ce qu'elle soit bien liée, mais toujours ferme; si elle ne pouvait acquérir le degré de liaison convenable, coupez-la à morceaux, faites-y tomber quelques gouttes d'eau, réunissez le tout, laissez le reposer quelques minutes sous une serviette imbibée, et fraisez alors de nouveau.

Lorsque vous ferez plus d'une livre de pâte, pour quelque gros pâté froid, divisez-la en trois portions que vous fraiserez séparément et que vous réunirez ensuite.

N.° 594. *Manière de monter un Pâté.*

Abaissez les trois quarts de votre pâte à un pouce d'épaisseur s'il s'agit d'un gros pâté froid, et à huit lignes s'il s'agit d'un pâté chaud; marquez la forme que vous voudrez lui donner, par l'impression du doit, à un pouce du bord; amincissez l'intérieur de votre abaisse en pressant la pâte avec les mains et la faisant, par là, marcher insensiblement du centre à la circonférence, sans toucher à l'épaisseur du bord; relevez ensuite ce bord par la simple pression des doigts tenus perpendiculaires, de façon à ce qu'il se tienne droit et sur lui-même; exhaussez peu à peu ce bord, en comprimant toujours de la même manière la base, et en tenant les doigts allongés; montez sans plis, et lorsque la pâte menacera de tomber, prenez-le bord à deux mains, rapprochez-le en serrant la pâte, afin que la circonférence du haut soit un peu moindre que celle du bas ; donnez enfin au pâté une bonne forme en imprimant le revers de la main dans la caisse.

Cette description est la plus exacte que possible ; mais, néanmoins, il faut avoir pratiqué long-temps et souvent pour réussir à bien monter un pâté.

N.° 595. *Pâte Durand, pour mouler toutes sortes de Pâtes froids ou chauds.*

Mettez également, sur le tour à pâte, une livre de farine tamisée ; faites-y la fontaine, comme ci-dessus ; ajoutez deux gros et demi de sel fin, trois jaunes d'œufs, trois quarts d'un verre d'eau, quatre onces de saindoux, et mêlez bien le tout avec le liquide, comme pour le feuilletage (Voy. n.° 603) ; seulement tenez-la un peu plus ferme, mais d'une solidité toujours en rapport avec l'intensité du beurre que vous allez y joindre.

Laissez reposer la pâte pendant huit minutes, en la couvrant d'un linge ; après ce temps, abaissez-la à un pouce d'épaisseur, et posez dessus huit onces de beurre que vous étendrez pour la masquer entièrement ; repliez-la par-dessus le beurre, et manipulez comme pour le feuilletage ; abaissez toujours, comme pour ce dernier, avec le rouleau, pendant cinq fois, et servez-vous en.

N.° 596. *Point du Four.*

Le pâtissier et le boulanger connaissent à la seule inspection du four le degré de sa chaleur ;

il n'en est pas de même des cuisiniers qui ne s'en servent que très-rarement, et voici ce que je puis leur préciser pour leur éviter de longs tâtonnemens.

Le four est chaud quand il paraît blanc à son intérieur ; il faut alors le fermer pendant dix minutes et le nettoyer ensuite en retirant toute la braise.

Lorsqu'il est ainsi, froissez dans la main un morceau de papier blanc ordinaire, jetez-le au milieu du four et fermez ; trois minutes après, regardez, et si le papier brûle, le four est trop chaud ; renouvelez l'opération trois ou quatre minutes plus tard, une, deux et trois fois successivement, à intervalles égaux, jusqu'à ce que le papier contracte une couleur rougeâtre, sans brûler ; c'est là le premier point du four ; nous l'appellerons chaleur primitive, et nous partirons de là pour tous les degrés à établir.

Remarquez maintenant que cette règle peut être modifiée jusques à un certain point ; si l'on fait du four un usage journalier, il conservera plus long-temps sa chaleur ; si l'on ne s'en sert que rarement, il tendra à se refroidir plus vite ; abrégez ou prolongez les intervalles que je prescrirai, d'après cette remarque ; servez-vous également d'un bois plus ou moins fort, selon que vous avez besoin d'une chaleur plus ou moins intense pour bien chauffer votre four.

N.° 597. *Pâté de Jambon à la pâte brisée.*

Mettez d'abord à tremper dans de l'eau fraîche

la noix de jambon que vous voulez employer, vous la ferez ensuite bouillir pendant quatre heures consécutives, après avoir assaisonné le liquide avec un gros bouquet et un oignon piqué (Voy. n.° 1); ce temps écoulé, retirez-la et laissez-la se refroidir ; vous enleverez alors la couenne du dessus et une partie du gras qui, haché avec une livre de veau et deux livres de lard, doit former la farce nécessaire pour la confection du pâté ; cette farce, après avoir été hachée, doit être pilée et assaisonnée avec un gros et demi de sel épice, de fines herbes hachées, deux jaunes d'œufs, et quelques truffes.

Piquez, avec de moyens lardons, une noix de veau d'abord parée de ses peaux, et coupée en quatre ; pesez-la afin de savoir au juste l'assaisonnement qui lui convient, c'est-à-dire un gros et demi de sel épice par livre de viande ; la moitié du sel pilé doit servir à assaisonner les lardons, et l'autre doit être répandue sur le veau ; ces préalables remplis, vous placerez au fond et tout au tour du pâté une moitié de la farce, en observant de laisser, depuis l'endroit où vous l'arrêterez jusqu'au bord, l'intervalle d'un pouce ; la noix de jambon doit être déposée sur cette couche du hachis, au centre du pâté, et entourée de morceaux de veau, dans l'intervalle desquels vous mettrez des belles truffes ; couvrez le tout avec le restant du hachis, ajoutez-y une feuille de laurier, et recouvrez encore toute la surface du pâté avec des bardes de lard ; alors vous dorerez l'intérieur du bord, et vous poserez le couvert que vous aurez abaissé à l'épaisseur de deux lignes ; soudez-la bien avec les doigts et coupez-la tout autour bien également, après quoi vous pincerez le bout de la crête du pâté ; vous pratiquerez au centre du couvert une petite ouverture sur laquelle vous passerez un peu de dorure ; vous décorerez le pâté selon votre goût, et le dorerez enfin par deux fois, avec un œuf battu, dans lequel vous aurez mis une pincée de farine.

C'est le premier degré de chaleur du four qui convient à la cuisson du pâté (Voy. n.º 596); il faut avoir la précaution de l'entourer de carton, afin de le maintenir dans sa forme ; lorsque le dessus commencera à prendre couleur, vous le couvrirez d'un papier, et vous ne le retirerez du four qu'après trois heures et demie ; alors introduisez, par le trou du dessus, trois verres de consommé de volaille clarifié (Voy. n.ºˢ 5 et 103), et bouchez le trou avec de la pâte.

N.º 597 (*bis*). *Pâté de Jambon à la Durand.*

Faites cuire une noix de jambon, comme il est dit ci-dessus, et, lorsqu'elle sera au point et refroidie, ôtez-en la peau du dessus et coupez-la à tranches de quatre lignes d'épaisseur, en observant de ne pas confondre dans la même le gras et le maigre qu'il faut au contraire couper séparément ; coupez, de la même manière, une noix de veau bien mortifiée ; battez-en les tranches, après quoi vous les piquerez en chaînette avec de moyens lardons, de manière à ce que les deux extrémités du lard introduit dans l'intérieur paraissent seulement aux ouvertures que forme la lardoire ; le veau, ainsi marié au jambon, ne comporte que la moitié de son assaisonnement ordinaire, c'est-à-dire les trois quarts d'un gros de sel épice par livre ; foncez votre pâté, et posez tout autour de la farce à pâté froid (Voy. n.° 597), en observant de laisser toujours aux parois une distance, d'à peu près un pouce, de la farce à l'extrémité ; posez ensuite, alternativement, des couches de toutes les tranches que nous venons d'indiquer, en commençant par celles de veau sur lesquelles il faut étendre de la farce, bien également ; sur cette farce, posez une couche de grosses tranches de truffes, sur celle-ci des lames bien minces de gras de jambon ; établissez enfin, par-dessus ce gras, des tranches de jambon, et recouvrez ces dernières de hachis ; vous remplirez ainsi votre moule en intercallant les couches, tâchez de terminer par les truffes que vous couvrirez avec le restant de la farce et des bardes de lard ; achevez la confection du pâté, à l'ordinaire, et laissez-le trois heures dans le four ; lorsqu'il est retiré et refroidi vous le remplissez d'un bon aspic de volaille (Voy. n.° 103), et lorsqu'il s'agit de le manger, il faut enlever le couvert et le lard, et couper le pâté à tranches.

N.° 598. *Pâté de Perdreaux.*

Désossez les perdreaux (Voy. n.° 397), pesez-en la chair et assaisonnez-la avec du sel épice, à la quantité d'un gros et demi par livre de viande ; étendez-les alors sur un linge propre, et placez dans leur intérieur des filets de jambon cuits coupés bien carrément, puis des filets de truffes et de gras de jambon cuits aussi, que l'on peut remplacer par du lard ; étendez de la farce par-dessus le tout, après quoi vous tâcherez de rendre à vos perdrix leur forme primitive : cela fait, vous foncerez un moule a pâté avec de la pâte Durand (Voy. n.º 595) ; vous étendrez au fond et tout autour des parois, à l'intérieur, une moitié de la farce destinée à l'entière confection de la pièce, en laissant toujours à vide un pouce de l'extrémité du bord à l'endroit où vous arrêterez votre farce ; placez alors les perdreaux au centre ; mettez par-dessus des truffes, du jambon coupé à dés et le restant du sel épice ; mettez aussi des truffes entre chaque perdreau et recouvrez le tout avec le restant de la farce qui doit à son tour être recouverte de bardes de lard ; terminez le pâté comme il est dit (Voy. n.º 597 *bis.*) ; faites le cuire de même et quand vous le retirerez du four, vous y introduirez quelques cuillerées de bon consommé fait avec les carcasses du gibier (Voy. n.º 5) ; vous pouvez placer les têtes de perdreaux sur le trou de la cheminée.

N.º 598 (*bis*). *Pâté froid de Dinde ou de Chapon.*

Les pâtés froids de dinde ou de chapon se font absolument comme ceux de perdreau ; la proportion pour l'assaisonnement est la même, ils ne diffèrent que pour la cuisson qui dure quatre heures pour ceux dont il s'agit maintenant.

N.º 599. *Pâté froid de Veau.*

Donnez la préférence à la noix de veau : parez-la de ses peaux ; assaisonnez-la toujours dans la proportion d'un gros et demi de sel épice par livre de viande ; vous couperez des lardons sur lesquels vous répandrez une partie du sel épice pesé et dont ensuite vous larderez votre noix ; achevez-en l'assaisonnement ; après quoi vous la placerez dans un moule à pâté, foncé avec de la pâte Durand (Voy. n.º 595), enduit à l'intérieur, jusqu'à un pouce du bord, de farce à pâté ; ajoutez-y quelques truffes entières, un peu de jambon coupé à gros dés ; couvrez le tout avec de la farce et cette farce avec des bardes de lard ; terminez le pâté à l'ordinaire.

N.º 599 (*bis*). *Pâté froid de foies de Canard.*

Faites dégorger cinq à six foies de canard, environ trois heures, dans de l'eau fraîche ; vous les mettrez ensuite dans une casserole pour les faire blanchir ; dès que l'eau sera au moment de prendre le bouillonnement, retirez les foies, jetez-les dans l'eau fraîche, et laissez-les s'y refroidir ; vous les étalerez ensuite sur un linge propre pour les essuyer, vous en ôterez toutes les fibres et la partie qui touche au fiel, vous les diviserez en deux et les piquerez, à l'exception d'un seul, avec des truffes coupées en triangle allongé, que vous introduirez en perçant d'abord les foies avec une petite cheville de bois ; enfin vous les assaisonnerez toujours dans la proportion d'un gros et demi de sel épice par livre de viande.

Le foie réservé doit être haché avec deux livres de lard et une échalotte ; ce hachis doit encore être pilé dans un mortier, avec huit onces de truffes ; enfin il faut le lier en y mettant trois jaunes d'œufs, et le sortir du mortier pour le mêler encore à une livre de truffes et une demi-livre de jambon cuit ; il faut que ces deux derniers objets soient coupés à petits dés ; tout cela fait, foncez un moule à pâté avec de la pâte Durand (Voy. n.° 595), garnissez-en le fond et le pourtour avec la moitié de la farce ci-dessus indiquée ; rangez par-dessus les moitiés de foies, en plaçant des truffes un peu assaisonnées entre chaque partie ; couvrez le tout avec le restant de la farce, puis avec des bardes de lard, et terminez le pâté à l'ordinaire ; il doit être mis au four chaud (Voy. n.° 596), et demande trois heures de cuisson.

N.° 600. *Pâté de Lièvre haché, à la Durand.*

Foncez une casserole avec un demi-feuilletage (Voy. n.° 604), remplissez-le ensuite avec du hachis de gâteau de lièvre (Voy. n.° 573), et couvrez avec une abaisse ; vous souderez les bords de la pâte en la repliant en forme d'ourlet ; vous ferez un trou au milieu du couvert et exposerez la pièce au four, quinze minutes après la chaleur primitive (Voy. n.° 596) ; le temps voulu pour la cuisson est trois heures pour un gros pâté et deux pour un petit ; ce temps écoulé, vous les laissez refroidir dans la casserole ou moule ; quand vous voudrez l'ôter, vous l'exposerez, avec l'usine qui le contient, sur des cendres rouges, pour pouvoir le détacher, et vous le renverserez sur un plat.

N.º 601. *Pâtés chauds de Bécassines.*

Plumez et flambez les bécassines ; séparez-en le cou et les pattes ; fendez-les ensuite par la poitrine pour en enlever l'os, et rangez-les sur un plat ; vous les marinerez en répandant par-dessus un peu de sel épice, des échalottes, du persil et des truffes, le tout bien haché et une cuillerée à bouche de bonne huile, à laquelle on peut suppléer par du lard rapé ou du beurre fondu ; sautez vos bécassines sans les exposer au feu, et laissez-les prendre goût ; pendant ce temps vous pilerez et broyerez dans un mortier les boyaux de votre gibier, mêlés à de la farce fine (Voy. n.º 159) , après quoi vous dresserez votre pâté, vous l'enduirez au fond et tout autour dans l'intérieur avec la moitié de la farce que vous devez employer ; vous en placerez une autre partie sur chaque moitié de bécassine et vous rangerez ces dernières en couronnes, dans le pâté, en mettant une tranche de truffe entre chaque moitié de bécassine, et répandez ensuite sur le tout ce qui est resté dans le plat où vous les avez marinées ; vous pouvez ajouter quelques boulettes de de farce et une demi-feuille de laurier, après quoi vous couvrirez toute la surface du pâté avec des bardes de lard et vous finirez à l'ordinaire ; une heure et demi suffit à cette cuisson ; quand vous le retirerez du four, vous en souleverez le couvert, vous en ôterez le lard et le laurier et vous y jeterez une sauce faite avec des tranches de truffes passées sur le feu avec une cuillerée de bonne huile ou de beurre, de fines herbes bien hachées dans lesquelles vous aurez fait réduire un demi-verre de vin blanc sec, et que vous aurez enfin mouillées avec un peu de coulis (Voy. n.° 78) ou d'espagnole (Voy. n.° 80).

Observation.

Les pâtés de pluviers, vanneaux, grives, tourdes, alouettes, se font de la même manière, à la différence qu'il faut laisser le gibier entier et le piquer avec quelques lardons assaisonnés.

N.° 602. *Pâté chaud de palais de Bœuf.*

Les palais de bœuf, destinés à la confection du pâté, doivent être blanchis, nettoyés et cuits ensuite dans une bonne braise (Voy. n.° 174) ; ils doivent être coupés en filets dans toute leur longueur et légèrement enduits de farce fine (Voy. n.° 159), après quoi vous placerez par-dessus des truffes, du jambon cuit coupé à filets et vous les roulerez pour les déposer dans un moule foncé avec de la pâte Durand (Voy. n.° 595) et enduit au fond et à l'intérieur du tour, de farce fine

(Voy. n.° 159) ; ajoutez-y des truffes , quelques boulettes de hachis , une feuille de laurier ; couvrez le tout avec des bardes de lard et terminez le pâté à l'ordinaire ; une heure et demie suffira à sa cuisson ; durant cet intervalle , passez dans une petite casserole quelques tranches de truffes , comme à l'article précédent ; vous pouvez ajouter à la sauce , déjà indiquée , quelques pieds de céleri, des culs d'artichauts et toute autre garniture ; vous ferez bouillir le tout sur l'angle du fourneau , et , après l'avoir dégraissé , vous le répandrez dans le pâté dont vous aurez enlevé le couvert et le lard : on peut aussi ôter la pâte du tour qui ne serait pas bien cuite.

N.° 603. *Feuilletage.*

Mettez sur le tour à pâte une livre de farine bien tamisée , ramassez-la en tas bien arrondi et pratiquez au milieu un vide pour contenir le liquide qu'elle doit absorber ; vous y mettrez d'abord deux gros et demi de sel , deux jaunes d'œufs , une once de beurre et un verre et demi d'eau fraîche : vous remuerez bien ce mélange avec le bout des doigts que vous tiendrez écartés ; vous mêlerez d'abord le beurre à l'œuf, et vous prendrez ensuite la farine qui , peu à peu , doit faire corps avec tous les objets désignés ; lorsqu'elle sera transformée en pâte , vous la ramasserez et la manipulerez convenablement , en appuyant la main sur le tour ; observez bien qu'après trois minutes de travail , elle doit être moelleuse et bien lisse ; que surtout il faut, éviter également de la rendre trop ferme ou trop molle, les deux excès nuiraient au mélange que vous avez encore à faire pour la feuilleter ; laissez-la reposer un moment sous une cloche ou sous un linge double, et maniez, durant cet intervalle, une livre de beurre ; si, par cas, il était trop ferme pour que la chaleur des mains pût l'attendrir, vous le pileriez dans un mortier ; abattez, avec le rouleau, la pâte d'un demi pouce d'épaisseur ; vous masquerez bien également toute sa surface avec du beurre, de façon à en réserver gros comme un œuf ; relevez alors les bords de la pâte, à l'effet d'en bien envelopper tout le beurre, et vous l'abaisserez de nouveau aussi mince que possible ; vous la ployerez ensuite comme une serviette et la laisserez reposer cinq minutes ; ce temps écoulé, il faut, sur nouveau frais, l'abaisser avec le rouleau, manier le beurre que vous avez réservé et le diviser en petits morceaux que vous allongez avec le pouce sur toute la surface de la pâte ; enfin vous la ployez encore et vous lui donnez un troisième et dernier tour en ayant soin de jeter légèrement dessus et dessous une pincée de farine qui la préservera de s'attacher au tour ; la pâte ainsi confectionnée, s'emploie pour toute sorte de pâtisseries, vol-au-vent, tourtes, etc.

Observation.

Dans l'été où le beurre n'est pas bien ferme, il faut, ou le descendre dans un puits, la veille du jour où l'on doit s'en servir, ou bien après avoir lavé de la glace, le mettre dans un plat plein d'eau, et y couper le beurre à morceaux ; dans ce dernier cas, il faudra surveiller le moment où la glace l'aura frappé, parce que c'est alors qu'il faut le manier dans l'eau pendant quelques minutes ; vous l'épongerez ensuite avec un linge, et vous l'employerez sur-le-champ ; quand vous aurez donné un tour à votre feuilletage, vous le ployerez et le poserez entre deux papiers, sur un plat, sous lequel vous aurez mis de la glace, et vous poserez par-dessus un couvert, également chargé de glace ; il s'agit alors de ne pas donner au feuilletage le temps de se trop raffermir, parce que, dans ce cas, il est plus difficile à travailler.

N.° 603 (*bis*). *Feuilletage à la graisse de Bœuf.*

On peut faire du feuilletage avec la graisse du rognon de bœuf : il faut, pour la faire servir à cet usage, en extraire la peau, hacher la moelle, la piler et y mêler un peu d'huile et de saindoux, à l'effet de la rendre aussi maniable que le beurre ; le rognon de veau, qui a subi la même préparation, peut s'employer de même ; enfin, la tétine de veau cuite et refroidie peut, avec les modifications ci-dessus mentionnées, s'utiliser également.

N.° 604. *Demi-Feuilletage.*

Le procédé est le même, à la seule différence qu'on n'employe que douze onces de beurre par livre de farine, et qu'on l'employe tout-à-coup, sans en réserver, comme il est dit au feuilletage ordinaire ; de plus, il faut abaisser la pâte cinq fois au lieu de trois.

N.° 605. *Croustade de Pigeons.*

Après avoir plumé, flambé et vidé deux ou trois pigeons, coupez-leur les pattes et troussez-les le bout des cuisses en dedans ; vous les piquerez avec quelques lardons assaisonnés ; vous les assaisonnerez avec du sel épice, et vous les mettrez dans une casserole où vous aurez fait fondre une plaque de lard ou un morceau de beurre ; ajoutez à cela une plaque de jambon coupée à filets, et passez ensuite vos pigeons sur le feu pour les faire roidir ; ajoutez-y un peu d'échalotte et de persil, le tout bien haché, puis quelques tranches de truffes, et vous les laisserez refroidir dans un plat creux ; faites alors une abaisse avec du feuilletage (Voy. n.° 603) ; coupez-la bien en rond, de huit pouces de diamètre ; placez ce rond sur une tourtière, légèrement saupoudrée de farine ; mettez de la farce au milieu de l'abaisse, posez par-dessus les pigeons et leur garniture, même des boulettes s'il vous reste du hachis pour en faire, et, disposant le tout en forme de dôme, vous le couvrirez de bardes de lard ; posez alors la deuxième abaisse qui doit servir de couvert à la croustade, après avoir passé un peu d'eau autour de la première, au moyen d'une plume ; ce couvert, abaissé à deux lignes d'épaisseur, doit être plus grand que le rond du dessous, et il faut le placer de manière à enfermer de l'air entre les deux ; soudez-en les bords en appuyant le pouce tout autour ; cela fait, humectez légèrement le dessus du bord, et posez par-dessus une bande de feuilletage de dix lignes de large sur trois d'épaisseur ; soudez le tout ensemble et cannelez la bande avec la pointe d'un couteau ; vous pouvez poser sur la tourte une rosace ou toute autre décoration, et pratiquer un petit trou, après quoi il faut la dorer légèrement et la mettre au four chaud (Voy. n.° 596) ; dès que la pièce aura pris couleur, vous la couvrirez d'un papier, et laisserez terminer la cuisson à laquelle une heure et demie doit suffire.

Au sortir du four, dressez la tourte sur un plat, faites, avec la pointe d'un couteau, une incision tout autour du couvert que vous enleverez, ainsi que le lard qui recouvre les pigeons ; vous ôterez aussi du tour de la tourte la pâte qui n'est pas bien cuite (cette dernière opération se fait avec une cuiller), et vous verserez dedans une garniture faite avec des ris d'agneau, quelques filets de jambon, des tranches de truffes, des pieds de céleris et des culs d'artichauts cuits.

N.° 605 (bis). *Croustade de filets de Sole.*

Prenez les filets de deux soles, que vous couperez en long, puis en travers, de manière à ce que chacune d'elle vous donne huit filets ; marinez-les avec du sel, une pincée de poivre, une échalotte, du persil et des truffes, le tout bien haché, et exprimez par-dessus un jus de citron ;

après cela, vous égaliserez bien sur chaque filet un peu de farce à quenelles de poisson (Voy n.º 156); vous les roulerez ensuite les uns après les autres, et les placerez sur une farce semblable établie elle-même sur une abaisse de pâte à feuilletage (Voy. n.º 603), jusqu'à la distance d'un pouce et demi du bord; vous placerez sur les filets des boulettes faites avec le restant de la farce, et recouvrirez le tout avec des bardes de lard; terminez la tourte, et la faites cuire à l'ordinaire, et servez-la avec une garniture faite avec des truffes, des huîtres et des queues d'écrevisses.

N.º 606. *Croustade à la Financière.*

Après avoir légèrement sauproudé une tourtière avec de la farine, placez par-dessus une abaisse de feuilletage de deux lignes d'épaisseur (Voy. n.º 603); garnissez cette pâte jusqu'à un pouce du bord avec de la farce à quenelles (Voy. n.º 155) et couvrez cette farce avec un papier que vous aurez arrondi et bombé en forme de calotte, à l'effet de soutenir le couvert de la tourte; vous mouillerez ensuite les bords de la première abaisse et, après avoir enduit le papier de beurre, vous poserez par-dessus la deuxième, avec la précaution mentionnée à l'article ci-dessus; cette dernière, devant envelopper le tout, doit être d'une dimension plus étendue et de la même épaisseur que la première; finissez à l'ordinaire, et, après trois quarts d'heure de cuisson, enlevez-en le couvert, le papier et la pâte qui, dans l'intérieur, ne serait pas assez cuite ; versez-y une financière (Voy. n.° 871) ; remettez le couvert et servez.

N.° 607. *Vol-au-Vent.*

Faites une abaisse de quatre lignes d'épaisseur, avec du feuilletage (Voy. n.° 603), posez-la sur une tourtière, mouillez-en les bords bien légèrement, et posez par-dessus une deuxième abaisse que vous dorerez légèrement, et sur laquelle vous décrirez, avec la pointe d'un couteau, une ligne circulaire de trois lignes de profondeur, et distante du bord à peu près d'un pouce ; enfin, après ces diverses opérations terminées, mettez vite au four chaud ; quand la pièce commencera à se colorer, vous la couvrirez d'un papier, et quand la cuisson sera au complet vous enleverez le couvert, et la pâte qui n'est pas bien cuite, et vous verserez dedans le ragoût que vous avez préparé à cet effet.

On peut servir dans un vol-au-vent toute sorte de ragoûts et de garnitures ; on y sert aussi des fruits cuits au sirop, mais alors il faut, après avoir enlevé le couvert, au sortir du four, en glacer les bords avec de la glace royale (Voy. n.° 631) et semer par-dessus des pistaches hachées ou du gros sucre.

N.° 607 (*bis*). *Vol-au-Vent aux Quenelles.*

Garnissez le vol-au-vent avec des quenelles de filets de volailles (Voy. n.° 155) que vous avez pochées dans des cuillerées à café, et cuites dans du consommé (Voy. n.° 5); placez, entre chacune d'elles, une tranche de truffe et une queue d'écrevisse, et répandez par-dessus une sauce allemande (Voy. n.° 83).

N.° 607 (ter). *Vol-au-Vent aux filets de Volailles.*

Les filets de volaille, parés et sautés à l'ordinaire (Voy. n.° 404), doivent être rangés dans le vol-au-vent, et être ensuite saucés avec une béchamelle (Voy. n.° 82).

N.° 608. *Vol-au-Vent à la Financière.*

Versez dans le vol-au-vent une financière (Voy. n.° 871); on peut aussi le garnir avec une morue à la branlade (Voy. n.° 757).

N.° 609. *Timbale de Garniture.*

Mettez à blanchir des ris de veau ou d'agneau ; dès qu'ils commenceront à bouillir, mettez-les dans l'eau froide, après quoi vous les laisserez égoutter, vous les parerez et les couperez d'égale grosseur.

Mettez, dans une casserole, une plaque de lard ou un morceau de beurre ; coupez à filets un peu gros, une tranche de jambon ; posez la casserole sur le feu, et, quand le lard ou le beurre sera fondu, jetez-y vos ris et passez-les un moment ; vous y ajouterez alors des tranches de truffes et des culs d'artichauts ; vous mouillerez avec du coulis (Voy. n.° 77), et vous lierez enfin le tout avec trois jaunes d'œufs ; exprimez alors sur le ragoût un jus de citron, et laissez-le se refroidir.

Durant le temps nécessaire pour arriver à ce dernier résultat, beurrez l'intérieur d'une casserole, foncez-la avec de la pâte à feuilletage (Voy. n.° 603), versez-y le ragoût et recouvrez avec une abaisse de la même pâte ; il faut souder les deux bords avec la pointe d'un couteau, faire un trou au milieu du couvert, et mettre la timbale au four chaud (Voy. n.° 596) ; une heure de cuisson suffit ; renversez-la ensuite sur un plat, détachez le couvert avec la pointe du couteau, et répandez dans la timbale une sauce espagnole (Voy. n.° 80), et remettez le couvert dessus.

N.° 610. *Timbale au Macaroni.*

Mettez dans une casserole trois verres et demi d'eau, un peu de sel et demi-once de beurre, un oignon piqué d'un gérofle et un morceau de carotte ; lorsque le liquide sera en ébullition jetez-y quatre onces de macaroni que vous ferez cuire à petit feu et que vous égoutterez ensuite au passoir ; cela fait, mêlez-les à quatre onces de fromage râpé de parmesan ou de gruyère et passez le tout à la casserole, dans quatre onces de beurre fondu ; il faut, pendant les quelques instans que cette préparation est exposée sur le feu, la remuer avec une cuiller ; ajoutez-y du jus de rôti ou de bœuf, ou de tout autre bon fond ; après quoi vous ôterez la casserole du feu et laisserez refroidir son contenu ; vous préparerez en même temps une blanquette de ris d'agneau (Voy. n.° 305) que vous lierez bien ferme avec deux jaunes d'œufs, et que vous mêlerez aux macaronis ; versez le mélange dans une caisse de feuilletage comme ci-dessus ; terminez la timbale, et faites-la cuire de même, et lorsque vous la servirez, ôtez-en le couvert et répandez dedans une sauce espagnole (Voy. n.° 80).

N.° 611. *Timbale de Bécassines.*

Abaissez bien mince un morceau de pâte Durand (Voy. n.° 595) et coupez-la ensuite à deniers avec le vide pommes ; établissez ces deniers dans une casserole enduite de beurre, en commençant par le centre et les rapprochant les uns des autres de manière à ce qu'en suivant toujours une ligne circulaire, ils arrivent enfin jusqu'au bord de la casserole ; vous les recouvrirez d'abord d'une abaisse de feuilletage bien mince (Voy. n.° 603) ; vous garnirez le fond et les parois de celle-ci de farce fine (Voy. n.° 159) et vous y rangerez les bécassines préparées comme à l'article pâté (Voy. n.° 601), en intercallant de la farce entre chaque morceau ; terminez la timbale en la couvrant d'une abaisse légère de feuilletage, soudez-en bien les bords, faites toujours le trou au centre du couvert, et mettez au four chaud ; au bout d'une heure la timbale doit être au point ; quand vous la servirez, vous en ôterez le dessus et vous verserez dedans une sauce faite avec les carcasses du gibier que vous aurez fait cuire avec un verre de vin blanc sec, une échalotte, et que vous avez mouillées avec de l'espagnole (Voy. n.° 80); quand le premier mélange a été réduit aux trois quarts, cette sauce doit être passée au tamis.

Observation.

On peut faire de grosses timbales avec des dindes et des chapons désossés ; on peut en faire aussi de noix de bœuf; mais, pour ces dernières, il faut, à l'avance, avoir fait cuire le bœuf, quatre ou cinq heures, dans une bonne braise (Voy. n.° 167), et laisser au four la timbale dans laquelle on la déposé environ trois heures et demie.

N.° 612. *Rissoles pour hors-d'œuvres.*

Abaissez, avec le rouleau, de la pâte à feuilletage (Voy. n.° 603) dans la forme d'un carré-long bien mince ; placez sur cette abaisse de petites parties de farce à quenelles (Voy. n.° 155) de la grosseur d'une noix, en laissant entre chacune d'elles une distance de quinze lignes ; vous en mouillerez le tour avec un plumet, et vous reployerez par-dessus la pâte que vous souderez sur les bords en appuyant un peu avec la main ; coupez ensuite avec la videlle le côté soudé, et renouvelez l'opération pour chaque rissole ; vous les poserez toutes sur un couvert de casserole saupoudré avec de la farine ; au moment de servir, vous les placerez dans une friture qui ne soit pas bien chaude ; vous les tournerez et retournerez de temps à autre avec une brochette, et lorsqu'elles seront de belle couleur vous les mettrez à égoutter sur un passoir, et les dresserez sur un plat.

Observation.

On peut faire des rissoles avec toute sorte de farces et salpicon ; on en fait aussi aux huîtres, aux queues d'écrevisses, aux anchois, mais il faut mêler à ces trois dernières de la farce de poisson (Voy. n.º 156).

N.º 613. *Petits Pâtés au jus.*

Foncez de petits moules de fer avec de la pâte à feuilletage (Voy. n.º 603) ; mettez au fond de la farce à gratin (Voy. n.º 160) et couvrez avec un rond de la même pâte dont vous aurez marqué le milieu avec le vide pomme ; dorez les pâtés et mettez-les au four ; quand ils seront cuits, vous enleverez la partie marquée et vous mettrez dans chacun d'eux une cuillerée de bon jus (Voy. n.º 77).

N.º 613 (*bis*). *Petits Pâtés au Salpicon.*

Foncez des moules comme ci-dessus, remplissez-les de pain à potage que vous avez fait d'abord tremper dans l'eau, que vous avez ensuite pressés dans un linge et que vous avez enfin mêlés à de la graisse de bœuf bien hachée ; cela fait, passez avec une plume un peu de beurre fondu sur la pâte, et couvrez les petits pâtés à l'ordinaire ; il faut les dorer et les mettre au four chaud ; dès qu'ils seront au point vous en ôterez le couvert, vous enleverez ce qu'ils contiennent et vous le remplacerez avec une farce faite avec un peu de quenelles coupée à petits dés (Voy. n.º 155), des truffes, des rognons de coq et des champignons que vous avez fait bouillir ensemble, et que vous avez mouillés avec du velouté (Voy. n.º 81) ou de l'espagnole (Voy. n.º 80) ; les pâtés remplis, posez les couverts et servez bien chauds.

N.º 614. *Petits Pâtés à la Béchamelle.*

Procédez absolument comme ci-dessus, et quand, après la cuisson, vous ôterez ce que contiennent vos petits pâtés, remplissez-les d'un salpicon fait avec du blanc de volaille rôtie et des truffes cuites, le tout coupé à petits dés et que vous avez mouillé avec une béchamelle (Voy. n.º 82).

On peut faire ces pâtés avec toute sorte de volailles ou gibiers coupé et préparé comme j'ai dit, ou même avec leur purée (Voy. n.ºˢ 104 et 105).

N.º 615. *Petits Pâtés feuilletés.*

Le feuilletage (Voy. n.º 603) destiné à la confection de ces pâtés doit être abaissé à deux lignes d'épaisseur ; il faut le couper, avec un coupe pâte, de sept pouces de circonférence ; posez chaque rond sur une feuille légèrement saupoudrée de farine et mettez sur chacun d'eux, gros comme une noisette, de farce à quenelles (Voy. n.º 155) ; épongez-les bien doucement avec de l'eau, couvrez-les d'une abaisse de même dimension ; et après l'avoir fixée en imprimant les doigts par-dessus, mettez-les au four.

Nota. On peut employer toute sorte de farces à la confection des petits pâtés dont je donne la recette.

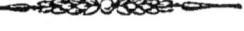

DOUCEURS.

N.° 616. *Pâte royale.*

Mettez dans une casserole un grand verre d'eau, un bon quart de litre, un grain de sel, une once de beurre, autant de sucre et de la rapure de peau de citron ; lorsque l'eau sera en ébullition, ôtez la casserole du feu et jetez-y cinq onces de farine tamisée que vous remuerez bien avec une cuiller de bois ; quand le mélange de l'eau et de la farine sera bien opéré, remettez la casserole sur le feu et laissez bien dessécher la pâte en la remuant constamment avec la cuiller pendant trois ou quatre minutes ; retirez du feu et mettez la pâte dans un mortier où vous jeterez aussi deux œufs entiers ; pilez parfaitement et faites-y tomber successivement trois autres œufs par intervalles, en pilant toujours ; continuez ainsi jusques au cinquième, mais ne mettez d'abord que la moitié de ce dernier, parce qu'il est possible qu'il y en ait assez ; cela dépend de la grosseur des œufs : quant à moi, j'emploie ordinairement cinq œufs par quart de litre d'eau, mais lorsqu'ils sont petits, il m'arrive d'en employer cinq et demi ; quatre et demi me suffisent, s'ils sont gros ; lorsque le tout est bien pilé, jetez-y un peu d'eau de fleurs d'orange, ôtez la pâte du mortier et servez-vous en pour toute sorte de choux.

Lorsque vous voudrez vous servir de cette pâte pour beignets soufflés, tenez-la un peu moins intense ; craignez toutefois de la faire trop molle ; vos beignets ne seraient pas ronds et ils auraient mauvaise mine : on peut remplacer l'eau par du lait ou même faire un mélange des deux par moitiés.

N.° 617. *Choux au Caramel.*

Saupoudrez d'un peu de farine le tour à pâte ; mettez-y une cuillerée de pâte royale sur laquelle vous jeterez aussi quelque peu de farine ; allongez cette pâte avec les mains et coupez-la, avec un couteau, par morceaux de deux pouces et demi de long sur huit ou neuf lignes de diamètre ; à mesure que vous confectionnez les divers morceaux, posez-les sur une feuille saupoudrée de farine, et laissez entre eux une distance convenable ; mettez au four, vingt minutes après sa chaleur primitive, c'est-à-dire lorsqu'on en retire ordinairement le feuilletage (Voy. n.° 596) ; après cuisson, sortez-les, faites une fente sur la longueur, avec la pointe du couteau, et introduisez-y de la crème, de la groseille ou de la marmelade d'abricots.

Mettez dans une casserole un peu de sucre et d'eau, faites-les tomber en caramel bien blond, et trempez-y vos choux ; avant que le caramel soit refroidi jetez-y des nonpareilles ou du sucre en couleur.

N.° 618. *Choux pralinés.*

Faites comme les précédens ; lorsqu'ils seront placés sur la feuille, dorez-les avec un œuf battu ; ayez alors, dans un petit plat, quatre onces d'amandes déjà émondées et hachées ; mêlez-y deux onces de sucre passé au tamis et le huitième d'un blanc d'œuf; amalgamez bien le tout, garnissez-en le dessus de vos choux et faites cuire comme pour les précédens.

N.° 619. *Choux à la Mecque.*

Faites tomber dans une casserole deux verres de lait (le demi-litre), deux onces de sucre, deux onces de beurre, la rapure d'un citron et un grain de sel ; posez sur le feu, et après les premiers bouillons retirez la casserole et jetez-y neuf onces de farine tamisée que vous remuerez bien avec une cuiller de bois ; quand le mélange sera opéré, remettez au feu et laissez dessécher pendant trois ou quatre minutes en remuant toujours avec la cuiller ; enlevez votre casserole, joignez à la pâte deux onces de beurre, deux de sucre fin et un demi-verre de lait, mêlez le tout ensemble, mettez-le au mortier avec deux œufs entiers, et pilez ; ajoutez, par intervalle et successivement, six autres œufs, en pilant constamment, allez jusqu'au huitième s'il est nécessaire, ou à la moitié de ce dernier, selon la grosseur ; parfumez avec un peu d'eau de fleurs d'orange, et placez vos choux sur une feuille, au moyen d'une cuiller à bouche, en forme de navette ; dorez-les, semez-y du gros sucre, et faites cuire au four, trente minutes après sa chaleur primitive (Voy. n.° 596).

N.° 620. *Beignets soufflés.*

Ayez du lait, ou bien moitié lait et moitié eau, et faites comme pour la pâte royale, n.° 616.

Mettez de l'huile dans une grande poêle, et quand elle commencera de s'échauffer, faites-y tomber à peu près, gros comme une noix, de votre pâte; faites de même pour tous vos beignets; faites attention de ne pas trop les rapprocher, car devant tripler de volume à la cuisson, ils se prendraient l'un à l'autre ; imprimez, à deux mains, constamment, un mouvement de rotation à votre poêle ; prenez-la ensuite de la main gauche, quand vos beignets commencent de cuire, tournez-les sur eux-mêmes avec une écumoire, et tâchez, en passant cet instrument sur chacun d'eux, de les bien arrondir.

Lorsque les beignets augmentent de volume, faites les chauffer à un feu plus vif, et, après cuisson, ôtez la poêle du feu ; transposez, au moyen de l'écumoire, les beignets dans un passoir à égoutter, placez-les ensuite dans un plat et saupoudrez-les avec du sucre fin.

N.° 621. *Beignets sans pareils.*

Faites comme pour les précédens ; garnissez-les avec de la crême ou de la gelée de groseilles, saupoudrez avec du sucre et glacez-les avec la pelle rougie.

N.º 622. *Buisson de Beignets sans pareils.*

Passez avec une plume un peu d'huile dans un moule ou une casserole ; faites des beignets garnis comme ceux ci-dessus ; ayez aussi un peu de caramel bien blond (Voy. n.º 617), trempez-y vos beignets et rangez-les les uns après les autres dans votre moule, de manière à l'en tapisser entièrement ; versez, à l'intérieur, le reste de votre caramel, et, quand le tout est refroidi, renversez sur le plat ; si, par cas, les beignets ne se détachaient pas bien de la casserole, frappez-en la queue avec le manche d'un couteau et renversez de nouveau.

N.º 622 (*bis*). *Sultane de petits Choux.*

Disposez votre pâte comme au n.º 620 ; coupez-en des morceaux de la grosseur d'une noix, et arrondissez-les avec la main ; posez-les au fur et à mesure sur des feuilles saupoudrées légèrement avec de la farine ; gardez une distance entre eux et soumettez au four, vingt minutes après la chaleur primitive (Voy. n.º 596) ; après cuisson, garnissez-les avec de la crême pâtissière (Voy. n.º 674) ou toute sorte de marmelades ; montez-les ensuite dans un moule ou une casserole, comme à l'article précédent, et versez sur un plat.

N.º 623. *Pâte à la Magdelaine.*

Mettez dans un plat profond dix onces de sucre,

neuf onces de farine, un citron rapé, deux cuillerées à bouche d'eau-de-vie d'Andaye, dix œufs entiers; remuez pendant cinq minutes ce mélange, et joignez-y dix onces de beurre clarifié; remuez bien le tout avec une cuiller de bois, pendant douze minutes, et faites cuire dans de petits moules beurrés ou dans des carrés, pour les découper plus tard; soumettez au four, deux heures après sa chaleur primitive (Voy. n.° 596).

N.° 624. *Gâteau à la broche.*

Il faut avoir un moule en bois, en forme d'un pain de sucre et à peu près de la même grosseur; il doit être percé, dans sa longueur, d'un trou où puisse passer la broche; quand ce moule y est bien assujéti, enveloppez-le de deux feuilles de papier, que vous ficelerez; oignez-le avec du beurre fondu, au moyen d'une plume, et faites tourner votre broche devant un feu bien égal et un peu ardent; faites tourner pendant trois quarts d'heure pour bien chauffer le moule; arrosez-le ensuite avec une cuillerée de pâte à la magdelaine (Voy. n.° 623); si tôt que votre papier en est couvert, n'en répandez plus, et laissez cuire cette couche; lorsqu'elle aura pris bonne couleur, recommencez à verser de la pâte avec la cuiller, comme précédemment; retirez un peu la broche pour donner le temps à la cuisson de s'opérer; après cette couche versez-en de même une autre jusques à la fin, en ayant soin d'avancer la broche à mesure que vous versez, et de la retirer quand la couche est complète, afin de lui donner toujours le temps de cuire ; mettez sous votre broche un plateau pour recevoir la pâte qui tombe et que vous reversez dessus ; arrivés à la dernière couche, vous laissez cuire à petit feu et tâchez de lui faire prendre la meilleure couleur possible ; glacez votre gâteau avec du sucre fin et en passant dessus un papier allumé ; jetez-y de suite des nonpareilles vertes ou sucre coloré ; retirez la broche du feu, et, quand le moule sera bien refroidi, déficelez le papier et retirez votre gâteau.

Observation.

J'ai indiqué la forme du pain de sucre comme la plus facile à exécuter ; il est aisé de concevoir qu'on peut donner au moule toutes les formes que l'on veut ; on peut également mettre dans la pâte, au lieu d'eau-de-vie, toute sorte d'essences.

N.° 625. *Pâte d'Amandes.*

Émondez une livre d'amandes, lavez-les et faites-les tremper quelques heures à l'eau fraîche ; égouttez et séchez bien dans une serviette ; ayez soin que le pilon et le mortier où vous les mettrez ensuite soient bien propres ; il faut, avant d'y placer vos amandes, y piler quelques zestes de citrons ; à mesure que vous pilerez bien le tout, humectez avec cinq blancs d'œufs et parfumez avec un peu d'eau de fleurs d'orange.

Joignez à cette pâte quatorze onces de sucre passé

au tamis ; placez-la dans une casserole sur le feu ; faites dessécher en remuant constamment avec la cuiller, et passez de temps en temps la lame d'un couteau autour de la casserole pour en détacher la pâte qui s'y prend ; lorsque celle-ci quitte aisément le fond, et qu'un morceau posé sur la main ne s'y attache pas, la pâte est assez desséchée ; retirez du feu en remuant un instant, et, quand elle est à moitié refroidie, mettez-la dans un papier saupoudré avec un peu de sucre fin ; partagez-la en deux parties, roulez chacune d'elles dans une feuille de papier, et servez-vous en quand elle sera froide.

N.° 626. *Caisses de Pâte d'Amandes.*

Faites avec cette pâte, au moyen du rouleau, une abaisse bien mince que vous saupoudrez en travaillant avec un peu de sucre fin, mitigé à moitié avec de la farine ; faites de petites caisses ou gobelets ; pour cela, coupez votre abaisse, avec un coupe-pâte, de deux pouces de diamètre ; coupez ensuite de petites bandes de la même épaisseur sur une longueur de six pouces et une hauteur de huit lignes ; passez les extrémités de ces bandes dans un peu de blanc d'œuf et soudez-les en les assujétissant sur les fonds déjà faits, à deux lignes de leur bord, de manière que la bande leur soit perpendiculaire, ronde comme eux, et forme un petit gobelet.

Lorsque tout sera ainsi disposé, saupoudrez d'un peu de farine une tourtière, et placez-y dessus vos caisses ; soumettez au four modéré (Voy n.° 596) pour dessécher la pâte ; lorsqu'elle sera bien sèche et de bonne couleur, sortez vos caisses du four, et rangez-les dans un massepain pour vous en servir au besoin ; ces objets peuvent se faire trois mois à l'avance si l'on veut.

N.° 627. *Méringues en pâte d'Amandes.*

Mettez dans les caisses ci-dessus un peu de crême pâtissière ; montez bien ferme trois blancs d'œufs après y avoir mêlé quatre onces de sucre passé au tamis et un peu de citron rapé, fouettez bien et posez une cuillerée de ce blanc d'œuf en pyramide sur la crême ; saupoudrez chaque méringue l'une après l'autre avec du sucre fin ; saupoudrez aussi bien légèrement, avec de la farine, une tourtière et placez-y vos méringues à distances ; posez la tourtière sur une casserole et soumettez au four deux heures après sa chaleur primitive (Voy. n.° 596), lorsque le blanc d'œuf sera cuit et de belle couleur, sortez et servez.

N.° 628. *Méringues d'office.*

Fouettez bien ferme six blancs d'œufs, mêlez-y huit onces de sucre passé au tamis de soie ; couchez, sur une feuille de papier saupoudrée de sucre fin, vos meringues, au moyen d'une cuiller bien profonde et allongée.

Posez votre feuille de papier sur une planche un peu épaisse, et soumettez au four bien doux (Voy. n.° 596) ; lorsque les méringues seront d'une belle couleur et un peu sèches, sortez-les à la bouche du four, retournez-les et enfoncez le milieu avec une petite cuiller; remettez ensuite au four.

On peut faire ces méringues long-temps à l'avance, en les conservant dans un endroit sec; lorsqu'on veut les servir, on met dedans de la crème à la Chantilly; on les marie, en réunissant deux méringues en une seule, c'est-à-dire un morceau contre l'autre; on peut également placer entre deux, ou de la crème ou des confitures.

N.° 629. *Grosses Méringues à la Chantilly.*

La seule différence qu'il y ait entre celles-ci et les précédentes, ne consiste presque que dans leur grosseur; quand la pâte est faite, ayez un moule arrondi en forme de dôme; placez-la sur le dehors de ce moule, et, lorsqu'elle aura été bien séchée au four, remplissez-la de crème à la Chantilly.

N.° 630. *Caisses royales.*

Fouettez, bien ferme, trois blancs d'œufs dans lesquels vous mêlerez huit onces de sucre tamisé et un peu de citron râpé; ajoutez deux onces d'amandes coupées bien minces avec le couteau et un peu séchées au four.

Remplissez de ce mélange de petites caisses à biscuit; jetez-y dessus un peu de sucre; placez-les sur une tourtière, et soumettez au four, une heure et demie après sa chaleur primitive. (Voy. n.° 596).

On fait aussi ces caisses royales en mettant dans une terrine du sucre fin avec des blancs d'œufs, mais sans les fouetter, et les remuant bien seulement avec la cuiller; on y fait tomber de temps en temps un peu de jus de citron, et l'on bat bien comme pour une glace royale.

N.° 631. *Glace Royale.*

Travaillez avec un blanc d'œuf, dans un petit plat, trois onces de sucre passé au tamis de soie; battez bien pendant sept à huit minutes, en faisant tomber de temps en temps un peu de suc de citron.

N.° 632. *Croquant en Nogat.*

Emondez une livre d'amandes; coupez-les chacune en trois parties et en biais; faites sécher au four doux, et remuez-les parfois pour qu'elles prennent une couleur uniforme; quand elles seront légèrement colorées, retirez-les à la bouche du four.

Mettez alors dans un poêlon huit onces de sucre tamisé, et posez sur un feu modéré; quand le sucre, déjà fondu, commence à bouillonner, remuez avec la cuiller pour que la fonte soit uniforme; jetez-y les amandes bien chaudes; remuez encore légèrement, et placez sur des cendres chaudes.

Oignez d'huile avec une plume un moule, et posez sur une assiette où vous aurez également passé de l'huile, une cuillerée d'amandes; garnissez en votre moule intérieurement avec la cuiller, ayant soin de faire constamment et successivement entreposer dans l'assiette celles dont vous aurez besoin.

Observation.

En faisant fondre le sucre on met quelquefois une bonne cuillerée d'infusion de crême de cochenille, ou, lorsqu'il est fondu et que les amandes y sont déjà, du gros sucre et de la vanille coupée à tout petits morceaux ; on peut y mettre même du sucre ou ont été rapées deux oranges ; finissez toujours votre croquant comme ci-dessus ; vous pouvez avec les amandes, ainsi préparées, faire de toutes sortes de croquants.

N.° 633. *Pâte à Brioches.*

Mettez sur la table une livre et demie de farine ; séparez-en le quart : faites-y la fontaine dans laquelle vous ferez tomber une demi-once de levûre de bière et un peu d'eau tiède ; remuez avec les doigts, en réunissant peu à peu le liquide et la farine, et faites-en une pâte molle qui doit, après avoir été travaillée un instant, sur le tour et avec la main, ressembler à la détrempe de la pâte à feuilletage (Voy. n.° 603); saupoudrez d'un peu de farine une petite casserole et placez-y votre pâte ; recouvrez d'une serviette, mais que celle-ci ne touche pas le levain, elle l'empêcherait de monter ; placez ce levain dans un endroit chaud.

Faites la fontaine au milieu de la farine que vous avez laissée de côté ; jetez-y une demi-once de sel fin, autant de sucre et le quart d'un verre de lait ; maniez une livre de beurre et mêlez-le par petits morceaux à la farine, ainsi que quatorze œufs.

Ramassez bien le tout ; manipulez-le et faites sauter à deux mains, sur la table, en travaillant ferme.

Lorsque le levain précité a triplé de hauteur, allongez votre pâte ; couchez-y ce levain ; mêlez bien le tout sans faire sauter, mais en le pressant fortement à deux mains.

Après un parfait mélange, posez la totalité dans une terrine un peu grande ; saupoudrez-la avec un peu de farine ; posez par-dessus une serviette ployée, afin d'empêcher le contact de l'air, et placez-la dans un lieu chaud.

Le lendemain matin, saupoudrez le tour à pâte, et versez-y dessus votre brioche ; étalez-la, repliez-la sur elle-même et remettez-la dans sa terrine ; trois ou quatre heures après corrompez-la de nouveau et employez-la.

On peut lui donner la forme d'une couronne ou, si l'on veut la servir pour grosse pièce ; la mettre à cuire dans une caisse de papier de la forme d'un pâté ; on la moule également en trois parties d'inégale grosseur que l'on superpose ensuite par rang de taille, tenant la plus grosse dessous ; dorez la brioche et mettez-la au four, deux minutes après sa chaleur primitive (Voy. n.° 596) ; vous pouvez mêler à la pâte, selon le goût, du du fromage de gruyère coupé à dés.

N.º 634. *Pâte des gâteaux aux Amandes.*

Cassez douze œufs, mettez-en les jaunes dans un plat profond et les blancs dans un poêlon ; ajoutez à ces derniers trois autres blancs ; jetez dans les jaunes douze onces de sucre tamisé, mêlez bien le tout en battant avec deux cuillers de bois.

Fouettez les blancs bien doucement d'abord, et, lorsqu'ils seront montés fermes, jetez dans les jaunes quatre onces d'amandes pilées et humectées en pilant de deux blancs d'œufs et d'une cuillerée à bouche d'eau de fleurs d'orange ; faites tomber aussi dans vos jaunes la rapure d'un citron et mêlez-y, en remuant toujours avec la cuiller, trois onces de fécule tamisée ; versez ensuite vos jaunes dans les blancs et remuez légèrement ce mélange.

Ayez alors un carré de tôle d'un pied de surface, placez-y un papier qui déborde d'un pouce ; oignez-le d'un peu de beurre avec une plume et versez dedans la pâte que vous égaliserez avec une carte passée d'un bout à l'autre ; saupoudrez par tout de sucre fin et mettez au four, deux heures après sa chaleur primitive (Voy. n.º 596); quarante-cinq minutes après, donnez un coup d'œil au four : s'il était trop chaud, posez une feuille de papier sur le gâteau ; si, au contraire, il ne l'était pas assez, mettez un peu de feu à la bouche du four ; une heure et demie ou deux heures suffisent à la cuisson.

Observation.

Vous pouvez glacer ce gâteau, à la sortie du four, avec une glace royale (Voy. n.º 631); semez de suite dessus des pistaches coupées à filets : on pourrait aussi le couper en l'osange ou en croissant et le glacer avec du sucre coloré.

N.º 635. *Genoise.*

Pilez quatre onces d'amandes, humectez en pilant avec la moitié d'un blanc d'œuf ; mettez-les dans une terrine avec six onces de farine, six de sucre tamisé et six œufs entiers ; remuez ce mélange pendant cinq minutes et ajoutez-y six onces de beurre fondu ; travaillez encore pendant cinq minutes pour bien mélanger le tout ; joignez-y deux cuillerées d'eau-de-vie d'Andaye et la rapure d'un citron.

Placez cette pâte dans un carré de demi-pouce de hauteur, après l'avoir beurré, et faites cuire au four, deux heures après sa chaleur primitive (Voy. n.º 596).

Après la cuisson, coupez la pâte de la forme qui vous conviendra, glacez les morceaux avec de la glace royale (Voy. n.º 631) et semez-y du sucre de couleur ou des pistaches.

N.º 636. *Fondue au Fromage.*

Mêlez, au moyen d'une cuiller, dans une casserole, quatre onces de bon beurre et deux onces de fécule ; versez-y un verre et demi de bonne crême de lait presque bouillante, une pincée de poivre blanc et ensuite trois onces de fromage de parmesan avec trois onces de gruyère rapé ; faites cuire le tout sur un feu modéré en remuant avec une cuiller de bois ; desséchez votre pâte, sans grumaux, et mettez-la ensuite dans un plat profond ; ajoutez-y un fromage blanc qui fasse bien la crême, ou trois ou quatre cuillerées de crême fouettée (Voy. 675), quatre jaunes d'œufs que vous mêlez parfaitement au reste, et, lorsque vous voudrez faire cuire, ajoutez encore à ce mélange, quatre blancs d'œufs bien fouettés, que vous mariez légèrement à votre crême.

Versez la fondue dans une casserole d'argent et faites cuire au four ; ou bien remplissez de petites caisses à biscuits que vous rangerez sur une feuille et à distances ; soumettez, si vous voulez, au four de campagne et ne faites cuire qu'au moment où vous présentez le premier service ; vingt-cinq minutes devant suffire à la cuisson.

N.º 637. *Condés.*

Faites une abaisse de pâte à feuilletage (Voy. n.º 603) bien mince, que vous couperez par bandes de vingt lignes de largeur ; mettez sur ces bandes un doigt d'épaisseur de pâte de choux à la Mecque (Voy. n.º 619) que vous égaliserez avec la lame d'un couteau ; tenez seulement le milieu un peu relevé.

Ayez une demi-livre d'amandes émondées, coupées à tout petits carrés et déjà séchées ; jetez-y quatre onces de sucre fin et un blanc d'œuf déjà mêlé, remuez le tout, joignez-y un peu de citron rapé et mettez de suite vos amandes sur la pâte que vous égaliserez bien avec le couteau ; coupez vos condés de deux pouces de longueur et faites cuire au four, demi-heure après sa chaleur primitive (Voy. n.° 596).

N.° 638. *Manière de beurrer le moule d'un biscuit de Savoie.*

Faites fondre un petit morceau de beurre, écumez aux premiers bouillons, et sitôt qu'il sera clair, changez-le de casserole ; n'y laissez pas tomber le fond ; lorsque votre beurre sera moins chaud, passez-le dans le moule que vous oindrez partout au moyen d'une plume ; renversez un instant le moule et passez-y du sucre fin pendant deux fois.

Coupez de petites bandes de papier pour entourer le dessus du moule sur lequel il doit s'exhausser d'un pouce et demi ; faites-le tenir en y passant un peu de pâte de farine et d'eau.

Je recommande de mettre ce papier de crainte que le biscuit en cuisant ne verse, ce qui ferait un mauvais effet et laisserait un vide au milieu.

N.° 639. *Pâte à Biscuit de Savoie.*

Cassez seize œufs, mettez-en les jaunes dans un plat profond et les blancs dans un poêlon ; jetez dans les jaunes quatorze onces de sucre tamisé ; remuez bien d'abord avec la cuiller et battez ferme ensuite avec deux cuillers de bois ; faites fouetter en même temps les blancs bien doucement en commençant et plus fort après, en y mêlant une pincée de sel fin.

Une fois vos jaunes bien battus et vos blancs bien montés, mettez dans les jaunes la rapure d'un citron un peu séché et huit onces de fécule que vous y faites tomber du tamis.

Versez deux cuillerées à bouche, des blancs dans les jaunes pour les tenir moins épais, en remuant toujours ; versez ensuite les jaunes dans les blancs en mêlant doucement avec le fouet ; quand ce mélange est bien opéré, versez-le dans le moule et mettez au four, trois heures après sa chaleur primitive (Voy. n.° 596). J'ai souvent mis à cuire un biscuit de Savoie au moment où je retirais un pâté froid.

N.° 640. *Pastillages.*

Mettez dans un pot une once de gomme adragant et un verre d'eau tiède ; recouvrez bien d'un papier ; sept à huit heures après, remuez votre gomme ; le lendemain, passez-la dans un gros linge que vous tordrez à deux et à l'aide de deux morceaux de bois ; mettez la gomme, ainsi passée, dans un mortier, broyez-la en y joignant huit onces de sucre royal passé au tamis de soie ; lorsque votre pâte sera parfaitement pilée, mettez-la dans une terrine où elle soit bien serrée, et recouvrez-la d'un linge humecté.

Quand vous voudrez utiliser votre pâte, posez-la sur un marbre et mêlez-y, avec les doigts, du sucre royal passé au tamis de soie. Beaucoup de cuisiniers ne se servent du pastillage que comme décors, et au lieu de sucre emploient de l'amidon tamisé.

On colore cette pâte en y mêlant du carmin, du vert ou toute autre couleur.

N.º 640 (*bis*). *Pâte d'Amandes pour assiettes montées.*

Pilez parfaitement une livre d'amandes émondées, et déjà trempées quelques heures à l'eau fraîche; humectez, en pilant, avec un jus de citron et de l'eau de fleurs d'orange; mettez-les ensuite dans une casserole; desséchez-les au feu en y joignant huit onces de sucre passé au tamis de soie; quand votre pâte est desséchée, ôtez-la de la casserole pour la remettre au mortier, et, quand elle ne sera plus que tiède, jetez-y une demi-once de gomme adragant dissoute dans un demi-verre d'eau tiède.

Faites tomber encore dans la pâte, à mesure que vous pilerez, huit onces de sucre tamisé et le jus d'un citron; enlevez-la du mortier, ployez-la en rouleau dans du papier légèrement saupoudré de sucre, et servez vous en pour toutes sortes d'assiettes de pâte d'amandes; colorez celle-ci comme la précédente.

N.° 641. *Pâte d'Office.*

Placez, sur le tour à pâte, une livre de farine dans le milieu de laquelle vous ferez la fontaine : mettez dans ce vide douze onces de sucre tamisé, deux œufs entiers ou bien trois ou quatre blancs, deux gros de gomme adragant dissoute dans un peu d'eau tiède et un peu d'eau de fleurs d'orange ; mêlez d'abord ces objets avec le sucre et ensuite avec la farine ; travaillez cette pâte avec les mains et faites-en des fonds pour des pièces montées ; vous pouvez même en monter des pièces entières, en colorant une partie de la pâte ; vous la collez avec les parures mitigées avec de la gomme arabique dissoute à l'eau, et vous faites sécher au four extrêmement doux.

N.° 642. *Beignets de Pommes.*

Passez au milieu de chacune un vide pomme pour enlever les pepins ; pelez-les et coupez-les ensuite par quartier ou à tranches, et marinez-les dans un plat avec un peu de sucre tamisé, d'eau-de-vie et de fleurs d'orange ; faites-les sauter de temps en temps sans les briser ; égouttez-les pour les envelopper d'une pâte à frire (Voy. n.° 221).

Quand la friture est bien chaude, jetez-y vos beignets, et lorsqu'ils seront cuits d'un côté, tournez-les de l'autre ; enlevez-les ensuite au moyen de l'écumoire, et faites égoutter dans dans un passoir.

Saupoudrez-les de sucre fin en les servant, ou, si vous le préférez, glacez-les au caramel et semez par-dessus des pistaches hachées.

N.° 642 (*bis*). *Beignets de Pommes de terre.*

Faites cuire à la braise des pommes de terre que vous pèlerez ensuite et dont vous ôterez la partie rougeâtre ; n'utilisez que l'intérieur ; pesez-en huit onces que vous pilerez bien au mortier en y joignant deux onces de beurre, un peu de citron râpé et trois œufs entiers, que vous ne mettrez que l'un après l'autre, à mesure que vous pilerez ; mêlez encore à votre pâte deux onces de sucre fin.

Faites alors des petites boulettes de la grosseur d'une noix ; faites-les frire, mais pas trop chaudement, et, après cuisson, saupoudrez-les sur le plat avec du sucre fin.

Nota. On fait aussi des beignets de pommes de terre au sel : on les prépare d'abord de la même manière, on les sale, on joint à la pâte, en pilant, une pincée de fines herbes, le quart d'un anchois, un peu de fromage de parmesan ou de gruyère râpé, et l'on fait frire comme ci-dessus.

N.° 643. *Beignets de Fécule.*

Mettez dans une casserole, sur le feu, deux verres ou un demi-litre de lait, un grain de sel, la râpure d'un citron, une once de beurre et autant de sucre ; dès que le lait commence à bouillir, ôtez la casserole du feu et jetez-y deux onces et demie de fécule, en remuant constamment avec la cuiller de bois ; desséchez un instant sur le feu, retirez, et un moment après ajoutez trois œufs entiers, l'un après l'autre, allez à la moitié du quatrième, s'il le faut, en remuant toujours ; parfumez avec un peu d'eau de fleurs d'orange et mettez avec une cuiller dans une friture qui ne soit pas trop chaude ; servez, comme les précédens.

N.º 644. *Beignets de Pêches.*

Pelez les pêches, partagez-les au milieu, enlevez le noyeau et mettez à mariner comme pour les pommes (Voy. n.º 642.) ; faites cuire et servez de même.

N.º 645. *Beignets de Poires.*

Pelez et coupez par quartiers ; si vos poires sont mûres et tendres, préparez comme les pêches, sinon, faites-les cuire d'abord dans un sirop, et, après cuisson, faites frire comme les autres.

N.º 646. *Gaufres à la Reine.*

Émondez, lavez une livre d'amandes et séchez-les sur une serviette ; coupez quelques zestes de citron que vous écraserez dans un mortier, de manière à ce qu'il n'en reste aucun fragment ; pilez-y vos amandes auxquelles vous mêlerez peu à peu, en pilant, cinq gros œufs ou six petits, successivement ; faites-y tomber peu à peu aussi une livre de sucre ; ne pilez pas trop, que vos amandes soient un peu grainées, mais que le tout soit bien lié.

Sortez alors la pâte du mortier, mettez-la dans un plat profond en remuant bien avec une cuiller.

Passez un peu d'huile ou de beurre sur des feuilles non étamées, et placez-y la pâte bien mince et parfaitement égalisée avec le couteau; semez-y quelques pistaches coupées; faites cuire au four en ayant soin de conserver, entre la cuisson des diverses feuilles, un peu d'intervalle, afin d'avoir le temps de couper les gaufres.

Mettez au four, deux heures après sa chaleur primitive (Voy. n.° 596), et lorsque les gaufres commencent à prendre une bonne couleur, saisissez ce moment pour les couper, en sortant les feuilles à la bouche du four; coupez au couteau, et passant la lame en dessous, enlevez chaque fraction pour la poser sur un rouleau.

Quand toutes vos gaufres seront cuites, coupez un fond de même pâte, mettez-le sur le plat, et posez les autres perpendiculairement, les plus grandes au centre, et assujétissant le bas avec du caramel; avec ce même caramel, et au moyen de deux fourchettes que vous y trempez, vous faites sur vos gaufres divers filets sucrés.

N.° 647. *Petites Caisses de Graufres à la Chantilly.*

Faites et cuisez comme les précédentes ; coupez ensuite, avec un coupe pâte, des fonds de deux pouces de diamètre, et des bandes de six pouces de longueur sur huit lignes de haut ; réunissez les deux extrémités, et posez alors sur le fond, de manière à former un gobelet ; collez avec du caramel, et, lorsque vous voudrez servir, remplissez vos caisses de crème à la Chantilly, que vous éleverez en pyramide (Voy. n.° 675).

N.° 647 (bis). *Gaufres ordinaires.*

Coupez à filets, bien fin, une livre d'amandes que vous ferez sécher au four sans qu'elles se colorent ; mettez dans un plat profond huit onces de sucre passé au tamis de soie, une once de farine, cinq œufs entiers ; s'ils sont petits, ajoutez-en la moitié ou la totalité d'un sixième ; joignez à ce mélange de la rapure de citron, mettez vos amandes dedans, et, après avoir bien battu les œufs et le sucre, remuez un instant le tout avec la cuiller ; vous placerez ensuite cette pâte sur des feuilles huilées, vous les égaliserez bien avec le couteau et ferez cuire au four, comme les précédentes, après les avoir parsemées de filets de pistaches.

N.° 648. *Jeannettes.*

Foncez, avec du feuilletage (Voy. n.° 603) bien mince, de petits moules plats ; mettez-y de la marmelade de pommes, et faites cuire au four chaud, comme pour le feuilletage ; après cuisson sortez-les du four, et, une heure après, fouettez bien ferme trois blancs d'œufs auxquels vous mêlerez quatre onces de sucre tamisé ; mettez un peu de ce blanc sur votre marmelade, égalisez-la avec le couteau, et faites, sur chaque Jeannette, sept petites méringues de la grosseur d'une noisette; saupoudrez-les avec du sucre fin, remettez au four pour leur faire prendre une bonne couleur, et retirez-les.

N.º 649. *Charlotte aussitôt fait.*

Coupez des morceaux de mie de pain blanc à potage, en forme triangulaire et d'une longueur de deux pouces; faites les frire dans le beurre, mais qu'ils ne soient pas trop secs et qu'ils aient bonne couleur; entreposez-les alors sur un plat, jettez-y quelques gouttes d'eau de fleurs d'orange, et saupoudrez bien avec du sucre passé au tamis de soie.

Bardez avec ce pain une casserole à poupeton; faites une marmelade de pommes un peu épaisse et dans laquelle vous mêlez un peu de marmelade d'abricots; versez ce mélange dans la casserole; soumettez au four pour lui donner seulement le temps de se chauffer, et lorsque vous voudrez servir, renversez votre Charlotte sur le plat et passez sur le pain un peu de gelée de pommes.

La Charlotte se fait également avec des tranches dorées que l'on fait de la manière suivante :

On trempe le pain déjà coupé dans du lait édulcoré et refroidi ; puis on passe les tranches dans de l'œuf battu et on les fait frire.

N.º 650. *Charlotte à l'Italienne.*

Vous faites d'abord un mélange de marmelade

de pommes et d'abricots, comme ci-dessus, et vous le versez dans un plat où vous égalisez bien la surface en relevant un peu le milieu ; ensuite vous fouettez bien ferme trois blancs d'œufs aux quels vous mêlez quatre onces de sucre passé au tamis de soie ; jetez-y aussi un peu de citron rapé ; cela fait, posez vos blancs sur la marmelade en leur donnant la forme des côtes d'un melon ; saupoudrez avec du sucre fin et mettez au four bien doux pour cuire les blancs et leur donner une bonne couleur.

N.º 651. *Charlotte ordinaire.*

Émincez bien fin des pommes déjà pelées ; mettez-les dans une terrine où vous les saupoudrerez de sucre et les parfumerez d'eau de fleurs d'orange ; coupez de la mie de pain en triangle un peu allongé, et faites comme pour la Charlotte aussitôt fait, avec cette seule différence que le pain au lieu d'être frit, est seulement passé dans du beurre fondu et qu'au lieu de mêler les deux marmelades, vous alternez par couches de l'une et de l'autre ; faites cuire au four chaud (Voy. n.º 596).

N.º 652. *Charlotte Russe.*

Coupez quatre onces de biscuits, langues de chat, toujours de forme triangulaire ; un biscuit pour deux ; faites de la glace royale (Voy. n.º 631); prenez-en la moitié et mêlez-y un peu de vert d'épinards ; colorez l'autre avec du carmin, ou laissez-la en blanc ; passez à chacun de vos morceaux de biscuits une de ces deux couleurs et faites sécher au four ; bardez-en alors une casserole.

Mettez dans un plat profond de la crême bourgeoise (Voy. n.° 696) , à peu près les trois-quarts de ce que peut contenir votre Charlotte ; joignez-y six gros de colle clarifiée (Voy. n.° 677) ; je ne fixe pas précisément la quantité, l'intensité de celle-ci devant dépendre du temps qu'il fait ou de la glace qu'on peut se procurer ; mêlez bien et faites refroidir sur de la glace, autant que possible, en tournant de temps en temps avec la cuiller ; quand la crême commencera de se prendre, mêlez-y de la crême fouettée (Voy. n.° 675), édulcorée à l'ordinaire, le tout bien mêlé ; versez dans la Charlotte, couvrez-la de biscuits et achevez de faire prendre au frais ou à la glace ; ensuite vous la renverserez sur un plat.

Observation.

On peut faire toute sorte de Charlottes russes avec du blanc-manger mêlé à de la crême fouettée ou toute autre ; on peut aussi former les moules avec plusieurs pâtes différentes, en y mêlant toujours six ou sept gros de colle de poisson clarifiée.

N.° 653. *Gâteau de Riz.*

Lavez à plusieurs eaux six onces de riz ; faites-les bouillir avec un peu d'eau pendant trois minutes dans une casserole ; égouttez-le ensuite sur un tamis ; remettez le riz dans la casserole avec un peu de sel, l'écorce d'un citron, quatre feuilles de laurier amande et mouillez-le avec trois-quarts de litre de lait ; faites cuire à petit feu en y joignant huit onces de sucre.

Lorsqu'il est cuit un peu épais, mettez-le dans un plat profond, enlevez le citron et le laurier et jetez-y deux onces de macarons écrasés, deux de moelle de bœuf hachée dont vous avez bien ôté toutes les peaux, un peu de crème pâtissière (Voy. n.° 674) ou de crème fouettée (Voy. n.° 675) et une cuillerée à bouche d'eau de fleurs d'orange : ajoutez enfin quatre jaunes d'œufs et amalgamez bien le tout avec une cuiller de bois.

Au moment de mettre au four, fouettez bien ferme quatre blancs d'œufs et mêlez-les également avec le riz : beurrez un moule ou une casserole et faites tomber sur ce beurre ou des biscuits brisés et tamisés ou de la mie de pain ; cela fait, versez le riz dans le moule et soumettez au four, demi-heure après sa chaleur primitive (Voy. n.° 596).

On peut également foncer, pour le gâteau au riz, une casserole avec de la pâte à feuilletage (Voy. n.° 603).

N.° 654. *Riz soufflé.*

Faites crever à l'eau dix onces de riz ; après quelques minutes d'ébullition, égouttez-le sur un tamis et placez-le ensuite dans une casserole où vous verserez cinq verres de lait bouillant ; ajoutez l'écorce d'un citron, trois ou quatre feuilles de laurier amande et un grain de sel ; faites cuire bien doucement pour qu'il cuise bien, et recouvrez d'un couvert avec un peu de feu dessus ; après trois quarts d'heure de cuisson, jetez-y huit onces de sucre pilé et quatre de beurre frais ; remuez le tout avec une cuiller de bois et faites mijoter encore pendant une demi-heure ; alors le riz doit être bien cuit, passez-le à l'étamine comme une purée et placez-le sur des cendres chaudes.

Pendant ce temps fouettez bien huit blancs d'œufs, ôtez le riz du feu et mêlez-y les huit jaunes ; le riz doit avoir la consistance d'une crême patissière (Voy. n.° 674) ; mêlez-y enfin les huit blancs légèrement et versez votre soufflé dans une autre casserole (d'argent s'il est possible) ; mettez au four doux et donnez une heure et demie de cuisson.

On peut parfumer le soufflé à l'orange, à la vanille, etc.

N.° 655. *Gâteau de Vermicelle.*

Mettez sur le feu trois quarts de litre de lait que vous édulcorerez avec six onces de sucre ; ajoutez-y l'écorce d'un citron, et, lorsqu'il sera en ébullition, vous y jeterez sept ou huit onces de vermicelle ; au bout d'un quart d'heure, retirez-les du feu et versez-les dans un plat profond ; ils doivent se trouver un peu épais ; joignez-y deux onces de macarons ou de débris d'office écrasés ; deux bonnes cuillerées de crême fouettée (Voy. n.° 675) ou de crême pâtissière (Voy. n.° 674) et quatre jaunes d'œufs ; lorsque vous voudrez faire cuire votre gâteau, mêlez-y les quatre blancs bien fouettés ; beurrez une casserole, garnissez-en le fond et le tour, avec des nœuds de vermicelle cru et bien entier, versez-y votre gâteau et soumettez au four, une demi-heure après sa chaleur primitive ; on peut aussi le le mettre à cuire dans une timballe de feuilletage (Voy. n.° 603).

N.° 656. *Omelette à la Célestine.*

Cassez des œufs ; conservez la moitié des blancs et jetez une pincée de sel dans le reste ; fouettez bien ferme les blancs ; sucrez légèrement les œufs et ajoutez-y de l'écorce de citron confit ; battez-les en y mêlant ensuite les blancs fouettés.

Mettez un morceau de beurre dans une poêle, sur le feu, et faites votre omelette ; sucrez-la avant de la rouler, et, après l'avoir roulée, posez-la sur son plat ; saupoudrez-la de sucre pour la glacer avec une pelle rougie ou des brochettes ; vous piquerez alors sa surface de morceaux de citron confit.

N.° 657. *Omelette soufflée aussitôt fait.*

Ayez dans une terrine quatre jaunes d'œufs, quatre onces de sucre tamisé, quatre macarons amers et une pincée de fleurs d'orange pralinées, le tout bien écrasé ; ajoutez-y une petite pincée de sel et travaillez-le cinq à six minutes.

Fouettez les quatre blancs de vos œufs ; lorsqu'ils seront bien fermes, amalgamez-les au reste et versez le tout dans une poêle où vous aurez déjà fait fondre une once et demie de beurre.

Lorsque l'omelette commence à se chauffer, sautez-la pour la retourner, et du moment où elle prendra couleur, ployez-la en deux et versez-la sur son plat, en ayant soin de replier les deux extrémités en dessous pour l'arrondir.

Mettez-la de suite au four, mais qu'il ne soit pas trop chaud ; dès qu'elle prend une couleur jaunâtre, saupoudrez-la de sucre pour la glacer à la flamme ; vous pouvez également la mettre à cuire sur un trépied, avec des cendres chaudes et en la recouvrant du four de campagne ; on peut même la cuire aussi sous le fourneau, en la recouvrant d'une feuille de papier.

N.° 658. *Mirlitons.*

Après avoir mis dans une terrine quatre œufs entiers, plus quatre jaunes, vous y ferez tomber huit onces de sucre et six de débris d'office ou de macarons avec une once de fleurs d'orange pralinées, le tout bien écrasé ; mêlez pendant deux minutes, avec une cuiller, et joignez-y quatre onces de beurre clarifié ; remuez encore pendant dix minutes, et fouettez alors quatre blancs d'œufs, bien ferme, que vous joindrez aussi à votre pâte.

Foncez, avec de la pâte de demi-feuilletage

(Voy. n.º 604) de petits moules plats, de deux pouces et demi de diamètre ; posez-y votre préparation, et lorsque vos mirlitons sont ainsi garnis, saupoudrez-les de sucre fin ; soumettez au four, une heure après la chaleur primitive (Voy. n.º 596).

Tenez prêt un blanc d'œuf fouetté à moitié et de petits anneaux de pâte d'amandes ou de pâte d'office que vous aurez eu soin de faire sécher ; trempez-les dans le blanc d'œuf et placez-les au milieu des mirlitons ; laissez au four deux minutes, et retirez : quand les mirlitons sont froids, vous garnissez le milieu de l'anneau avec un peu de gelée de groseilles ou toute autre confiture.

N.º 659. *Flanc.*

Mettez dans votre casserole une once et demie de farine et un œuf entier ; remuez ce mélange en y ajoutant six jaunes d'œufs, six onces de sucre, quatre de débris d'office écrasés, un œuf entier, un peu d'eau de fleurs d'orange, la rapure d'un citron et deux verres de lait.

Foncez un moule avec de la pâte à feuilletage (Voy. n.º 603) ; versez-y le flanc et soumettez au four, une demi-heure après sa chaleur primitive (Voy. n.º 596) ; après cuisson, glacez-le.

N.º 660. *Pommes à la Dauphine.*

Pelez, videz des pommes et cuisez-les un moment au sirop ; mettez ensuite dans un plat, qui puisse aller au four, un peu de crème pâtissière (Voy. n.º 674) ; rangez-y vos pommes dessus, et mettez au-dedans des pommes, de la groseille ou de la marmelade d'abricots.

Mêlez au reste de votre crême un blanc d'œuf fouetté ; couvrez-en les pommes ; égalisez bien avec la lame d'un couteau ; faites cuire au four, trois quarts d'heure après sa chaleur primitive ; et, à moitié cuisson, saupoudrez avec un peu de sucre fin.

N.° 660 (bis). *Pommes en Miroton.*

Coupez à tranches vos pommes déjà pelées et vidées ; mettez-les à mariner dans un plat avec du sucre en poudre et de l'eau de fleurs d'orange.

Placez, dans un second plat, de la crême pâtissière (Voy. n.° 674) et rangez-y les pommes en miroton, c'est-à-dire en cordon et empruntant l'une sur l'autre, comme des côtelettes ; recouvrez-les de crême sur laquelle vous poserez de nouvelles pommes ; recommencez ainsi jusques à la fin et terminez par la crême ; soumettez au four, comme pour les précédentes, et lorsqu'elles seront à moitié cuites, saupoudrez avec un peu de sucre passé au tamis.

N.° 661. *Pommes au Riz.*

Après les avoir pelées et vidées, vous les faites cuire au sirop ; lavez quatre onces de riz et faites-le bouillir dans une casserole pendant deux minutes ; égouttez-le sur un tamis ; remettez-le dans la casserole, versez-y deux verres de lait bouillant, et faites bouillir à petit feu en ajoutant un peu d'écorce de citron et quatre onces de sucre ; remuez avec une cuiller pour que le riz cuise également et faites attention de ne pas le briser ; une heure de cuisson suffit, et il doit se trouver un peu épais.

Versez-le dans un plat profond, en y mêlant deux onces de débris d'office bien écrasés, deux cuillerées de crême fouettée (Voy. n.° 675) ou de crême pâtissière (Voy. n.° 674) et trois jaunes d'œufs ; remuez avec une cuiller, en prenant toujours garde d'écraser le riz ; fouettez les trois blancs d'œufs que vous avez et amalgame-les au reste.

Le tout ainsi préparé, mettez-en le tiers dans le fond d'un plat et les pommes par-dessus ; garnissez le dedans de vos pommes avec de la marmelade d'abricots ; recouvrez du reste de votre riz et soumettez au four, demi-heure après sa chaleur primitive (Voy. n.° 596) ; à moitié cuisson, faites-y tomber du sucre tamisé pour le glacer.

N.° 662. *Pêches au Gratin.*

Pelez des pêches, coupez-les par le milieu, jetez-en les noyaux ; mettez les pêches dans une terrine, assaisonnez avec du sucre fin, un peu d'eau de fleurs d'orange ; faites-les sauter ; recouvrez le fond d'un plat de crême pâtissière (Voy. n.° 674) et rangez-les par-dessus.

Mêlez un blanc d'œuf fouetté au reste de votre crême ; couvrez-en vos pêches ; égalisez-la avec un couteau, saupoudrez de sucre tamisé et mettez au four.

On fait aussi ce gratin dans une abaisse de feuilletage (Voy. n.° 603).

On fait également des gâteaux de pommes, de pêches et de tout autre fruit, sans crème ; on coupe par exemple des pommes à tranches, on les assaisonne dans un plat avec du sucre fin et un peu d'eau de fleurs d'orange, on les fait sauter, et, après avoir fait une abaisse de feuilletage, on les y range dessus en les saupoudrant d'un peu de citron rapé et de sucre, et on soumet au four.

Lorsqu'on fait ce gâteau avec des pêches, on ne les coupe que par le milieu.

N.° 663. *Gâteau de Pommes de terre.*

Cuisez-les d'abord sous la cendre, et après en avoir ôté la peau, ainsi que les parties rougeâtres, mettez-les dans une casserole avec du lait sucré et l'écorce d'un citron.

Faites bouillir et écrasez vos pommes de terres avec une cuiller ; lorsque le tout est un peu épaissi, à la consistance d'une crême pâtissière, ôtez du feu et versez dans un plat profond : joignez-y de la crême pâtissière (Voy. n.° 674), des débris d'office bien pulvérisés et où vous avez mêlé des fleurs d'orangers pralinées ; ajoutez quatre jaunes d'œufs que vous amalgamez bien avec la cuiller, et après en avoir fouetté les blancs mêlez-les au reste.

Ayez alors une casserole que vous bardez avec

ou papier beurré ; versez-y votre gâteau, et faites cuire au four, une demi-heure après sa chaleur primitive : après cuisson laissez reposer un instant ; renversez sur un couvert de casserole, ôtez le papier et mettez le gâteau sur son plat.

N.º 663 (*bis*). *Soufflé de Pommes de terre.*

Vous faites la même préparation préliminaire que pour les précédentes. lorsqu'elles sont pelées et dépouillées vous en pilez une livre pendant cinq minutes, vous y mêlez quatre onces de beurre, et, quelques temps après, quatre jaunes d'œufs, six onces de sucre passé au tamis, deux de débris d'office y compris moitié de fleurs d'orangers pralinées, le tout bien écrasé, et, quand ils sont bien pilés, vous y joignez cinq blancs d'œufs fouettés bien ferme : versez dans une casserole d'argent ou toute autre, et mettez au four, une heure après sa chaleur primitive ; deux heures de cuisson doivent suffire (Voy. n.º 596).

N.º 664. *Soufflé à la fécule de Pommes de terre.*

Délayez dans une casserole deux onces de fécule avec trois verres de lait ou crème, deux onces de beurre et un grain de sel ; tournez cette crème sur un feu modéré ; après quelques bouillons, changez-la de casserole, mettez-y quatre onces de sucre fin, un citron rapé et deux œufs entiers ; travaillez ce mélange, deux minutes, avec la cuiller, ajoutez deux autres œufs entiers, et lorsque vous l'aurez travaillé un moment de plus, formez de petits moules avec du feuilletage (Voy. n.° 603), remplissez-les, saupoudrez de sucre, et mettez au four pendant sa chaleur modérée.

N.° 665. *Omelette à la Noaille.*

Faites une crème pâtissière (Voy. n.° 674), versez-la dans un plat profond et mêlez-y deux onces de macarons avec deux onces de fleurs d'orangers pralinées ; cassez-y cinq œufs entiers et remuez bien avec la cuiller.

Bardez une casserole avec du papier beurré ; versez votre omelette et soumettez au four, une heure après sa chaleur primitive (Voy. n.° 596) ; lorsqu'elle est cuite, tournez-la sur un couvert de casserole, ôtez le papier et mettez-la sur son plat.

N.° 666. *Pouding à la Mie de Pain.*

Mettez dans une casserole deux verres de lait et de la mie de pain à potage ; posez sur le feu et édulcorez avec quatre onces de sucre rapé sur une orange ; remuez avec une cuiller, et lorsque votre pain sera un peu desséché, ôtez-le du feu pour y mêler un égal volume de crème pâtissière (Voy. n.° 674), mêlez-y aussi trois onces de moelle de bœuf, bien hachée, trois de raisins secs dont vous avez enlevé les pepins, quatre de macarons mêlés avec un peu de zestes de cédrat confit, et que vous avez écrasés ensemble, au moyen du rouleau, sur votre tour à pâte : ajoutez un demi-verre de rhum, deux onces de marmelade d'abricots, et cinq œufs entiers ; remuez bien le tout ; bardez de papier beurré une casserole, et versez-y dedans votre pouding que vous faites cuire au four, trois quarts d'heure après sa chaleur primitive (Voy. n.° 596).

Après cuisson, retournez-le sur un couvert de casserole, ôtez le papier et mettez sur le plat.

N.° 667. *Pouding Anglais.*

Hachez quatre onces de graisse de bœuf bien farineuse et deux onces de moelle dont vous avez enlevé toutes les peaux ; mêlez et hachez ensemble, puis placez le tout dans un plat profond avec quatre onces de sucre, autant de farine, quatre œufs entiers, le quart d'un verre de rhum, une pincée de sel, quatre onces de raisins secs dont vous avez ôté les pepins, deux onces de marmelade d'abricots, deux pommes bien émincées et deux onces de macarons écrasés ; remuez parfaitement ce mélange pendant dix minutes ; ayez une serviette dont vous beurrerez le milieu, placez-y votre pouding en relevant les quatre bouts ; ficelez en donnant une forme ronde au contenu de la serviette, et mettez le tout dans une marmite avec de l'eau ; attachez à la serviette un poids pour que le pouding reste toujours au fond, et cuisez pendant quatre heures.

Servez-le de suite après l'avoir paré avec le couteau, et mettez la sauce à part.

N.º 667 (bis). *Sauce pour le Pouding.*

Mettez dans une casserole trois ou quatre jaunes d'œufs, deux cuillerées à bouche de farine, deux onces de sucre, deux de beurre frais, un verre et demi de Malaga ou de Madère; tournez cette sauce sur le feu; lorsqu'elle veut bouillir, ôtez-la pour la passer au tamis, et versez-la dans un bol pour la servir en même temps que le pouding.

N.º 668. *Macédoine de fruits.*

Cuisez au sirop toute sorte de fruits, après avoir pelé et partagé les gros, comme pommes, pêches, etc., symétrisez-les dans un moule, en forme de dôme, ou dans un bol où vous les rangez en séparant les espèces; enlevez même, avec un vide pomme, le milieu des fruits coupés par moitiés, et remplissez le vide avec une cerise ou des morceaux de chinois.

Lorsque tous vos fruits seront ainsi rangés intérieurement autour du moule, mêlez à leur débris une gelée au rhum (Voy. n.º 708) dont vous acheverez de remplir votre moule; mettez au frais, et au moment de servir, renversez sur le plat et passez par-dessus un peu de gelée de pommes.

N.º 669. *Vol-au-Vent à la Macédoine.*

Faites cuire, à l'ordinaire, un vol-au-vent (Voy. n.º 607), ôtez du dedans la pâte qui n'est pas bien cuite, et enfoncez le couvert au fond; glacez la bande du pourtour avec de la glace royale

(Voy. n.º 631), sur laquelle vous semez des pistaches hachées ; faites sécher un moment, et lorsque vous voudrez servir, passez-y votre macédoine (Voy. n.º 668), en observant que le moule soit juste d'ouverture avec le vol-au-vent.

N.º 670. *Sicilienne.*

Mettez dans quatre petits plats de la crême pâtissière (Voy. n.º 674), colorez l'un avec du vert d'épinards (Voy. n.º 115), l'autre avec du carmin, le troisième avec du chocolat, rapé et laissez le quatrième au naturel ; coupez un biscuit de Savoie par tranches (Voy. n.º 639), et mettez sur chaque une couche différente de crême ; remettez ensuite le gâteau dans sa forme primitive, et glacez-le avec une glace royale (Voy. n.º 631).

Vous pouvez donner au gâteau toutes les formes que vous voudrez et varier la couleur de la glace ; le goût de l'ouvrier fait tout. On peut aussi remplacer la crême par toute sorte de gelées ou de confitures.

N.º 670 (*bis*). *Gros Biscuit à la Macédoine.*

Faites un gros biscuit (Voy. n.º 639) ; glacez-le, décorez-le à votre goût, et puis tracez dans le milieu, avec la pointe d'un couteau, le pourtour que doit occuper le dôme de votre macédoine ; creusez de deux ou trois lignes cette surface, pressez-la un peu avec la main, et versez dessus votre macédoine (Voy. n.º 668) que vous recouvrirez légèrement de gelée de pommes.

N.° 671. *Biscuit de Savoie en surprise.*

Creusez, d'une manière régulière, le milieu d'un biscuit (Voy. n.° 639), et remplissez le vide avec une crême à la Chantilly (Voy. n.° 675), préparée à l'ordinaire, et dans laquelle vous versez en servant du marasquin de Zara ; filez sur un moule, en forme de dôme, un peu de sucre, et placez-le sur le milieu du biscuit.

N.° 672. *Manière de clarifier le sucre pour le mettre dans la gelée.*

Mettez dans un petit poêlon seize onces de sucre coupé à petits morceaux ; versez-y deux verres d'eau, et mettez sur le feu ; battez avec une fourchette le quart d'un blanc d'œuf et le quart d'un verre d'eau ; lorsque celle-ci est un peu mousseuse, jetez-la dans votre sucre au moment où il entre en ébullition, et remuez un peu avec la fourchette ; retirez alors sur l'angle du fourneau et faites bouillir bien doucement ; écumez dix minutes après ; mouillez une serviette, tordez-la et passez-y votre sirop.

N.° 673. *Manière de clarifier la Colle de Poisson.*

Lavez-en une once et deux gros, après l'avoir bien battue et coupée à morceaux ; changez-la quatre ou cinq fois d'eau attiédie ; mettez-la ensuite sur le feu, dans une casserole un peu haute, avec quatre verres d'eau ; quand celle-ci entrera en ébullition, retirez sur l'angle du fourneau et écumez à mesure que cela deviendra nécessaire ;

continuez à chauffer jusqu'à ce que l'eau soit réduite à un seul verre, que vous passerez au tamis ; servez vous en pour toute sorte de gelées, lorsqu'elle sera devenue tiède.

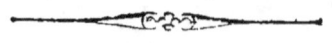

CRÈMES.

N.º 674. *Crême Pâtissière.*

Délayez dans une casserole une once de farine avec cinq jaunes d'œufs et deux verres de lait ; vous y joindrez quatre onces de sucre et un peu de citron rapé ; tournez votre crême sur le feu, et quand elle commencera à bouillir, transposez-la sur les cendres rouges, où vous la laisserez quelques instans ; versez-la ensuite dans un petit plat profond.

Écrasez, avec le rouleau, sur la table, une once de macarons et un peu de zeste de cédrat, ou, à défaut, de débris d'office ; mêlez cela à votre crême et parfumez avec un peu d'eau de fleurs d'orange.

N.º 675. *Crême fouettée à la Chantilly.*

Ayez quatre verres de crême de lait fraîche, versez-la dans un petit plat profond que vous mettrez au frais ou à la glace ; quand vous voudrez la travailler, jetez-y une pincée de gomme adragant et fouettez-la avec un fouet à biscuit pendant un quart d'heure au moins ; elle doit alors se trouver ferme ; égouttez-la sur un tamis pour l'édulcorer ensuite dans une casserole ou un plat profond, avec quatre onces de sucre fin; lorsque vous la servirez, joignez-y, si vous voulez, deux cuillerées à bouche de rhum ou de marasquin.

N.º 676. *Blanc-Manger à la Corne de cerf.*

Lavez, à cinq ou six eaux, trois quarterons de corne de cerf; faites-la cuire ensuite dans un pot pendant huit heures, au moins, et à petit feu, avec six bons verres d'eau; lorsqu'elle sera cuite, versez-la bien doucement dans un plat profond sans laisser tomber la lie. On fait ordinairement cette cuisson la veille du jour où l'on doit s'en servir, parce que si la gelée qui en provient est trop intense, on y met de l'eau; si elle ne l'est pas assez, on a le temps de la faire réduire sur le feu. Dans nos pays, où le froid est rare, il est nécessaire de s'assurer ainsi à l'avance du point de la gelée.

Prenez une livre d'amandes déjà émondées, lavez-les bien et laissez-les tremper à l'eau pendant deux ou trois heures.

Nettoyez parfaitement votre mortier, broyez quelques zestes de citron et séchez vos amandes dans une serviette pour les piler également dans le mortier où vous les humecterez de temps en temps avec du lait froid déjà bouilli; il faut que vos amandes soient si bien pilées qu'elles soient douces au toucher comme le saindoux.

Mettez alors votre corne de cerf à bouillir dans une casserole pendant quatre minutes; jetez-y quatorze onces de sucre, quelques zestes de citron bien minces; écumez et changez de casserole, toujours en ayant soin de ne pas verser le fond.

Lorsqu'elle sera à moitié refroidie, placez vos amandes dans une serviette, versez-y le produit de la corne, et passez pendant cinq ou six fois en prenant vos amandes avec la cuiller : à la dernière fois vous tordrez à deux mains et ajouterez un peu d'eau de fleurs d'orange; versez votre blanc dans un plat à crème. Pour que le blanc-manger soit bon, il faut que la gelée soit tremblante.

N.° 677. *Blanc-Manger à la Colle de poisson.*

Préparez et pilez vos amandes comme ci-dessus; coupez quatorze onces de sucre à petits morceaux, que vous placerez dans une terrine; passez pendant cinq à six fois vos amandes dans une serviette, en y mêlant six verres d'eau; ce lait, ainsi bien passé, versez-le sur votre sucre, et lorsque ce dernier sera fondu, repassez le tout à la serviette, en y mêlant une once deux gros de colle de poisson clarifiée (Voy. n.° 673); ajoutez une cuillerée à bouche d'eau de fleurs d'orange, et versez votre blanc-manger dans un plat à crème, où vous le ferez prendre au frais.

Si le temps est froid, ou que vous ayez de la glace, passez dans un moule un peu d'huile d'amandes douces, versez-y votre blanc, et quand il sera bien pris, retournez-le sur le plat, au moment de servir.

N.° 678. *Crême Vierge.*

Mesurez et faites tomber dans un plat huit à neuf petits pots à crême de lait ; jetez-y un peu de sucre, de l'écorce de citron, une ou deux feuilles de laurier amande, et faites bouillir un moment ; passez ensuite au tamis ; prenez trois gésiers de pigeon que vous fendrez et dont vous ôterez la peau intérieure ; lavez cette peau, faites-la sécher, écrasez-la bien fine avec le rouleau, et mêlez-la à votre lait tiède que vous passerez cinq ou six fois à l'étamine ; joignez-y un peu d'eau de fleurs d'orange ; remplissez vos petits pots, et faites prendre au bain-marie ; couvrez-les toutefois, et posez même un peu de feu sur le couvert ; quand la crême aura fait corps, retirez les petits pots.

N.° 679. *Petits Pots au Lait.*

Faites bouillir, deux minutes, le lait dans une casserole ; jetez-y deux onces de sucre par quart de litre, des zestes de citron coupés bien minces et quelques feuilles de laurier amande ; passez au tamis.

Mettez dans un plat deux jaunes d'œufs et le quart d'un blanc, par quart de litre de lait ; remuez vos œufs avec une cuiller et mêlez-y, peu à peu, le lait ; lorsqu'il est à moitié refroidi, passez le tout pendant trois fois au tamis de soie ; parfumez-le de quelques gouttes d'eau de fleurs d'orange, et remplissez vos petits pots pour les cuire au bain-marie dans une casserole.

Lorsque l'eau sera près de bouillir, transposez la casserole sur un trépied, avec feu dessus et dessous; tenez l'eau presque bouillante, mais sans bouillons, et sitôt que votre crême est cuite, retirez vos pots, essuyez-les, et, au moment de les servir, glacez-les avec un peu de sucre fin et un fer chaud.

N.º 680. *Petits Pots au Caramel.*

Mettez un peu de sucre et d'eau dans une casserole sur le feu; lorsque, prenant une couleur rougeâtre, il commence à tomber en caramel, versez-y de l'eau de fleurs d'orange, et, un instant après, mêlez-le dans votre lait déjà bouilli et sucré comme le précédent; passez le lait et les œufs au tamis, et faites cuire les petits pots de même.

N.º 681. *Petits Pots à la Vanille.*

Faites bouillir pendant un quart d'heure, dans le lait, de petits morceaux de vanille que vous aurez coupés; ayez soin de mettre une quantité de lait un peu plus forte que celle qui vous est nécessaire, parce qu'il se réduira en bouillant; assaisonnez, tamisez et faites cuire comme pour les autres.

N.º 682. *Petits Pots au Chocolat.*

Faites bouillir le lait, assaisonnez-le de même;

raper un peu de chocolat que vous ferez cuire à part avec un peu de lait; mêlez ensuite le tout et faites cuire ensemble, après avoir tamisé à l'ordinaire.

N.º 682 (*bis*). *Petits Pots au Café.*

Quand votre lait a bouilli et qu'il est assaisonné, tenez prêt un peu de café brûlé que vous jetez tout chaud dans le lait bouillant; couvrez-le de suite, et faites encore bouillir pendant quatre minutes sur l'angle du fourneau; tamisez et finissez comme il a été déjà dit.

N.º 683. *Petits Pots à la Rose.*

Disposez toujours votre lait de même, et, lorsqu'il est bouillant, jetez-y une poignée de feuilles de rose; couvrez bien, ôtez la casserole du feu et faites votre crême à l'ordinaire, en y mêlant un peu d'eau de rose double.

N.º 684. *Petits Pots à la Violette.*

Jetez dans le lait bouillant et sucré une poignée de violettes sans queues; joignez-y quelques grains de cochenille; couvrez la casserole, retirez-la du feu et finissez à l'ordinaire.

N.º 685. *Petits Pots à l'Eau.*

Vous mettez à bouillir, dans une casserole, de l'eau au lieu de lait; vous l'édulcorez, l'assaisonnez de la même manière, et finissez vos petits pots de même.

N.º 686. *Petits Pots au Consommé.*

Mêlez à du consommé froid deux jaunes d'œufs et le quart d'un blanc ; passez le tout deux ou trois fois dans un tamis ; remplissez-en vos petits pots, et cuisez comme les autres, au bain-marie.

N.º 687. *Petits Pots au Bouillon.*

Passez et faites cuire comme le précédent.

N.º 688. *Crême renversée.*

On passe bien légèrement du beurre dans un moule, ou bien l'on en garnit le fond avec du caramel. Je préfère ce dernier moyen, car bien des gens craignent le beurre, et, d'ailleurs, la crême risque de s'attacher aux parois.

Mettez donc dans une casserole une once de sucre et une cuillerée à bouche d'eau fraîche ; posez sur le feu, et, sitôt que le sucre prend couleur, remuez bien la casserole et versez dans le moule dont vous masquerez ainsi tout le fond.

Faites bouillir le lait dans une autre casserole ; le volume de ce lait doit être des cinq sixièmes de votre moule ; assaisonnez avec deux onces de sucre par litre de lait, des zestes de citron coupés bien minces et quelques feuilles de laurier amande ; après deux minutes d'ébullition, passez au tamis de soie ; lorsqu'il sera refroidi, mêlez-y deux jaunes et demi d'œuf par verre de lait ; laissez-y tomber aussi tant soit peu de blanc ; parfumez avec un peu d'eau de fleurs d'orange ; passez pendant trois fois dans un tamis et versez dans le moule; mettez au bain-marie, et, au moment où l'eau semblera vouloir bouillonner, retirez du fourneau, posez sur un trépied, feu dessus et dessous, en ayant toujours soin de tenir l'eau presque bouillante, sans qu'elle bouille; deux heures doivent suffire à la cuisson; mettez à refroidir, versez sur le plat, et si, au lieu de foncer votre moule avec du caramel, vous l'avez beurré, saupoudrez votre crême de sucre fin et glacez-la avec des brochettes brûlantes.

N.° 689. *Crême renversée en ruban.*

Commencez de même, et, lorsque vous aurez mêlé les œufs, faites quatre parts de votre crême; colorez chaque partie d'une manière différente; verd d'épinards (Voy. n.° 115), carmin, chocolat, et l'autre au naturel.

Après avoir foncé votre moule avec du caramel, versez-y la portion au naturel et faites-la prendre au bain-marie; lorsqu'elle est presque prise, vous y versez la seconde couleur, et ainsi de suite pour les autres; la cuisson doit s'opérer comme pour la précédente.

N.° 690. *Crême renversée à la Vanille.*

Faites bouillir dans le lait, assaisonné, un bâton de vanille, après l'avoir coupé par morceaux; laissez cuire pendant quinze minutes pour que le lait prenne le parfum; ajoutez ensuite un peu plus de lait, en raison de la réduction qui s'est déjà opérée, et, lorsqu'il sera refroidi, mêlez-y vos œufs pour achever la crême, comme ci-dessus.

N.º 690 (*bis*). *Crême renversée au Chocolat.*

Rapez du chocolat, faites-le cuire dans un peu de lait que vous jeterez dans celui dont vous devez faire votre crême, et qui aura déjà été préparé préliminairement comme pour les autres; mêlez-y les œufs, passez au tamis, et terminez toujours de la même manière.

N.º 691. *Crême renversée au Café.*

Faites en grand, comme pour le petit pot (Voy. n.º 682 *bis*), avec les quantités voulues pour celle-ci.

N.º 692. *Crême renversée à la Rose.*

Comme au petit pot (Voy. n.º 683), avec les quantités du n.º 688.

N.º 693. *Crême renversée à la Violette.*

Comme au petit pot, n.º 684.

N.º 694. *Crême dans le plat au Bain-Marie.*

Mesurez la capacité du plat avec votre lait, et laissez la place que doivent occuper les œufs; mettez ce lait au feu, dans une casserole, et assaisonnez-le toujours de même; faites bouillir pendant deux minutes; passez au tamis et laisssez refroidir.

Mettez dans un plat profond deux jaunes d'œufs

et le quart d'un blanc pour chaque quart de litre de lait; ajoutez un peu d'eau de fleurs d'orange ; mêlez-y votre lait, et passez trois fois au tamis de soie ; faites cuire au bain-marie dans une casserole d'une dimension telle que le tour du plat qui doit contenir votre crême puisse y entrer à l'aise; quand votre eau est chaude, et que vous y avez mis votre plat avec la crême, posez dessus un grand couvert de casserole avec des cendres rouges que vous laisserez jusques à ce que votre laitage soit prêt, et quand vous voudrez le servir, glacez-le avec du sucre tamisé et une pelle rougie.

Observation.

On fait, par le même procédé, des crêmes au caramel, à la vanille, au chocolat, au café, à la rose, à la violette, etc.

N.º 695. *Crême Anglaise.*

Mettez dans une casserole un litre de lait, huit onces de sucre et quatre feuilles de laurier amande ; lorsque ce mélange aura bouilli deux minutes, vous le passerez au tamis, et, après l'avoir laissé un peu refroidir, vous y mêlerez huit jaunes d'œufs, vous les délayerez bien avec le lait, après quoi vous poserez la casserole sur le feu et tournerez son contenu avec une cuiller de bois, comme pour la crême bourgeoise (Voy. n.º 696), jusqu'à ce qu'il ait pris la consistance voulue ; alors vous le passerez encore au tamis, vous y joindrez six gros de colle de poisson clarifiée (Voy. n.º 673), et vous verserez le tout dans un moule dont vous aurez induit tout l'intérieur avec de l'huile d'amande douce ; vous ferez prendre alors votre crême dans de la glace pilée, ou bien dans un endroit bien frais ; lorsqu'elle sera congelée, vous la renverserez sur un plat et la servirez.

Observation sur les Crêmes Anglaises.

On peut donner à ces sortes de crêmes toute espèce de parfums, en suivant le procédé indiqué aux crêmes bourgeoises ; on peut aussi marier cette dernière à de la crême à la Chantilly, dans la proportion suivante : deux tiers de crême bourgeoise, pour un tiers à la Chantilly (Voy. n.° 675) ; ajoutez à ce mélange et amalgamez avec lui six gros de colle clarifiée, et le verser dans un moule avec la précaution ci-dessus indiquée, pour l'en retirer de la même manière ; quand votre eau est chaude, et que vous y avez mis votre plat avec la crême, posez dessus un grand couvert de casserole avec des cendres rouges que vous laisserez jusques à ce que votre laitage soit pris ; et quand vous voudrez le servir, glacez-le avec du sucre tamisé et une pelle rougie.

N.° 696. *Crême Bourgeoise.*

Versez cinq verres de lait dans une casserole, assaisonnez-les avec le zeste d'un citron coupé bien mince, quelques feuilles de laurier amande et dix onces de sucre ; faites bouillir deux minutes et passez au tamis.

Cassez dans une seconde casserole douze œufs

dont vous n'employez que les jaunes ; joignez-y six gros de farine ; délayez ce mélange avec un verre de lait froid et versez-y ensuite votre lait bouilli, lorsqu'il sera attiédi ; versez-y doucement, en remuant sans cesse dans le même sens, le contenu de votre casserole ; posez sur le feu, et, lorsque votre crême commençant à s'attacher à la cuiller semble près de bouillir, retirez du feu ; tournez toujours jusqu'à ce qu'elle soit à moitié refroidie ; jetez-y quelques gouttes d'eau de fleurs d'orange et passez au tamis, en faisant tomber dans le plat; glacez, au moment de servir, avec du sucre tamisé et une pelle rougie, comme ci-dessus.

N.° 697. *Crême en Roche.*

Montez bien ferme quatre blancs d'œufs auxquels vous mêlez quatre onces de sucre fin et de la rapure de citron ; posez cette préparation, par cuillerées, sur une crême comme la précédente, et, lorsqu'elle en sera toute masquée, saupoudrez avec du sucre, et faites cuire au four de campagne.

Vous pouvez aussi poser votre plat sur une grande casserole et soumettre au four jusqu'à ce que le tout ait pris une belle couleur.

N.° 698. *Crême au Chocolat.*

Mettez dans une casserole cinq verres de lait, dix onces de sucre et l'écorce d'un citron ; faites bouillir et retirez du feu.

Cassez dix œufs, prenez-en les jaunes et délayez-y

six gros de farine avec un peu de lait froid ; versez-y ensuite la totalité de votre lait, mais peu à peu et en tournant toujours avec la cuiller ; faites cuire comme à la crême bourgeoise (Voy. n.° 696).

Rapez un peu de chocolat, mettez-le dans une casserole avec un verre de lait ; faites votre chocolat, versez-le dans votre crême et passez au tamis.

N.° 699. *Crême au Café.*

Posez sur le feu, dans une casserole, six verres de lait, dix onces de sucre et un peu d'écorce de citron.

Faites brûler six onces de café, et, lorsque votre lait est bouillant, jetez-y le café ; couvrez-le et retirez du feu, de crainte que ce mélange ne le fît verser.

Faites bouillir alors un instant, sur le côté, en laissant toujours couvert, et passez-le ensuite au tamis.

Délayez dans une casserole douze jaunes d'œufs, six gros de farine et un peu de lait froid ; versez-y votre lait, et faites comme à la crême bourgeoise (Voy. n.° 696).

N.° 700. *Crême à la Vanille.*

Prenez dix onces de sucre, jetez-les dans une casserole où seront sept verres de lait, et coupez-y un bâton de vanille à tout petits morceaux ; faites bouillir un quart d'heure afin de faire réduire d'un verre : retirez du feu, et finissez, avec douze jaunes d'œufs, votre crême à l'ordinaire (Voy. n.° 696).

N.° 701. *Crême au Caramel.*

Faites une crême bourgeoise avec six verres de lait, douze œufs et huit onces de sucre (Voy. n.° 696).

Ayez ensuite, dans une petite casserole, deux onces de sucre et trois cuillerées à bouche d'eau ; faites bouillir, et lorsque le caramel prend une couleur rougeâtre, jetez-y un peu d'eau de fleurs d'orange ; mêlez ensuite le tout dans votre crême.

N.° 702. *Crême aux Amandes.*

Faites bouillir cinq verres de lait, dix onces de sucre, des zestes de citrons et quelques feuilles de laurier amande.

Mettez dans un poêlon d'office dix blancs d'œufs, et montez-les à moitié avec un fouet à biscuit ; quand ils seront bien mousseux et bien blancs, délayez, dans une casserole, quatre gros de farine avec un peu de lait; versez-y votre lait, mêlez-le à vos œufs, et placez votre poêlon sur un feu modéré, en remuant toujours avec le fouet ; dès l'instant où votre crême se liera et voudra bouillonner, retirez-la et remuez toujours jusqu'à ce qu'elle soit à moitié refroidie.

Pilez une demi-livre d'amandes que vous humecterez en pilant avec quelque peu de lait bouilli et refroidi, de peur qu'elles ne tournent en huile ; lorsque les amandes seront bien pilées, placez-les dans une serviette et passez-les quatre ou cinq fois, après y avoir mêlé un bon verre de lait bouilli et édulcoré avec deux onces de sucre.

Passez votre crème au tamis, faites-la tomber dans son plat et mêlez-y le lait d'amandes avec un peu d'eau de fleurs d'orange.

N.º 703. *Crême aux Pistaches.*

Cette crême se fait comme la précédente : néanmoins, comme peu de gens peuvent en faire la différence, et que le prix est cependant bien autre, on peut se contenter de mêler aux amandes un peu de vert d'épinards (Voyez n.º 115), dans le mortier, et glacer la crême comme la précédente.

N.º 704. *Crême à la Neige.*

Faites bouillir six verres de lait, dix onces de sucre, la peau d'un citron et quelques feuilles de laurier amande.

Cassez douze œufs, séparez-en les jaunes et les blancs.

Fouettez la moitié des blancs, où vous mêlerez deux onces de sucre fin, avec la rapure d'un citron.

Quand votre lait bouillonnera, enlevez le laurier et le citron, et mettez-y, avec une cuiller, une partie de vos blancs montés; faites de même jusques à ce que tous vos blancs soient cuits; les enlevant, au fur et à mesure, avec une écumoire vous les poserez successivement sur un tamis pour les faire égoutter.

Tournez alors vos jaunes et votre lait à moitié refroidi, comme à la crême bourgeoise (Voy. n.º 696); après cuisson, posez vos blancs dans un plat et versez par-dessus votre crême.

N.º 705. *Crême Économique.*

Faites bouillir six verres de lait que vous assaisonnerez avec dix onces de sucre, l'écorce d'un citron et trois feuilles de laurier amande; laissez bouillonner deux minutes et retirez du feu.

Cassez dans un poêlon six œufs entiers, fouettez-les un instant avec le fouet à biscuit; joignez-y six gros de farine et versez-y le lait; placez sur le feu, tournez avec le fouet jusqu'à ce qu'elle se lie comme les précédentes.

Vous pouvez faire ainsi toutes les crêmes dont j'ai parlé : café, caramel, vanille, violette, etc.

N.º 706. *Gelée d'Oranges.*

Exprimez, dans un tamis, le suc de quatorze belles oranges et celui de deux citrons ; pressez doucement et sans secousses ; arrêtez-vous dès l'instant où le jus vous paraîtra trouble ; il vaut mieux sacrifier quelques oranges de plus, que de vouloir trop tirer de celles que l'on presse ; filtrez ces sucs avec un papier ou une manche, et mêlez-y une once et deux gros de colle de poisson clarifiée (Voy. n.º 673), ou bien l'eau de deux pieds de veau clarifiée également ; adoucissez avec douze onces de sucre dont la clarification a été opérée (Voy. n.º 672) ; amalgamez bien le tout; versez dans le moule et faites prendre au frais ou à la glace; quand vous voudrez servir, trempez le moule dans de l'eau chaude, afin de détacher la gelée des parois; essuyez et renversez dans un plat.

N.° 707. *Gelée de Citrons.*

Faites pour dix citrons comme ci-dessus, et édulcorez avec quatorze onces de sucre clarifié; versez-y également une once deux gros de colle de poisson clarifiée et chaude, et remuez bien le tout; versez dans le moule et faites prendre au frais ou à la glace.

On peut blanchir la gelée en mêlant un peu de jus de citron au sucre lorsqu'on le clarifie: on y jette également quelques zestes de citron et on couvre le sirop. Vous ôterez du moule par le même moyen que ci-dessus.

N.° 708. *Gelée au Rhum.*

Faites comme pour la précédente; lorsque votre sirop est passé, mêlez-y le cinquième d'un litre de rhum, et faites prendre à l'ordinaire.

N.° 709. *Gelée au Vin de Champagne.*

Clarifiez à l'ordinaire quatorze onces de sucre et mêlez-y dix grains de cochenille; ajoutez à ce sirop une once deux gros de colle clarifiée (Voy. n.° 673), et joignez-y un demi-litre de champagne rosé; remuez comme pour les autres.

Observation.

Faites de même toutes les gelées au vin, tels que Madère, Malaga, etc.

N.° 710. *Gelées Fouettées.*

La gelée n'est pas toujours bien clarifiée ; alors on la met dans un poêlon, sur de la glace, et on la fouette comme de la crème à la Chantilly ; sitôt qu'elle se lie, on la verse dans un moule, où elle se prend plus vite que les autres.

Observation.

Toutes sortes de gelées aux fruits et aux vins, pourront se faire de même ; on en présente sous mille formes. Dans une orange, après l'avoir vidée, on fait des couches de couleurs différentes ; lorsqu'elles sont prises, on ouvre le fruit ; il est aisé de faire ces mêmes couches dans un moule ; comme aussi de les faire avec du blanc-mangé, au chocolat, au naturel et à la rose, etc.

N.° 711. *Moyen pour parfumer le Sucre.*

Rapez le sucre avec l'objet qui doit le parfumer, comme l'orange, par exemple ; enlevez au fur et à mesure le résidu avec un couteau, et recommencez toujours de même, jusqu'à ce que vous ayez la quantité désirée ; faites-le sécher, écrasez-le, passez au passoir afin de l'avoir un peu graineux, et servez-vous en pour parfumer, comme aussi en guise de nonpareille. Ce même sucre se colore de plusieurs manières, soit en le frottant avec du verd d'épinards (Voy. n.° 115), du carmin ou du chocolat rapé; si vous voulez lui donner le goût de la vanille, pilez-en un bâton avec votre sucre et passez-le au tamis.

Ces sucres colorés sont d'un grand secours à l'ouvrier qui a du goût, pour orner toutes sortes de friandises.

POISSONS.

N.° 712. *Bouil-Abaïsse à la Marseillaise.*

Mettez dans une casserole un peu d'oignon haché, avec un peu d'huile, et passez un moment sur le feu; coupez ensuite à tranches du poisson de mer, tel que la moraine, la rascasse, le loup, le merlan, la langouste, etc.; placez-en les tranches dans la casserole, en y joignant un peu de persil et d'ail bien hachés, une tranche de citron, une pomme d'amour coupée à morceaux, dont vous aurez extrait l'eau et les graines; assaisonnez le tout avec du sel, du poivre et un peu de safran en poudre; arrosez-le avec de la bonne huile, et le mouillez ensuite avec un verre de vin blanc sec, mêlé à du bouillon de poisson, fait avec les têtes de ceux dont vous faites le bouil-abaïsse, si vous n'en avez pas d'autre (Voy. n.° 3); le mouillement doit recouvrir absolument le poisson; vous le ferez partir à feu d'enfer, et, lorsqu'il sera réduit des trois quarts, vous le verserez dans un plat creux dans lequel vous aurez rangé des tranches de pain du jour, un peu épaisses.

Le poisson doit être servi à part.

N.º 713. *Court-bouillon à la Bourgeoise.*

Hachez un peu de lard et faites-le fondre dans une casserole ; cet effet obtenu, retirez-la du feu, mettez-y un peu d'oignon et un anchois, le tout bien haché ; coupez le poisson à morceaux, placez-le dans la casserole, assaisonnez-le avec du poivre et du sel, une demi-feuille de laurier, un peu d'ail et de persil hachés ; ajoutez à tout cela de la bonne huile ou du beurre, et mouillez avec du vin rouge mêlé, par égales portions, à du bouillon de poisson (Voy. n.º 3) ou de l'eau ; quand le mouillement sera réduit convenablement, vous servirez votre court-bouillon avec des croûtons de pain frit.

N.º 714. *Poisson au Bleu.*

Il doit être cuit absolument couvert d'un mouillement composé de vin rouge et d'eau, dans lequel vous mettrez un peu d'huile ou de beurre, et que vous assaisonnerez avec du sel, un oignon piqué, un ail et un gros bouquet (Voy. n.º 1) ; quand le poisson sera au point, vous le séparerez de cette sauce, vous l'égoutterez bien et le dresserez sur un plat, une serviette par-dessous ; on l'entoure ordinairement de feuilles de persil.

N.° 715. *Poisson au Naturel.*

Faites cuire un poisson dans de l'eau, de façon à ce qu'il en soit recouvert ; assaisonnez-le avec du sel, un oignon piqué (Voy. n.° 1), de l'huile ou un peu de beurre et un gros bouquet, comme pour le bouillon (Voy. n.° 1) ; faites-le bouillir jusqu'à parfaite cuisson ; alors vous l'égoutterez, le dresserez sur un plat et l'entourerez de fines herbes bien hachées.

N.° 716. *Poisson au blanc.*

Préparez-le comme ci-dessus, et servez-le, après l'avoir fait égoutter, dans une sauce faite de la manière suivante :

Mettez dans une casserole une tranche de jambon, un peu de beurre et une pincée de farine ; passez ces objets sur le feu, en tournant avec une cuiller, pour en faire un roux blanc ; vous le mouillerez avec du bouillon de poisson (Voy. n.° 3) ; vous tournerez constamment cette sauce jusqu'à ce que l'ébullition commence ; alors retirez-la sur l'angle du fourneau où vous la laisserez bouillir un moment, après quoi vous la lierez avec deux ou trois jaunes d'œufs ; vous y exprimerez un jus de citron, et la passerez de suite au tamis ; on y joint ensuite quelques câpres ou cornichons, et on la verse sur le poisson.

Nota. Les arêtes et les têtes de poissons, bouillies ensemble et assaisonnées convenablement, forment le bouillon qu'il est à propos d'employer cuire entre des bardes de lard et quelques lames de jambon, après les avoir assaisonnées; mouillez avec un peu de vin blanc sec, ou bien avec une marinade chaude de poisson (Voy. n.° 874), mais bien court de mouillement; lorsqu'elle sera au point, vous ôterez la peau qui l'entoure et vous la servirez avec une sauce hachée.

N.° 747. *Thon à la Remoulade.*

Marinez une rouelle de thon avec un peu de sel et d'huile, ou de beurre; faites-la griller ensuite à petit feu; vous connaîtrez qu'elle est suffisamment cuite quand l'os du milieu se détachera aisément de la chair; vous la servirez alors sur une remoulade (Voy. n.° 132).

N.° 747 (*bis*). *Thon au Bleu.*

Voy. poisson au bleu, n.° 714.

Nota.

Le ventre du thon est la partie dont on se sert de préférence pour le gril et les pâtés froids et chauds. On fait avec le thon cuit des émincées à la sauce au poulet.

N.° 748. *Loup au Naturel.*

Faites-le cuire à l'eau; assaisonnez comme le bouillon de poisson (Voy. n.° 3); après cuisson, égouttez-le, dressez-le sur son plat, et servez-le entouré de fines herbes hachées.

N.° 749. *Loup à la Sauce blanche.*

Voy. poisson au blanc, n.° 716.

N.° 750. *Loup à la Chambord.*

Voy. carpe à la Chambord, n.° 745.

N.° 751. *Baudroie Bourgeois.*

Faites-en bouillir la tête et les arêtes pour faire un bouillon de poisson que vous passerez au tamis.

Mettez en même temps, dans une casserole, des porreaux coupés à filets et passés avec de l'huile ou du beurre : vous poserez par-dessus votre poisson coupé à morceaux ; vous l'assaisonnerez avec du sel, du poivre, un anchois, un oignon, du persil et un ail, le tout bien haché ; vous le couvrirez de son foie, et vous le mouillerez avec le bouillon déjà obtenu, mêlé par égales portions à du vin blanc ; cette préparation exige un bon feu : quand elle sera au point, vous en retirerez le foie que vous pilerez bien au mortier avec deux ou trois jaunes d'œufs ; vous y délayerez un demi-verre d'huile que vous verserez bien doucement en tournant toujours, comme pour faire une re-moulade ; quand le poisson bouillira, vous le lierez avec cette sauce, et le verserez sur son plat.

N.° 752. *Maquereau à la Maître d'hôtel.*

Fendez-le par le dos dans toute sa longueur,

vous le ciselerez ensuite et le marinerez avec du sel, une pincée de poivre et un peu d'huile ou de beurre; ainsi disposé, mettez-le sur le gril; quand il sera cuit, vous en ôterez l'arête, et vous mettrez dedans une maître d'hôtel (Voy. n.º 121).

N.º 753. *Maquereau aux Porreaux.*

Faites roussir des filets de porreaux dans de l'huile ou du beurre; mouillez-les avec du bouillon de poisson (Voy. n.º 3), et mettez-y le poisson à cuire; vous le servirez avec son réduit.

N.º 754. *Filets de Maquereau marinés.*

Coupez le maquereau à filets, et observez qu'il soit bien frais; assaisonnez les filets dans la proportion d'une once et demie de sel par livre de poisson; ajoutez deux ou trois gérofles, une feuille de laurier, et faites-les bouillir à l'eau pendant une heure; l'eau doit les recouvrir entièrement; l'heure écoulée, laissez refroidir, après quoi vous égoutterez bien les filets sur un linge, vous les introduirez dans un bocal ou dans une terrine, et les couvrirez d'huile.

N.º 755. *Esturgeon à la Sauce piquante.*

Faites-le cuire dans une marinade chaude, après quoi vous l'égoutterez et le servirez avec une sauce piquante (Voy. n.º 116).

N.º 756. *Truite au Bleu.*

(Voy. poisson au bleu, n.º 714); on la prépare aussi en poulette (Voy. poisson en poulette, n.º 716).

N.º 756 (*bis*). *Morue à la Branlade en pierres à fusil.*

Faites tremper la morue un couple de jours; dans cet intervalle changez-la d'eau quatre ou cinq fois ; quand vous voudrez la préparer, vous la ferez blanchir dans une casserole ; l'eau doit la couvrir en entier ; lorsque vous verrez qu'elle est près de bouillonner, vous y jeterez un verre d'eau fraîche, vous la retirez du feu et la couvrirez : faites ensuite égoutter la morue : ôtez-en les arêtes, et le bout de la tête qui est toujours mauvais, après quoi vous la mettrez dans une casserole avec un jus de citron ; vous donnerez à la casserole un mouvement de rotation ; continuez pendant qu'une autre personne versera goutte à goutte l'huile qui doit lier la morue ; quand celle-ci sera liée et épaissie, au point de s'attacher à la casserole, quoique vous continuiez à la remuer fortement, vous y verserez doucement un demi-verre de lait ou d'eau bouillante; en remuant toujours la casserole à deux mains, la morue s'en détachera d'elle-même ; vous continuerez alors d'y faire tomber de l'huile, et quand enfin elle sera bien liée et fera la crême, vous y mêlerez des tranches de truffes, du persil, un peu d'orange de sauce et un anchois, ces trois derniers objets doivent être hachés, et le tout passé deux minutes sur le feu avec de la bonne huile ; on peut ajouter un peu d'ail à cette préparation, si on ne le craint pas; il n'est pas de rigueur.

Nota.

La morue, qu'il est indispensable de tenir bien chaude pour être préparée en branlade, ne doit néanmoins jamais bouillir ; on ne doit employer la cuiller de bois que pour la détacher du tour de la casserole, lorsque, pour entretenir la chaleur, on est obligé de la poser sur le feu : si vous rencontriez une mauvaise morue qui rendît son huile, vous pileriez deux ou trois pommes de terre, vous les délayeriez avec du lait, en tournant le tout un instant sur le feu, et vous le mêleriez à la morue que vous serviriez tout de suite.

N.° 757. *Morue à la Branlade.*

Préparez-la d'abord comme ci-dessus, avant de la mêler aux truffes; brisez-la avec une cuiller de bois que vous prendrez de la main droite, pendant que de la gauche vous tournerez fortement la casserole; durant cette opération, une autre personne fera tomber goutte à goutte de l'huile dans la morue qui se liera et s'épaissira successivement ; vous y verserez alors un peu de lait bouillant ou de l'eau, et continuerez de la travailler jusqu'à ce qu'elle soit réduite en pommade ; ce résultat obtenu, mêlez les truffes comme ci-dessus, et servez chaud.

N.º 758. *Morue à la Lessiveuse.*

Coupez de la morue, bien trempée, en morceaux de trois pouces en carré, passez les morceaux dans la farine et faites-les frire à moitié sur un feu doux : cela fait, retirez-les de la poêle, mettez à leur place des épinards hachés et auxquels vous avez fait rendre leur eau, en les salant un peu et les pressant ensuite avec les mains ; vous les passerez d'abord un moment, puis vous y mettrez une pincée de farine et un peu d'eau bouillante, du persil, un ail, un peu d'orange de sauce et un anchois, le tout bien haché ; quand les épinards seront cuits, vous y mêlerez les morceaux de morue et les y laisserez bouillir deux ou trois minutes en les faisant sauter à force de bras, après quoi vous servirez.

N.º 759. *Huîtres en Poulette.*

Retirez les huîtres de leurs écailles, et mettez-les à blanchir dans leur eau ; lorsque le bouillonnement commencera, vous les retirerez du feu et les poserez une à une, avec une fourchette, sur un tamis pour les faire égoutter ; après cela vous les mettrez dans une casserole avec un peu d'échalotte, un anchois et du persil que vous avez haché d'abord ; ajoutez-y de l'huile ou du beurre ; passez un moment le tout sur le feu, et versez-le dans une sauce blanche de poisson liée avec des œufs (Voy n.° 714).

N.° 760. *Huîtres au Gratin*

Préparez-les comme ci-dessus, mettez-les dans un plat que vous entourerez de croûtons trempés dans l'œuf ; répandez de la rapure de pain sur le tout, et mettez une minute au four.

N.° 761. *Huîtres en Friture.*

Lorsqu'elles sont blanchies et égouttées, comme ci-dessus, marinez-les au citron ou au vinaigre ; vous les égoutterez ensuite de nouveau, les passerez dans une pâte à frire (Voy. n.° 221) et les ferez frire de belle couleur.

N.° 762. *Coquilles d'Huître liées.*

Préparez les huîtres en poulette (Voy. n.° 759), après quoi vous les mettrez dans des coquilles foncées avec un peu de beurre et d'anchois ; vous mettrez par-dessus de la rapure de pain, et les ferez griller.

N.° 763. *Coquilles d'Huître.*

Après avoir retiré les huîtres de leurs écailles, marinez-les, dans un plat creux, avec leur eau, un jus de citron, un peu d'huile, une pincée de poivre, des truffes, du persil, une échalotte et un peu d'orange de sauce, le tout bien haché ; vous remuerez bien ces objets ensemble, et les laisserez prendre goût.

Passez en même temps dans des coquilles un morceau de beurre, mettez par-dessus un peu d'anchois, et placez dans chacune d'elles six huîtres avec un peu de leur marinade ; on peut y ajouter un peu d'ail ratissé, si on ne le craint pas : mettez les coquilles sur le gril ou sur la braise ; lorsque leur contenu commencera à bouillir, saupoudrez-les avec de la rapure de pain, et couvrez-les d'un couvert chargé de feu ; vous en surveillerez la cuisson afin de les humecter avec leur saumure, au fur et à mesure que le feu les dessèche.

N.° 764. *Rougets Grillés.*

Le rouget, après avoir été nettoyé et écaillé, doit être bien séché avec un linge, et, après avoir été dépouillé de ses nageoires, mariné avec du sel, du poivre et un peu d'huile ; s'il est bien frais, vous pouvez le passer dans la rapure de pain et le mettre sur le gril, sans craindre qu'il s'y attache ; mais si vous le suspectez tant soit peu, montez à demi un blanc d'œuf, trempez-y le rouget, saupoudrez-le avec de la rapure de pain, et faites-le griller ; on peut aussi en faire cuire dans des caisses de papier, avec des fines herbes.

N.° 764 (*bis*). *Rougets en Étoile.*

Nettoyez cinq ou sept rougets, coupez-leur le bout de la queue que vous leur placez dans la bouche ; séparez-en les deux filets, en commençant par la queue ; ôtez-en l'arête; posez sur chacun d'eux de la farce à quenelles de poisson (Voy. n.° 156) bien égalisée, et retournez les filets en dedans jusqu'à la tête, d'où vous avez eu le soin de ne pas les détacher ; cela fait, mettez un peu de farce de poisson dans le plat où vous devez les servir, rangez-y les rougets en forme d'étoile, les têtes sur le bord du plat ; faites sur chaque filet une petite fleur avec des truffes ou avec des cornichons; posez sur le tout de bardes de lard, un rond de papier, et mettez un moment au four ; après cuisson, ôtez le papier et le lard, et versez au milieu des filets un ragoût d'huîtres mêlé de truffes.

N.° 765. *Langouste.*

Pour nettoyer la langouste il faut lui passer une de ses cornes dans le cul, aussi profondement que possible; c'est en retirant cette corne qu'on entraîne les boyaux ; on la fait cuire à l'eau bouillante ou au vin blanc, et on l'assaisonne comme les écrevisses (Voy. n.° 766) ; lorsqu'elle est cuite, on la partage en long, et on la sert avec une sauce dans laquelle on emploie le noir qu'on lui trouve dans le ventre, une échalotte, du persil et un anchois qu'on hache bien d'abord et qu'on broie ensuite avec un peu de moutarde, un jus de citron et de l'huile ; la sauce et le poisson doivent être servis séparément ; la première dans un saucier, et la langouste sur un plat.

N.° 766. *Écrevisses.*

Faites cuire les écrevisses à l'eau, ou au vin blanc, ou moitié l'un et l'autre, dans une casserole; assaisonnez-les avec du sel, une carotte, un oignon, du persil en branche, deux clous de gérofle et un filet de vinaigre; vous les ferez bouillir à grand feu pendant dix minutes, après quoi vous les verserez dans un plat creux.

N° 767. *Écrevisses à l'Anglaise.*

Quand les écrevisses seront cuites, comme ci-dessus, ôtez-en la coque et mettez-les dans une sauce blanche.

On prépare aussi les écrevisses à la béchamelle et à l'allemande, c'est-à-dire qu'après les avoir dépouillées de leur coque, on les met dans une béchamelle ou une allemande (Voy. n.ºs 82 et 83).

N.° 768. *Lamproie.*

Ébouillantez-la d'abord, vous la nettoyerez ensuite et en ratisserez la peau avec un couteau; cela fait, vous l'essuyerez bien avec un linge, et la couperez enfin à tronçons, en recueillant le sang qui en découle; les tronçons nettoyés de nouveau doivent être mis dans le plat où vous avez déjà déposé le sang; ajoutez-y du sel, du poivre et un verre de vin.

Mettez dans une autre usine une tranche de

jambon coupée à filets, un morceau de beurre et une petite pincée de farine, à cause du sang qui lie déjà le poisson ; tournez un instant ce roux sur le feu, mouillez-le avec du bouillon, et versez-y vos lamproies et tout leur sang ; cette cuisson doit s'opérer à petit feu ; il faut, pour qu'elle soit au point, une heure au moins, et une heure et demie au plus.

N.° 769. *Lamproie à l'Oseille.*

Préparez de l'oseille comme il est dit à la sauce à l'oseille (Voy. n.° 136), à la différence qu'il faut la mouiller avec la sauce de la lamproie, après l'avoir bien passée. La lamproie, préparée comme ci-dessus, doit être servie sur l'oseille.

N.° 770. *Sauté de Filets de toute sorte de Poissons.*

Marinez les filets avec un hachis d'échalottes ou oignons, de persil et de truffes, le jus d'un citron, un peu de sel et deux cuillerées à bouche de bonne huile ou beurre; vous mettrez ensuite du beurre dans un sautoir, un anchois haché par-dessus, et enfin les filets que vous ferez cuire presque au moment de servir ; quand ils seront roidis d'un côté, vous les tournerez de l'autre, et vous les retirerez après cuisson pour les dresser sur un plat ; ôtez alors le beurre du sautoir pour y faire réduire un demi-verre de vin blanc sec ; mouillez ensuite avec de l'espagnole (Voy. n.° 80) ou velouté (Voy. n.° 81) ; joignez-y des tranches de truffes ; dégraissez et répandez la sauce sur les filets, entre lesquels on intercalle des croûtons glacés.

N.º 771. *Vive.*

La vive est un poisson très-ferme qui se prête à toute sorte de préparations ; mais on la mange plus ordinairement cuite au gril et servie en remoulade (Voy. n.º 132) ; les filets en sont estimés ; on les pique avec du lard et des truffes, et on les emploie pour des poupetons, des grenades, etc., etc.

N.º 772. *Sardines Fraîches.*

Les sardines fraîches sont bonnes à manger; sur-tout dans les ports de mer où l'on peut les préparer au sortir de l'eau: il faut donc, quand on en est éloigné, les choisir fraîches autant que possible ; on peut en diversifier l'apprêt ; on les prépare au gril et à la poêle à frire ; on peut aussi les mettre en caisse avec de fines herbes bien hachées, et arroser le tout avec de l'huile ou du beurre, après quoi on les saupoudre avec de la chapelure de pain; on les mange aussi en bouïl-abaisse (Voy. n.º 712), en gratin, c'est-à-dire qu'on en sépare les filets, sur chacun desquels on pose un peu de farce à quenelles de poisson (Voy. n.º 156) ; on roule ensuite ces filets, on les pose dans un plat creux sur une couche de farce à gratin (Voy. n.º 160) ; enfin on tamise par-dessus de la chapelure de pain, et on les fait cuire au four ou sur un trépied, feu dessus et dessous ; on les sert ainsi préparées avec un peu de jus (Voy. n.° 77).

N.° 773. *Arcélis en Poulette.*

Lavez-les d'abord à plusieurs eaux , mettez-les ensuite dans une casserole et sur le feu ; la chaleur fera entr'ouvrir le coquillage , vous enleverez alors une coquille de chacun d'eux , et vous passerez au tamis l'eau qu'ils auront rendue, à l'exception du fond, qui ne doit servir à rien.

Faites un roux blanc, dans une casserole , en tournant sur le feu une pincée de farine avec un morceau de beurre ; ajoutez-y de fines herbes , et mouillez-le avec l'eau des arcélis mêlés à du vin blanc ; tournez toujours , jusqu'à ce que le bouillonnement commence ; vous le laisserez durer quelques momens ; ajoutez-y alors quelques fines herbes , hachées , après quoi vous lierez avec deux ou trois jaunes d'œufs et un jus de citron , et vous verserez les arcélis dedans ; ils doivent être servis très-chauds , mais ne doivent jamais bouillir dans la sauce.

N.° 773 (*bis*). *Arcélis au Gratin.*

Il faut toujours les laver et les mettre dans une casserole sur le feu pour qu'ils s'entr'ouvent et rendent leur eau ; vous les dépouillerez des deux coquilles , et vous les mettrez dans une sauce poulette , faite comme ci-dessus , plus compacte ; vous saupoudrerez toute la surface du plat avec de la rapure de pain ; vous formerez autour un cordon de croûtons de pain blanc coupés en bouchons et trempés dans l'œuf battu, et enfin vous mettez le plat au four, un moment avant que de servir : on peut aussi le faire cuire sur un trépied, ou sous le four de campagne. Les arcélis en coquilles se préparent de même.

N.° 774. *Arcélis à la Ménagère.*

Nettoyez et faites entr'ouvrir les arcélis, comme il est dit aux articles qui précèdent, ôtez-en une coquille et recueillez-en l'eau que vous passerez au tamis, pour vous en servir ; cela fait, passez de jeunes épinards que vous avez d'abord fait blanchir à l'eau bouillante, que vous avez ensuite égoutté et fait revenir à l'eau fraîche, et qu'enfin vous avez pressés pour en extraire l'eau, et hachez bien fin ; ces épinards, dis-je, doivent être passés avec un peu de beurre ou d'huile, dans une petite poêle ou casserole, et sur le fourneau, assez long-temps pour prendre goût ; n'y mettez pas de sel, mais une pincée de poivre, un anchois et du persil haché ; ratissez-y même un peu d'ail, si vous ne le craignez pas ; ajoutez à ce tout une petite cuillerée à bouche de farine, et mouillez un moment après avec l'eau du coquillage, en ayant soin de ne pas employer le fond qui ordinairement est sale ; on peut y ajouter un peu de lait ou d'eau bouillante ; on y mêle alors les arcélis, et on lie la sauce avec deux ou trois jaunes d'œufs ; on jette dedans de petits croûtons de pain blanc de la grosseur d'un doigt et frits au beurre ou à l'huile ; on sert cette préparation bien chaude, après avoir amalgamé le tout en le faisant sauter.

N.° 775. *Manière de cuire les Escargots.*

Ceux de vigne sont les plus estimés ; réunissez-les dans une usine un peu grande afin qu'ils puissent s'y attacher ; vous les y laisserez jeûner quelque temps, après quoi vous les prendrez tous les uns après les autres, vous jeterez ceux qui seront morts, et vous répandrez sur les autres du sel fin et un peu de vinaigre ; vous les verrez sortir de leur coquille et rendre une écume savoneuse ; lavez-les alors à plusieurs eaux, et, quand ils ne rendront plus de saleté, jetez-les dans un chaudron d'eau bouillante ; écumez, s'il est nécessaire, et assaisonnez avec du sel, un gros bouquet fait avec une poignée de céleris, de carottes, de thym, de laurier et de basilic, un oignon piqué de quelques gérofles, deux ou trois gousses d'ail dans leur enveloppe, et vous les laisserez cuire à petit feu ; il ne faut pas craindre de les changer souvent d'eau.

Nota. J'observe qu'il faut mettre les escargots dans le chaudron lorsque l'eau bouillonne, parce qu'ils n'ont pas le temps de se retirer au fond de leur coquille où il serait difficile d'aller les chercher pour les manger ; ce mets gagne à une cuisson prolongée, il est meilleur et plus facile à digérer.

N.º 776. *Escargots à la Provençale.*

Après la cuisson préliminaire, ci-dessus indiquée, sortez les escargots de leur coquille, au moyen d'une brochette de bruyère, et sautez-les dans un plat avec de la moutarde de Provence, dite aïolis (Voy. n.º 114 *ter.*).

N.º 777. *Escargots en Friture à la Ménagère.*

Faites-les cuire comme à l'article 775, vous les retirerez ensuite de leur coquille, les passerez dans la farine et les ferez frire ; retirez-les de la poêle pour les mettre à égoutter dans un passoir ; ôtez aussi une partie de l'huile dans laquelle vous les avez fait frire ; il n'en faut laisser dans la poêle qu'à peu près deux cuillerées ; vous y ferez sauter, deux minutes, de fines herbes bien hachées, un peu d'ail, si vous ne le craignez pas, et les escargots déjà préparés, et vous servirez de suite.

N.º 778. *Escargots à la Ménagère.*

Opérez d'abord la première cuisson (Voy. n.º 775) : ensuite nettoyez, lavez et hachez ensemble une poignée de jeunes épinards, autant d'oseille, de poirée et de cerfeuil ; vous leur ferez rendre leur eau en les saupoudrant de sel fin et les pressant un instant après entre les mains ; vous hacherez séparément un peu de persil, puis un peu de ciboule, ensuite de l'oignon ou une échalotte, enfin, et toujours en isolant les objets hachés, cinq anchois, un peu d'ail, de la ciboule, du fenouil, de l'estragon et de l'orange verte; mettez dans une casserole du lard et une tranche de jambon coupés à bien petits carrelés; quand l'action du feu les aura fondus, mettez-y les herbes et l'oignon hachés, et faites-les y cuire à petit feu, en remuant de temps en temps le tout avec une cuiller; joignez-y, si vous le voulez, de la graisse d'oie ou quelque bon fond de dégraissis de cuisson; quand les herbes seront cuites, vous les amalgamerez à tous les objets désignés, en les sautant dans la casserole; joignez-y un bon verre d'huile et un petit morceau de mie de pain cuite dans du bouillon ou de l'eau assaisonnée, et que vous avez passée au passoir; remuez de nouveau, mouillez avec du bouillon ou de l'eau bouillante, assez pour que la sauce soit liquide et puisse remplir le vide des escargots; lorsqu'elle est de bon goût, il faut y laisser bouillir un moment les escargots, lier avec quatre jaunes d'œufs, puis les arroser avec de l'huile, et exprimer par-dessus le jus d'un citron.

N.° 778 (*bis*).   *Escargots en Poulette.*

Faites suer, dans une casserole, une tranche de jambon, joignez-y (quand ce résultat est obtenu) ou du beurre frais, ou du lard râpé, ou de l'huile, et, quand le tout sera en effusion, jetez-y les escargots cuits, comme il est dit, et retirés de leur coquille; vous les y passerez un petit moment, après quoi vous ajouterez de fines herbes hachées et un anchois ; vous mettrez la pincée de farine, mouillerez avec du bouillon ou de l'eau bouillante, et quand la préparation aura pris goût, vous la lierez avec un jaune d'œuf et un jus de citron.

N.° 778. (ter.) *Gratin d'Escargots.*

Voy. huîtres au gratin, n.° 760.

N.° 779. *Coquilles d'Huîtres aux Escargots.*

Mettez des escargots préparés en poulette (**Voy.** n.° 778 bis) dans des coquilles d'huître ; arrosez-les avec de l'huile, ou posez sur chacune d'elles un morceau de beurre ; saupoudrez-les avec de la rapure de pain, et faites-les griller.

N.° 779 (*bis*). *Autres Coquilles d'Escargots.*

Sortez de leur coquille des escargots cuits à l'ordinaire ; marinez-les, dans un petit plat, avec du sel, du poivre, de fines herbes et des truffes hachées, un jus de citron et de la bonne huile ; enduisez de beurre des coquilles d'huîtres ; posez sur le beurre un peu d'anchois, et remplissez la coquille avec les escargots que vous y déposerez avec une cuiller, afin de ne rien laisser perdre des fines herbes et de la saumure ; vous les ferez gratiner au gril ou sur la braise ; vous les saupoudrerez avec de la rapure de pain, et mettrez par-dessus, pendant quelques momens, un couvert de casserole chargé de feu.

N.º 780. *Attelées d'Escargots*

Préparez d'abord les escargots en poulette (Voy. n.º 778 *bis*); enfilez-les ensuite dans une brochette, en intercalant de petites tranches de truffes cuites entre chaque escargot ; quand les brochettes seront garnies, vous répandrez de la sauce sur toute leur longueur, puis vous les passerez dans l'œuf battu ; enfin vous les saupoudrerez avec de la mie de pain, et les ferez griller de belle couleur ; on peut aussi les faire frire.

ŒUFS.

N.º 781. *Œufs Pochés.*

Mettez dans une casserole de l'eau, du sel, un filet de vinaigre et posez-la sur le feu ; lorsque l'eau bouillira vous y casserez deux œufs du jour et vous la couvrirez, afin que le bouillonnement continue ; après une minute vous examinez si le blanc a bien enveloppé le jaune, et si en effet ce dernier a tout à fait disparu ; vous sortirez les œufs avec une écumoire et les déposerez dans de l'eau fraîche. Cassez ainsi successivement, et de deux en deux, tous ceux qui vous sont nécessaires, et pochez-les de même ; lorsque vous voudrez les employer, vous les parerez tout autour, les tiendrez bien chauds, les égoutterez, les mettrez sur un plat, répandrez sur chacun d'eux un peu de poivre blanc et les servirez saucés avec du jus (Voy. n.º 77) ou un consommé (Voy. n.º 5).

N.° 781 (*bis*).   *Œufs Frits.*

Cassez un œuf dans une assiette; assaisonnez-le avec du sel et du poivre, et mettez-le à la poêle dans de l'huile ou du beurre bouillant; pendant la cuisson, vous éleverez la queue de la poêle, afin que l'huile, étant toute rassemblée au bout, entoure bien l'œuf; ayez soin de l'arroser de cette même huile, afin que la glaire enveloppe le jaune, après quoi vous le retirerez; faites de même pour tous ceux que vous voulez frire, et quand vous aurez fini, vous retirerez de la poêle une partie de l'huile qu'elle contient; il n'en faut laisser que pour faire une marinade; joignez-y une échalotte bien hachée, assaisonnez avec du sel, du poivre et un filet de vinaigre, et versez sur les œufs.

N.° 782.   *Œufs à la Béchamelle.*

Faites durcir des œufs; coupez-les en long, en quatre parties, et mettez-les dans une béchamelle (Voy. n.° 82); on peut aussi les servir dans une sauce tournée, à laquelle on fait une liaison avec trois jaunes d'œufs (Voy. n.° 87).

N.° 783.   *Œufs en Tripe.*

Coupez des oignons à bien petits filets, faites-les cuire à petit feu dans une casserole couverte, quand ils vous paraîtront cuits, vous activerez le feu afin de réduire l'eau qu'ils auront rendus; vous les assaisonnerez, vous y mettrez de la graisse ou du beurre, ou de l'huile, et vous les retournerez souvent avec la cuiller pour éviter qu'ils s'attachent à la casserole et qu'ils roussissent, car il convient de les conserver aussi blancs que possible ; vous y ajouterez une cuillerée à bouche de farine et les mouillerez avec du lait ; continuez alors la cuisson à petit feu, et quand vous voudrez servir, mêlez-y une douzaine d'œufs durs coupés à tranches ; liez le tout avec deux jaunes d'œufs et sautez-le une minute pour y mêler un peu de persil haché.

N.° 784. *Œufs à l'Huguenote.*

Mettez dans un plat un bon jus de bœuf à la mode ou tout autre fond de cuisson un peu graisseux ; cassez-y les œufs, et, lorsque l'ébullition commencera, vous assaisonnerez légèrement les jaunes avec un peu de sel.

En même temps, passez dans une casserole, avec un peu de dégraissis, une échalotte hachée et une truffe, un peu de jambon cuit et de blanc de volaille ; coupez le tout à petit dés, mouillez avec un peu de jus (Voy. n.° 77) ou sauce, et quand les œufs seront au point, vous en masquerez les blancs avec cette garniture.

N.° 785. *Œufs en petites caisses.*

Faites des petites caisses rondes ou carrées comme pour les biscuits, enduisez-les à l'intérieur avec un peu d'huile et posez dans chacune de la farce à gratin (Voy. n.° 160) ; vous les poserez ainsi sur le gril, et lorsque la farce commencera à bouillir, vous mettrez un œuf entier dans chacune; quand elles seront toutes pleines vous les couvrirez d'une tourtière que vous soutiendrez sur un grand trépied; faites une garniture comme ci-dessus, mouillez-la avec un peu de coulis (Voy. n.º 78), et quand les œufs seront au point, vous en couvrirez tous les blancs.

N.º 786. *Œufs Brouillés.*

Cassez des œufs dans un plat creux, assaisonnez-les avec du sel et une pincée de poivre; posez, en même temps, sur le feu une casserole avec un morceau de beurre ou le dégraissis de quelque bon fond de cuisson, passez-y un moment des tranches de truffes, du persil, une échalotte et un anchois; ces trois derniers objets bien hachés, vous y mêlerez les œufs et vous les tournerez avec une cuiller afin de détacher successivement tout ce qui peut s'attacher au fond et aux parois de la casserole; quand ils auront acquis une certaine consistance, vous les retirerez pour y joindre des pointes d'asperges et un jus de citron; on peut, pour remédier à un excès de cuisson, si on n'avait pas bien saisi le point, ce qui est très-essentiel en cuisine, mettre dans cet apprêt un peu de jus (Voy. n.º 77) ou de coulis (Voy. n.º 78).

N.º 787. *Omelette aux fines herbes.*

Assaisonnez les œufs avec du sel, du poivre,

du persil, un anchois haché et un peu d'ail, si on ne le craint pas ; mettez la poêle au feu avec de l'huile ou du beurre, ou moitié l'un et l'autre ; lorsque le liquide sera bouillant, vous y jeterez les œufs battus, et quand ils seront pris vous pencherez la poêle sur le devant, et roulerez l'omelette qui doit être servie un peu baveuse.

N.° 788. *Omelette aux Truffes.*

Battez avec les œufs, quelques tranches de truffes et faites comme ci-dessus.

N.° 789. *Omelette au Jambon.*

Mettez dans la poêle, avec l'huile ou le beurre, du jambon coupé à petits dés et faites l'omelette à l'ordinaire.

N.° 790. *Omelette à la Savoyarde.*

Coupez des croûtons de pain à petits dés et faites-les frire au beurre ; coupez de la même façon du fromage de gruyère, battez le tout dans vos œufs, assaisonnez-les et terminez l'omelette à l'ordinaire ; il est à propos de la faire au beurre et d'y ajouter de fines herbes.

N.° 791. *Omelette aux Oignons.*

Faites cuire dans de l'huile ou du beurre des oignons coupés à petits filets, assaisonnez-les avec du sel et du poivre ; quand ils seront cuits et un peu roux, battez-les avec les œufs que vous avez assaisonnés à part avec du sel et du poivre, et terminez à l'ordinaire.

N.º 792. *Omelette à l'Espagnole.*

Mettez dans la poêle, avec l'huile ou le beurre, du jambon coupé à petits dés : joignez aux œufs battus quelques tranches de pommes d'amour cuites et de fines herbes, et roulez votre omelette; vous la dresserez ensuite sur un plat, vous l'entourerez d'œufs durs coupés en quatre dans leur longueur, de truffes cuites et de cornichons que vous intercalerez avec symétrie, et vous verserez par-dessus une sauce aux pommes d'amour (Voy. n.º 119).

N.º 793. *Omelette au Rognon de Veau.*

Marquez une omelette à l'ordinaire, assaisonnez-la, mettez-y de fines herbes, un anchois et des truffes, le tout bien haché; joignez-y, avant de battre les œufs, le maigre d'un rognon de veau, cuit à la broche, coupé à carrelés, et faites dissoudre dans la poêle le gras de ce même rognon bien haché et mêlé à un peu de beurre ou d'huile, ou de graisse : quand le corps gras sera en ébullition, vous y jeterez l'omelette bien battue, vous la roulerez à l'ordinaire, et quand vous l'aurez dressée sur son plat, vous la saucerez avec une espagnole (Voy. n.º 80) ou une sauce aux pommes d'amour (Voy. n.º 119), et la servirez bouillante.

N.º 793 (*bis*). *Nota.*

Il serait trop long de donner la nomenclature

des omelettes qu'on fait, et plus encore de celles qu'on pourrait faire, les œufs se mêlant agréablement à tous les végétaux et aux douceurs ; les plus usitées sont celles que j'indique ; on peut en faire avec des huîtres blanchies dans leur eau et passées dans de fines herbes, avec des pointes d'asperges, avec des queues d'écrevisses ; on fait aussi de petites omelettes farcies, en cassant les œufs et les assaisonnant avec du sel, du poivre et de fines herbes ; on met à cet effet un peu de beurre dans la poêle à frire ; quand il est bouillant, on y verse le tiers des œufs battus et assaisonnés qu'on destine à l'entière confection de l'objet, et quand ceux-ci sont pris, on place au milieu quelques cuillerées de chicorée préparée qu'on enveloppe en roulant l'omelette ; on place cette première sur un couvert de casserole, puis on en fait une seconde et enfin une troisième ; on les établit à côté les unes des autres dans un plat, sur le restant de la chicorée ; alors on les saupoudre avec du parmesan ou de la chapelure de pain, et on les soumet au four de campagne un moment avant de servir.

On fait de même pour les omelettes à l'oseille, aux épinards.

On fait des omelettes farcies avec toutes sortes de crèmes et de confitures, et on les glace avec la pelle.

N.° 793 (ter). *Omelette à la Paysanne.*

Nettoyez quelques feuilles de poirée, quelques

épinards, un peu de menthe et de ciboule et quelques feuilles d'oseille, coupez ou hachez bien le tout ; vous y jeterez ensuite un peu de sel, et, cinq minutes après, les presserez dans les mains pour en extraire l'eau ; vous les mettrez ensuite dans la poêle, sur le feu, avec de l'huile ou du beurre, ou moitié l'un et l'autre ; pendant que les herbes prennent goût, cassez vos œufs dans un plat, assaisonnez-les avec du sel, du poivre, du persil, du fenouil, une échalotte, un anchois et un peu d'ail, le tout bien haché ; battez les œufs, et terminez l'omelette ; elle réclame un peu plus de cuisson que les autres, et ne doit pas être roulée ; on la fait sauter dans la poêle.

Il est à propos d'observer que les herbes ayant été salées, il faut mettre aux œufs peu d'assaisonnement.

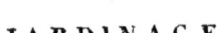

JARDINAGE.

N.º 794. *Épinards au Naturel.*

Faites blanchir des épinards, à l'eau bouillante, dans une usine assez grande pour que l'eau les couvre tout à fait ; jetez-y un peu de sel, et quand ils seront cuits, ce que vous connaîtrez au toucher, vous les égoutterez au passoir et les mettrez vite à l'eau fraîche pour leur conserver leur vert ; ensuite vous les égoutterez au passoir, vous achèverez d'en extraire l'eau en les pressant fortement entre les deux mains, après quoi vous les hacherez bien.

Faites bouillir, dans une casserole, un morceau de beurre, écumez-le, et mettez-y les épinards que vous assaisonnerez avec du sel et du poivre; vous les passerez assez long-temps, pour leur laisser prendre goût, et les remuerez avec la cuiller; cela fait, rapez un peu de muscade, et dressez sur un plat.

Nota.

On peut passer les épinards dans de la graisse de canard ou d'oie.

N.º 795. *Épinards aux Croûtons.*

Blanchissez, jetez à l'eau fraîche, et hachez les épinards comme ci-dessus; assaisonnez-les et les passez un bon moment sur le feu, dans du beurre où vous avez d'abord fait frire les croûtons; vous les remuerez de temps en temps avec une cuiller, et vous les mouillerez un peu court avec du velouté; dressez-les sur un plat, égalisez-les avec le couteau, et servez-les avec un cordon de croûtons dont il est déjà parlé.

Nota.

On peut, à défaut de velouté, lier les épinards avec une pincée de farine, et les mouiller un instant après avec du lait ou du bouillon; dans ce dernier cas, il faut les laisser bouillir un moment pour les rapprocher, car ils doivent être compactes; servez-les comme ci-dessus.

N.º 796. *Épinards au Sucre.*

Mettez un peu de sucre dans les épinards en les passant au beurre ; vous les lierez avec une pincée de farine, et vous les mouillerez avec du lait ou de la crême ; ils doivent être servis entourés de croûtons, comme ci-dessus.

N.º 797. *Épinards des Amateurs.*

Nettoyez de jeunes épinards, sans séparer les feuilles de leurs racines ; faites-les blanchir au bouillon ; après cuisson, vous les égoutterez au passoir, et les servirez dans une casserole d'argent (qu'on peut remplacer par toute autre usine), avec un morceau de beurre frais ; assaisonnez avec du sel, du poivre blanc et un peu de muscade, et servez sur un rechaud.

N.º 798. *Carottes.*

Coupez les carottes en bouchon, faites-les blanchir à l'eau bouillante pendant huit minutes; vous les mettrez ensuite à cuire à la casserole, dans du bouillon auquel vous joindrez, gros comme une noisette, de sucre, dont l'effet est de neutraliser l'âcreté des racines ; tâchez que, lorsqu'elles seront au point, leur cuisson tombe en glace; alors vous les mettrez dans une autre casserole avec du velouté, et les lierez avec deux ou trois jaunes d'œufs; vous pouvez les servir au jus, ou bien avec une sauce espagnole (Voy. n.º 80);

on peut aussi les saucer à la béchamelle (Voy. n.° 82).

N.° 799. *Carottes Bourgeoises.*

Coupez des carottes à l'ordinaire, faites-les blanchir à l'eau bouillante ; assaisonnez avec un peu de sel et une tranche de lard ; quand elles seront presque cuites, vous les égoutterez au passoir et les ferez roussir à la casserole, dans du beurre, ou du dégraissis, ou même du lard râpé ; lorsque les carottes seront au point (ce qui doit arriver lentement à un feu doux) vous y mettrez une pincée de farine, et mouillerez à l'ordinaire avec du bouillon, ou du jus, ou de l'eau ; après quoi, dégraissez et faites une liaison à laquelle vous ajouterez un filet de vinaigre et un peu de persil bien haché.

N.° 800. *Carottes aux Oignons à la Bourgeoise.*

Ayez des carottes, et à peu près un tiers de leur quantité d'oignons ; coupez le tout à tranches bien minces et passez-le dans la poêle, avec de l'huile, ou du beurre, ou du saindoux, ou du dégraissis de cuisson ; pendant cette opération vous remuerez et retournerez souvent avec la cuiller, afin qu'elles ne s'attachent pas ; assaisonnez à l'ordinaire, et lorsque le ragoût vous paraîtra suffisamment cuit, vous le verserez dans une casserole et le ferez bouillir un moment ; vous y joindrez un peu de coulis ; si vous n'en avez pas, vous y suppléerez par la pincée de farine, et vous mouillerez avec du bouillon, ou jus, ou bouillon mitigé avec du lait ; quand il aura pris goût, vous le lierez avec deux ou trois jaunes d'œufs, un filet de vinaigre et du persil bien haché ; on peut, quand on ne craint pas l'huile, en mettre une cuillerée à bouche et la mêler au tout en le faisant sauter, après avoir lié.

N.º 801. *Pommes de Terre en Friture.*

Pelez et coupez à tranches des pommes de terre, mettez-en le tiers dans de l'huile, ou du beurre, ou bien de la graisse un peu chaude, à l'effet de les recouvrir entièrement, ce qu'on fait en élevant la queue de la poêle ; quand les pommes de terre seront roidies des deux côtés, vous les retirerez sur le derrière, et vous en ferez frire une seconde partie qui, après cuisson, cédera enfin la place à la dernière ; cette manière, de les frire successivement, fait qu'on peut les arroser tant que dure la préparation, et les retourner à propos avec une brochette pour les empêcher de s'attacher l'une à l'autre ; lorsqu'elles seront toutes également roussies, réunissez-les et achevez la préparation sur un bon feu ; vous les égoutterez ensuite au passoir, vous répandez par-dessus un peu de sel et un filet de vinaigre, et vous les servirez.

N.º 802. *Salade de Pommes de Terre aux Truffes.*

Mettez dans un saladier une couche de pommes

de terre bouillies, coupées à tranches, puis une couche de truffes coupées de la même manière, et successivement jusqu'à la fin ; la dernière couche doit être de truffes ; faites par-dessus un cordon de petits oignons cuits, de cornichons, de filets d'anchois et d'olives farcies ; assaisonnez avec du sel, du poivre, de l'huile et un filet de vinaigre, et servez.

N.º 803. *Pommes de Terre sautées à la Lyonnaise.*

Sautez, dans du beurre ou de la graisse, des pommes de terre bouillies et coupées à tranches ; assaisonnez-les et versez-les un moment après sur leur plat.

On les saute aussi dans du dégraissis ou du beurre, dans de la graisse d'oie ou de canard, dans lequel on a fait roussir des oignons coupés à filets.

N.º 804. *Court-Bouillon de Pommes de Terre.*

Faites-les frire à l'ordinaire (Voy. n.º 801) et faites-les bouillir à petit feu, dans une sauce faite avec du jus ou du bouillon, ou même de l'eau mêlée par quantité égale à du vin rouge ; dans ce dernier cas, il faut y ajouter un peu d'huile ou un petit morceau de beurre ; assaisonnez à l'ordinaire, et servez.

N.º 805. *Pommes de Terre à la Bourgeoise en Sauce blanche.*

Coupez à tranches des pommes de terre, mettez-les dans une poêle, avec un peu de dégraissis d'un bon fond de cuisson, ou du saindoux, ou de l'huile, ou du beurre : assaisonnez-les avec du sel et du poivre, et faites-les cuire presque au complet : joignez-y de fines herbes hachées; vous les mouillerez ensuite avec du bouillon ou de l'eau bouillante, et les lierez un moment après avec deux ou trois jaunes d'œufs et un filet de vinaigre ; au moment de servir, vous y mêlerez un morceau de beurre ou un peu d'huile, en faisant sauter la casserole ; servez immédiatement après.

N.° 806.   *Cardes à la Moelle de Bœuf.*

Choisissez la partie blanche des cardes, coupez-en des morceaux de deux pouces de long, et jetez-les de suite dans de l'eau bouillante contenue dans une grande bassine ou un poêlon que vous laisserez sur le fourneau afin que le bouillonnement continue ; vous y laisserez séjourner les cardes jusqu'à ce qu'on puisse enlever la peau du dessus ; vous les jeterez alors dans l'eau fraîche, vous les parerez bien avec le pouce, vous ôterez bien parfaitement toutes les peaux, vous les changerez d'eau, et enfin vous les ferez cuire dans un blanc pour cardes.

N.° 807.   *Blanc des Cardes.*

Faites fondre, à petit feu, un peu de graisse de bœuf prise dans la partie la plus farineuse; vous la mouillerez ensuite avec de l'eau bouillante, et vous l'assaisonnerez avec du sel, deux gérofles, quelques tranches de citron et un morceau de beurre; faites réduire le tout, à moitié, sur un bon feu, après quoi vous y mettrez les cardes à cuire; après cuisson, retirez-les dans un plat creux, et passez par-dessus le blanc au tamis.

Lorsque vous voudrez préparer le ragoût, vous poserez les morceaux de carde sur un tamis, et, quand ils seront égouttés, vous les mettrez dans une casserole avec un réduit de consommé en glace, du sucre gros comme une noisette, un ou deux morceaux de moelle de bœuf que vous avez parées de leurs peaux, et vous mouillerez avec un peu de jus et d'espagnole (Voy. n.° 80); posez par-dessus un rond de papier, puis un couvert de casserole; la préparation doit se terminer ainsi; il faut dégraisser avant de servir, et laisser avec le ragoût les morceaux de moelle que l'action du feu n'a pas dissout.

N.° 808. *Cardes en Poulette.*

Mettez dans la casserole des cardes déjà cuites dans le blanc (Voy. n.° 807), mouillez-les avec un mélange de consommé et de velouté, et, quand ce mouillement sera à moitié réduit, vous lierez le ragoût avec deux jaunes d'œufs.

N.° 809. *Cardes économiques Bourgeoises.*

Faites cuire des blancs de carde à l'eau, et

laissez-leur prendre un degré de cuisson plus considérable que les précédentes ; nettoyez-les de leurs peaux, parez-les, et passez-les dans de l'huile ou du beurre, ou tout autre dégraissis dans lequel vous avez haché un anchois et un peu d'échalotte que vous avez assaisonné avec du poivre et du sel ; faites-les sauter de temps en temps jusqu'à parfaite cuisson ; alors vous y mettrez un peu de farine, vous mouillerez avec du bouillon, ou de lait, ou de l'eau bouillante ; vous laisserez encore bouillir un moment à petit feu, et vous lierez enfin avec deux ou trois jaunes d'œufs auxquels vous joindrez du persil bien haché et un peu d'ail ratissé (si vous l'aimez).

N.° 810. *Artichauts au Naturel.*

Coupez-leur seulement la queue, et faites-les bouillir dans de l'eau salée à l'ordinaire ; quand ils seront assez cuits, vous les ferez égoutter, les dresserez sur un plat, et les servirez ou avec une sauce blanche, à l'eau (Voy. n.° 89), ou bien avec de l'huile et du vinaigre.

N.° 811. *Artichauts à la Bérigoule sur le gril.*

Coupez à vos artichauts la queue et le bout des feuilles ; ouvrez-les, et posez-les sans dessus dessous sur le gril ; vous les tournerez ensuite sur le cul ; assaisonnez avec du poivre et du sel et arrosez-les avec de l'huile ; lorsqu'ils seront cuits, vous les dresserez sur un plat et les arroserez de nouveau.

N.º 812. *Artichauts cuits à la Casserole.*

Coupez-en la queue et le bout des feuilles, comme ci-dessus ; entr'ouvrez-en le cœur, en écartant les feuilles, et placez-les bien serrés les uns contre les autres dans une casserole ; vous les assaisonnerez avec du sel et du poivre, vous arroserez d'huile l'intérieur de chacun d'eux, et poserez par-dessus des tranches d'oignon et de citron, la moitié d'une feuille de laurier et du persil en branche ; vous couvrirez d'un rond de papier, et vous ferez partir sur le fourneau. (Il est des cuisiniers qui ajoutent aux engrédiens ci-dessus détaillés un demi-verre de vin blanc sec). Quand les artichauts auront commencé de bouillir, mettez-les cuire sous le fourneau ; mettez un peu de feu sur le couvert, et terminez la cuisson ; vous les arroserez en les servant avec leur fond de cuisson ; on peut aussi mettre dans chacun d'eux une cuillerée de coulis dans lequel on a fait infuser une cuillerée de vinaigre.

N.° 813. *Artichauts à la Provençale.*

Coupez toujours les queues et le bout des feuilles ; coupez ensuite les artichauts en deux et vous les marinerez avec du sel, du poivre et un verre de vinaigre ; quand vous les aurez fait prendre goût, en les faisant sauter dans la marinade, vous les égoutterez sur un linge, les passerez ensuite dans la farine, et les ferez frire bien doucement et de belle couleur : ce résultat obtenu, dressez-les sur un plat, en pyramide, et servez-les.

N.° 814. *Friture d'Artichauts.*

Ne coupez pas tout à fait la queue des artichauts; ôtez-en les feuilles les plus vertes, et vous les tournerez en forme de toupie: vous les couperez ensuite en quatre et les mettrez à mariner dans de l'eau assaisonnée avec du sel et un filet de vinaigre ; quand vous voudrez les frire, vous les égoutterez et les presserez même un peu pour en extraire l'eau ; vous les passerez dans la pâte à frire où vous les ferez sauter, et les mettrez enfin dans la friture bien chaude ; vous les remuerez et les tournerez avec une brochette jusqu'à ce qu'ils aient pris belle couleur ; retirez alors la poêle du feu : posez les artichauts dans un passoir avec l'écumoire, et vous mettrez à leur place, dans la poêle, une poignée de persil que vous ferez frire et que vous placerez au centre des artichauts quand vous les servirez.

N.° 815. *Culs d'Artichauts à l'Italienne.*

Préparez des culs d'artichauts comme les précédens, et, au fur et à mesure que vous les nettoyez, frottez-les avec du citron, et jetez-les dans l'eau fraîche.

Faites un blanc dans une casserole, avec un peu d'eau assaisonnée avec du sel, deux gérofles, le quart d'une feuille de laurier, un morceau de beurre manié dans la farine et quelques tranches de citron ; faites-le bouillir jusqu'à demi-réduction ; mettez-y alors les artichauts, posez pardessus un rond de papier, et faites-les bouillir un peu ferme, sans les laisser trop cuire ; observez que le mouillement soit court, parce que l'artichaut rend toujours un peu d'eau ; quand il vous semblera que le degré de cuisson est convenable, versez le tout pour vous en servir au besoin.

Quand vous voudrez employer les culs d'artichauts, vous les égoutterez au passoir, les couperez en deux, et les ferez bouillir quatre ou cinq minutes, à la casserole, dans de la sauce italienne (Voy. n.° 124).

On sert aussi les culs d'artichauts entiers lorsqu'ils ont été cuits dans le blanc avec une sauce au restaurant (Voy. n.° 45), sur une remoulade (Voy. n.° 54) ; on les emploie pour garniture et pour mettre autour des entrées ; dans ce dernier cas, il faut les glacer.

N.° 816. *Céleris.*

On fait des pieds de céleri, en choisissant les parties les plus fortes dont on tourne le bout en long, comme des artichauts ; on en coupe les côtes de la longueur d'un doigt ; on fait blanchir et cuire le tout dans un blanc comme les cardes ; enfin on les égoutte quand on veut les employer.

N.º 817. *Céleris à l'Espagnole, entremets.*

Après les avoir fait cuire au blanc, vous les ferez bouillir quelque temps dans un mélange de jus et de sauce espagnole, mêlés de demi-glaces ; il est à propos de laisser rapprocher cette sauce, après quoi vous écumerez, dégraisserez et servirez.

N.º 818. *Céleris en Poulette.*

Faites bouillir les céleris dans du consommé ou un fond de cuisson de volaille, jusqu'à parfaite réduction, ensuite vous les dresserez sur un plat et verserez dessus une sauce au poulet ou sauce allemande (Voy. n.º 83).

N.º 819. *Céleris à la Béchamelle.*

Cuisez-les comme ci-dessus et servez-les avec une sauce béchamelle (Voy. n.º 82).

N.º 820. *Céleris bourgeois en Poulette.*

Faites cuire les céleris dans un blanc, ou bien simplement dans de l'eau et terminez leur cuisson dans un roux blanc fait de la manière suivante :

Mettez dans une casserole du beurre ou de l'huile ou le dégraissis d'un fond de cuisson ; mettez-y une pincée de farine et faites-la cuire en tournant la sauce sur un feu doux pour éviter de la roussir ; mouillez-la avec du bouillon, ou du lait, ou même de l'eau bouillante ; assaisonnez-la à l'ordinaire et joignez-y un anchois haché ; les céleris, réunis à cette préparation, doivent y bouillir assez pour y prendre goût et laisser à la sauce le temps de se réduire un peu ; arrivé à ce point, liez avec deux jaunes d'œufs et ajoutez un peu de persil bien haché.

N.º 821. *Friture de Céleris.*

Fendez en deux des pieds de céleris cuits au blanc, marinez-les avec du sel et un filet de vinaigre, et après les avoir passés dans de la pâte à frire vous les mettrez à la poêle dans de la friture bien chaude.

N.º 822. *Céleris au Gratin.*

Préparez des céleris en poulette ; rapez par-dessus du parmesan ou du gruyère, un peu de chapelure de pain arrosée avec un peu de beurre ou d'huile et faites-les gratiner feu dessous et dessus.

N.º 823. *Feuilles de céleris à la Ménagère.*

Faites blanchir, dans de l'eau assaisonnée à l'ordinaire, des feuilles et des côtes de céleri, à l'exception de celles qui sont trop vertes ; égouttez-les ensuite au passoir ; pressez-les et hachez-les, après quoi vous les passerez dans une casserole où vous aurez fait fondre un morceau de beurre ou toute autre nourriture ; ajoutez au tout l'assaisonnement ordinaire, plus un anchois haché ; quand les céleris auront pris goût, vous y mêlerez de la mie de pain bouillie dans du bouillon ou de l'eau salée, ou du lait ; mêlez le tout ensemble : mouillez avec le liquide où vous avez fait bouillir le pain, et, après avoir laissé rapprocher le ragoût à petit feu, vous le lierez avec deux ou trois jaunes d'œufs.

On peut mettre du fromage rapé sur ces sortes de plats ; les faire gratiner.

N.º 824. *Pourpiers à la Ménagère.*

Nettoyez les pourpiers, blanchissez-les à l'eau bouillante et laissez-les y cuire assez pour être ensuite égouttés au passoir et hachés ; cela fait, vous les mettrez dans une casserole avec de l'huile ou du beurre ou toute autre graisse ; vous les assaisonnerez avec du poivre, du sel et un anchois haché et les passerez un bon moment ; laissez prendre goût ; dans cet intervalle, vous les remuerez avec la cuiller, vous y mêlerez ensuite de la mie de pain bouillie dans du bouillon ou de l'eau assaisonnée avec du sel et du beurre, ou de l'huile ; ce pain doit être mis au passoir et tomber sur le pourpier auquel on le mêle, en remuant avec une cuiller ; ajoutez-y un peu du liquide où a bouilli le pain et achevez de cuire à petit feu, après quoi vous lierez avec deux ou trois jaunes d'œufs.

On peut aussi mouiller avec du lait.

N.º 825. *Pourpier au Fromage, au Gratin.*

Quand les pourpiers seront préparés comme ci-dessus, vous y joindrez du gruyère ou tout autre fromage et vous les lierez ; ensuite vous les verserez sur le plat que vous devez servir ; vous répandrez sur toute sa surface du fromage rapé, et vous poserez le plat sur un trépied, des cendres rouges par dessous et trois charbons sur le couvert ; vous le laisserez gratiner.

N.° 826. *Pois en Herbe au naturel.*

Enlevez les fils de vos pois en en coupant les deux bouts ; mettez-les ensuite dans une poêle sur le feu, avec un morceau de beurre ou de saindoux ou même d'huile ; passez-les à petit feu ; ajoutez-y, lorsqu'ils seront cuits à moitié, un peu d'oignon haché ; assaisonnez-les avec du sel, du poivre et un filet de vinaigre, et servez-les.

N.° 827. *Pois en Herbe au Jambon.*

Après avoir ôté les fils, mettez-les à l'eau bouillante une minute, et jetez-les ensuite dans l'eau fraîche ; vous ferez suer dans une casserole deux ou trois tranches de jambon coupées bien minces, vous y joindrez ou du beurre, ou du dégraissis, et enfin les pois que vous aurez fait égoutter au passoir ; ajoutez à tout cela un peu d'échalotte bien hachée, après quoi vous mouillerez avec du velouté et ferez une liaison.

A défaut de velouté, mettez une pincée de farine, mouillez un moment après avec du lait ou du bouillon, et faites votre liaison à laquelle vous ajouterez du persil haché et un filet de vinaigre.

N.° 828. *Petits Pois en Grains.*

Mêlez à de l'eau un peu de beurre frais; versez-y les pois et maniez-les bien, afin de les nettoyer parfaitement ; vous les égoutterez ensuite, et les mettrez dans une casserole avec un morceau de sucre, gros comme une noix, un cœur de laitue ficelé et un peu de sel; quand les pois seront cuits vous en ôterez la laitue, et les lierez à force de bras avec du beurre du jour.

N.° 829. *Petits Pois au Jambon.*

Coupez à filets une bonne tranche de jambon, mettez-la dans une casserole avec du beurre ou du saindoux ; joignez-y les pois, un cœur de laitue ficelé, et faites cuire à petit feu, après avoir répandu un peu de bouillon sur le tout, et couvert la casserole ; quand le ragoût sera presqu'au point, vous y mettrez une pincée de farine et un peu de bouillon, et laisserez terminer la cuisson, après quoi vous ôterez la laitue, et ferez une liaison avec deux ou trois jaunes d'œufs.

N.° 830. *Petits Pois à l'Anglaise.*

Faites cuire des petits pois dans de l'eau assaisonnée d'un peu de sel, égouttez-les, et servez-les dans leur plat.

N.° 831. *Petits Pois au Sucre.*

Maniez dans du beurre frais, des petits pois

en grains; vous les ferez cuire à petit feu, dans une casserole où vous aurez mis du sucre, gros comme une noix, et un cœur de laitue ficelé; après cuisson, retirez la laitue, et versez sur le plat.

N.° 831 (bis). *Petits Pois à la Crême.*

Préparez-les comme ci-dessus, et servez-les avec deux ou trois cuillerées de crême bourgeoise (Voy. n.° 696) ou toute autre.

N.° 832. *Laitues Farcies.*

Nettoyez et lavez bien des laitues entières, observant de ne pas en couper la racine trop ras des feuilles; faites-les blanchir cinq minutes à l'eau bouillante, d'où vous les retirerez pour les jeter dans l'eau fraîche; un instant après vous les ferez égoutter, et les presserez légèrement, les unes après les autres, pour en extraire l'eau; vous les prendrez ensuite par la queue, vous les ouvrirez pour en enlever le cœur et pour les remplir d'une farce fine (Voy. n.° 159) ou farce cuite (Voy. n.° 158); lorsque les laitues seront farcies, vous les ficelerez et les ferez cuire dans une braise, après quoi vous les mettrez sur un tamis pour les faire égoutter; vous les déficelerez et les rangerez sur un plat; si vous avez de la glace, glacez-les, et saucez-les avec une espagnole (Voy. n.° 80) ou un coulis (Voy. n.° 78).

N.° 833. *Choux Farcis.*

Voy. laitues farcies.

N.° 834. *Concombres Farcis.*

Coupez le bout des concombres, videz-les avec une petite cuiller de manière à ne pas y laisser des graines, et néanmoins à ne pas les crever; vous les pelerez ensuite, et les mettrez à l'eau fraîche; mettez de l'eau au feu pour les faire blanchir, assaisonnez-la avec du sel et du vinaigre; quand elle bouillira, déposez-y les concombres, laissez-les y séjourner dix minutes pendant lesquelles l'ébullition doit continuer; ce temps écoulé, sortez-les avec l'écumoire, et mettez-les un moment à l'eau fraîche pour les raffermir, après quoi vous les établirez sur un linge pour les essuyer, et enfin vous les remplirez d'une farce cuite (Voy. n.° 158); les concombres, ainsi préparés, doivent être cuits entre des bardes de lard; on peut y joindre un bon fond de braise, ou, à défaut, mouiller à moitié avec du bouillon; il faut les couvrir d'un rond de papier et les faire cuire à petit feu; lorsqu'ils sont au point, on les dégraisse, on les range sur un plat, on les glace avec une glace de fricandeau, et enfin on les sert saucés d'une espagnole (Voy. n.° 80).

Cette préparation peut se faire au four.

N.° 835. *Concombres au Blanc.*

Faites huit morceaux de vos concombres, en les coupant en quatre dans toute leur longueur, et ensuite en travers; ôtez-en les peaux et les graines, et faites-les blanchir cinq minutes à l'eau bouillante un peu salée ; vous les mettrez ensuite à rafraîchir, puis à égoutter, et enfin dans une casserole, sur une plaque de lard que l'action du feu aura fondue, ou bien dans du beurre ; vous les passerez quelques instans, vous y mettrez ensuite une pincée de farine, les mouillerez avec du bouillon, et les laisserez cuire à petit feu ; un moment avant que la cuisson soit au complet, ajoutez-y du lait ou de la crême, et enfin, avant de servir, liez avec deux jaunes d'œufs auxquels vous aurez mêlé du persil haché et un filet de vinaigre.

On fait aussi cuire des quartiers de concombres dans une poêle, et on les sert saucés dans une espagnole (Voy. n.º 80).

N.º 836. *Champignons oronges à la Bérigoule.*

Otez-en les queues, nettoyez-les et coupe-les à petits dés ; ensuite vous enleverez les peaux de l'oronge, vous ferez quelques incisions à l'endroit d'où vous aurez arraché la queue, vous y insinuerez un peu d'ail ratissé, et vous placerez tous vos champignons dans une casserole avec de l'huile et un demi-verre de vin blanc sec ; vous y joindrez les pieds, après les avoir coupés à petits dés, et ferez cuire le tout lentement, feu dessous et dessus ; lorsqu'ils seront au point, vous les mettrez sur un plat, vous mettez dans la casserole, à leur place, du persil et un anchois que vous ferez réduire avec les pieds ; quand cette espèce de farce sera suffisamment préparée, vous en poserez une portion sur chaque champignon, vous les saupoudrerez ensuite avec de la rapure de pain, les mettre un moment sous un couvert de casserole chargé de braise.

N.º 837. *Champignons en Poulette.*

Après avoir ôté la peau des champignons et les avoir bien nettoyés il faut les émincer un peu épais et les mettre à cuire dans une casserole où vous aurez fait suer un moment une tranche de jambon et dissoudre un peu de beurre ou mis un peu d'huile ; faites cuire le tout en le faisant sauter de temps en temps pour que rien ne se prenne au fond de la casserole ; vous les assaisonnerez et, quand ils seront presque cuits, vous y mettrez une pincée de farine ; peu de temps après vous les mouillerez avec un peu de bouillon ; laissez-les alors bouillir bien doucement jusqu'à parfaite cuisson, après quoi vous les lierez avec deux jaunes d'œufs auxquels vous aurez joint du persil haché et un petit filet de vinaigre ; vous pouvez y ajouter, goutte à goutte, après les avoir liés, une cuillerée d'huile, si toutefois vous en avez employé dans la préparation ; si vous vous êtes servi de beurre, ajoutez-en un morceau.

N.º 838. *Croûte aux Champignons.*

Nettoyez les champignons, lavez-les et mettez-les un moment dans de l'eau et un jus de citron ; pendant ce temps mettez au feu une casserole, avec une tranche de jambon et du lard, ou du beurre ou de l'huile ; passez-y les champignons à petit feu ; assaisonnez-les avec du sel, et peu après vous y mettrez une pincée de farine, et mouillerez avec du bon bouillon ; joignez au tout un peu d'ail ratissé, un bouquet (Voy. n.° 168), et liez-le avec deux jaunes d'œufs et un jus de citron ; vous y ajouterez, comme à l'article précédent, ou une cuillerée d'huile ou un morceau de beurre, selon ce que vous avez employé d'abord ; vous ferez sauter le tout ensemble ; les champignons ainsi préparés doivent être servis sur une croûte de pain enduite de beurre dessus et dessous, et séchée au four ou sur le gril.

N.° 839. *Champignons à la Ménagère.*

Après les avoir nettoyés et lavés, mettez-les à cuire dans une petite poêle, sur un feu doux, avec une tranche de jambon, un peu de lard fondu ou de l'huile, ou du beurre ; assaisonnez-les avec du sel, du poivre et de fines herbes bien hachées, on y ajoute ordinairement un peu d'ail, et lorsqu'ils sont cuits, on les humecte avec deux ou trois cuillerées à bouche de bouillon et on les lie enfin avec deux jaunes d'œufs et un jus de citron ; il est a propos d'ajouter un peu de beurre ou d'huile avant que de servir.

N.° 840. *Mousserons.*

Après les avoir épluchés et lavés, passez-les sur le feu, dans une casserole, avec une tranche de jambon et du lard fondu, ou tout autre corps onctueux ; assaisonnez-les avec du sel et du poivre; mouillez-les avec du velouté ou du coulis qu'on peut remplacer par une pincée de farine suivie, à une minute d'intervalle, d'un mouillement d'eau bouillante ou du bouillon ; liez-les à l'ordinaire.

N.º 814. *Morilles.*

Les morilles réclament un soin particulier pour les nettoyer ; il faut les laver à plusieurs eaux, après quoi on les ébouillante ; on les essuie enfin, et les prépare comme les autres champignons, à la seule différence qu'il faut joindre à l'assaisonnement ordinaire un bouquet et un oignon piqué.

N.º 842. *Haricots verts en Sauce Blanche.*

Coupez les deux extrémités des haricots ; fendez-les, s'ils sont trop gros, et mettez-les à blanchir dans de l'eau bouillante légèrement salée ; elle ne doit pas cesser de bouillir tant que dure la cuisson des haricots qui doivent ensuite être mis dans de l'eau fraîche ; quand ils auront repris leur vert, on les égoutte au passoir et les prépare dans une casserole où l'on a fait suer une tranche de jambon, mis un peu de beurre ou de dégraissis de fricandeau, et un peu d'oignon haché bien fin ; on assaisonne le tout avec du sel et du poivre ; on mouille avec du velouté, à défaut, on emploie une pincée de farine qui doit être suivie, à une minute d'intervalle, d'un mouillement de bouillon ou de lait; on laisse alors bouillir le ragoût à bien petit feu, et quand au moment de servir on l'a lié avec deux jaunes d'œufs et un filet de vinaigre, on y ajoute un peu de réduit de quelque bon fond de cuisson.

N.º 843. *Haricots secs au Blanc.*

Faites un roux blanc, en tournant dans du beurre fondu une cuillerée à bouche de farine et un peu d'oignon haché ; mouillez-le avec un peu de lait, et continuez de tourner sur un feu doux ; vous l'assaisonnerez avec du sel, du poivre et un peu d'anchois bien haché ; quand le roux blanc prendra le bouillonnement, vous le poserez sur des cendres chaudes, et vous y mêlerez les haricots déjà cuits à l'eau et bien égouttés au passoir ; vous les y laisserez bouillir un moment, et enfin vous lierez le tout avec deux ou trois jaunes d'œufs, un filet de vinaigre et un peu de persil bien haché ; avant de servir, joignez à la préparation une cuillerée à bouche d'huile ou un morceau de beurre frais que vous y mêlerez en la faisant sauter.

N.º 844. *Asperges en Salade.*

Nettoyez chaque asperge séparément, coupez le bout de la queue, et jetez-les dans une casserole pleine d'eau, légèrement assaisonnée avec du sel ; lorsque cette dernière sera en ébullition, laissez-les y quelques minutes, pendant lesquelles l'eau doit continuer de bouillir ; quand vous présumerez que les asperges sont cuites, vous les vérifierez en en retirant une au moyen d'une écumoire, et si l'épreuve confirme ce que vous croyez, vous les retirerez toutes et les mettrez de suite à l'eau fraîche, sinon attendez un moment, et faites de même; après cuisson complète, l'asperge doit être égouttée, servie la tête en dedans du plat, et les queues aux deux extrémités; on les mange avec de l'huile et un peu de vinaigre, ou bien avec une sauce blanche à l'eau (Voy. n.º 89) qu'on sert à part dans un saucier.

N.º 845. *Aubergines.*

Coupez-leur la queue, pelez-les et fendez-les par le milieu; vous décrirez ensuite avec la pointe du couteau, sur la surface plate que vous offrira chaque moitié, des lignes diagonales que vous traverserez en sens inverse, ce qui formera des losanges parfaits: répandez, sur tous les morceaux ainsi ciselés, un peu de sel que vous ferez pénétrer en les frottant deux à deux l'un contre l'autre; peu après vous les presserez pour en extraire l'eau, et vous les ferez enfin frire à la poêle dans de la graisse d'oie ou dans de l'huile, et sur un feu modéré : lorsqu'elles seront bien cuites, vous les placerez une à une sur une tourtière; vous poserez sur chacune une espèce de rémoulade faite à la casserole avec de l'huile, une échalotte, du persil et un anchois, et même un peu d'ail ratissé, quand on l'aime; cela fait, saupoudrez avec de la chapelure de pain, et mettez un moment sur le feu ou sur un trépied, feu dessus et dessous.

N.° 846. *Aubergines en Friture.*

Après avoir pelé les aubergines, coupez-les dans leur longueur à tranches de deux lignes d'épaisseur ; vous les saupoudrerez légèrement de sel pour leur faire rendre leur eau ; vous les presserez ensuite avec la main pour les écouler, vous les passerez dans la pâte à frire (Voy. n.° 221) et les ferez frire dans de l'huile chaude ; quand elles seront de belle couleur, vous les ferez égoutter au passoir et les servirez dressées sur un plat.

N.° 847. *Beignets d'Aubergines.*

Coupez-les plus minces que ci-dessus, mais faites-leur rendre leur eau, et faites-les frire de même ; lorsqu'elles seront ainsi préparées, vous les poserez sur une feuille de papier blanc saupoudrée avec du sucre ; vous répandrez du sucre par-dessus pour les glacer avec une pelle ; vous les servirez sur un plat après cette dernière opération.

N.° 848. *Œufs à l'Oseille.*

Otez la côte des feuilles d'oseille, lavez-les et faites-les blanchir à l'eau, vous les égoutterez au passoir, vous les hacherez, et les passerez au tamis, ensuite vous les cuirez à petit feu dans du beurre fondu, vous les assaisonnerez avec du poivre et du sel, et les remuerez, à courts intervalles, avec une cuiller, jusqu'à ce qu'elles aient pris bon goût ; alors vous les lierez avec une pincée de farine ; une minute après vous les mouillerez avec du lait, et continuerez de les faire bouillir à petit feu ; lorsque vous voudrez servir, mêlez deux œufs entiers à la préparation, en la remuant sur le feu avec la cuiller ; vous la servirez entourée de quartiers d'œufs durs, coupés en long ou d'œufs pochés (Voy. n.° 781), ou enfin de petites omelettes coupées triangulairement.

N.° 849. *Ragoût de Fèves en Grains.*

Mettez sur le fourneau une casserole pleine d'eau ; lorsqu'elle commencera à bouillir, jetez-y vos fèves en grains, laissez-les y séjourner cinq minutes, après lesquelles vous les jeterez au passoir, et quand leur eau sera toute écoulée, vous les passerez dans une autre casserole avec un peu de beurre fondu et bouillant et une tranche de jambon ; après avoir sauté un moment le ragoût, sur le feu, vous y mettrez une pincée de farine, vous ferez de nouveau sauter deux ou trois fois et mouillerez une minute après avec du bouillon bien dégraissé, joignez-y un cœur de laitue ficelé, et terminez la cuisson à petit feu ; si le mouillement vous semblait court, ajoutez-y un peu de lait, et quand les fèves seront assez cuites, retirez-en le jambon et la laitue et liez avec deux ou trois jaunes d'œufs.

N.° 850. *Fèves à la Macédoine.*

Mêlez à la préparation ci-dessus détaillée, des

culs d'artichauts coupés en quatre : ils doivent être blanchis et préparés avec les fèves.

N.° 851. *Macédoine de Légumes.*

Réunissez, dans une casserole, des carottes tournées, des navets, des pointes d'asperges, des morceaux de chou-fleurs, des truffes, des haricots verts, des petits pois et des fèves, le tout cuit séparément, et mouillez-les d'une sauce allemande (Voy. n.° 83).

N.° 852. *Raves au Sucre.*

Pelez les raves, coupez-les en rond ou en croissant, et faites-les blanchir environ dix minutes dans de l'eau bouillante; vous les égoutterez ensuite au passoir et vous les passerez dans une casserole avec un peu de beurre et du sucre, gros comme un œuf ; vous les ferez roussir bien également en les faisant sauter de temps en temps, après quoi vous les mouillerez avec du jus ou du bouillon et continuerez la préparation à petit feu ; vous pourrez y joindre une cuillerée d'espagnole (Voy. n.° 80).

N.° 853. *Oignons Glacés.*

Épluchez de gros oignons, n'en coupez trop ras ni la tête ni la queue, et rangez-les, la tête en bas, dans une casserole où vous aurez mis du beurre et, gros comme un œuf, de sucre ; vous y mettrez de l'eau assez pour couvrir les oignons jusqu'à la queue et vous la ferez partir sur un feu ardent ; lorsque le mouillement sera réduit, vous modérerez le feu afin que les oignons tombent en glace ; surveillez-les afin qu'ils ne s'attachent pas à la casserole ; après cuisson, vous les dresserez sur un plat, vous poserez de la glace (Voy. n.° 177) sur chacun d'eux, et vous les servirez saucés d'une espagnole (Voy. n.° 80).

N.° 854. *Truffes en Court-Bouillon.*

Lavez et brossez bien de grosses truffes, mettez-les ensuite dans un pot ou une casserole, couvrez-les de vin ; assaisonnez-les avec du sel, un oignon piqué de deux gérofles et faites-les bouillir une heure et demie : ce temps expiré, égouttez-les au passoir, rangez-les dans une serviette que vous poserez sur un plat et servez-les bien chaudes.

N.° 855. *Truffes en Roche.*

Brossez, lavez et faites égoutter les truffes au passoir ; assaisonnez-les ; maniez-les avec du lard nouveau haché et pilé, que vous divisez en trois parties, l'une pour l'usage que j'indique, l'autre pour enduire la surface d'une abaisse de feuilletage sur laquelle on pose les truffes en forme pyramidale et la troisième pour être posée à leur sommet ; cette dernière portion doit être recouverte d'une plaque de lard, et le tout d'une deuxième abaisse qui, s'appliquant parfaitement aux truffes posées les unes sur les autres, simule les sinuosités d'un rocher ; il faut ensuite dorer la pièce, pratiquer un petit trou sur le couvert, l'exposer pendant une heure au four chaud ; ce temps écoulé, retirez-la ; tracez le couvert avec la pointe d'un couteau pour enlever les bardes de lard ; cette opération faite, replacez le couvert et servez bien chaud pour entremets.

N.º 856. *Truffes en Salade.*

Il faut peler les truffes, les couper à tranches, les laver dans du vin blanc, et les mettre dans un saladier avec du sel, du poivre, un jus de citron, de la bonne huile, et enfin une échalotte et un anchois bien hachés.

N.º 857. *Ragoût de Truffes.*

Mettez dans une casserole de la bonne huile, un ail, une demi-feuille de laurier piqués ensemble au moyen d'un clou de gérofle, un peu d'anchois, une échalotte et un peu de persil, le tout bien haché ; joignez-y des truffes pelées, lavées et coupées à tranches ; vous les y passerez deux minutes sur le feu, après quoi vous les assaisonnerez avec du sel, une pincée de poivre et un verre de vin blanc sec ou du vin rouge ; vous les laisserez cuire jusqu'à ce que le vin soit à la presque entière réduction ; vous mouillerez alors de nouveau avec un peu d'espagnole, ou de jus ou de bouillon, et laisserez bouillir deux minutes à petit feu ; vous verserez ensuite le ragoût sur une croûte de pain enduite de beurre, et séchée au four ou sur le gril ; n'omettez pas d'en enlever l'ail : vous pouvez entourer le plat de croûtons frits au beurre.

Nota.

Si vous mouillez les truffes avec du jus ou de bouillon, il faut avant y mettre une petite pincée de farine pour lier la sauce.

N.º 858. *Truffes à la Purée de Volaille.*

Lavez de grosses truffes, brossez-les bien et faites-les cuire toutes entières dans du vin blanc sec ; ensuite vous marquerez un rond sur chacune d'elles, vous les viderez avec une curette et les remplirez de purée de volaille (Voy. n.º 103) ; vous poserez sur chaque truffe le morceau que vous en avez enlevé : enfin vous les dresserez sur une serviette posée elle-même sur un plat.

N.º 859. *Salsifis au Blanc.*

Ratissez les salsifis, coupez-les de deux ou trois pouces de long et jetez-les à l'eau fraîche ; pendant qu'ils trempent, maniez un morceau de beurre dans de la farine, mettez-le dans une casserole avec de l'eau, et posez le tout sur le feu ; vous y joindrez un oignon piqué (Voy. n.º 1), quelques tranches de citron, et un peu de sel, et vous laisserez rapprocher cette préparation dans laquelle vous déposerez les salsifis déjà passés dans le beurre, et les y laisserez cuire ; quand ils seront au point, vous tremperez leur apprêt dans du lard râpé, ou un morceau de beurre, ou dans le dégraissis de quelque bon fond de cuisson ; cette dernière opération doit se faire en peu de temps ; il suffit de faire sauter le ragoût un moment sur le feu, après quoi vous mouillerez avec du velouté (Voy. n.° 81) ou une allemande (Voy. n.° 83), ou bien vous mettrez la pincée de farine, et mouillerez peu de temps après avec du bouillon ou du lait ; quand le tout aura bouilli quelques momens, liez avec deux jaunes d'œufs et un peu de persil haché.

Nota.

On peut aussi mouiller les salsifis avec de l'espagnole (Voy. n.° 80) ou du coulis (Voy. n.° 78).

N.° 860. *Friture de Salsifis.*

Faites-les cuire au blanc comme ci-dessus ; marinez-les ensuite au vinaigre, et quand vous voudrez vous en servir, vous les égoutterez, les passerez dans la pâte à frire (Voy. n.° 221), et les ferez frire dans de l'huile bien chaude.

N.° 861. *Salsifis à la Bourgeoise.*

Faites-les blanchir à l'eau légèrement salée, ou cuire dans un blanc, comme ci-dessus ; après cuisson, vous les égoutterez, et les mettrez dans une casserole où vous avez fait fondre et bouillir, un moment ensemble, du lard, un peu d'oignon et un anchois, le tout bien haché ; passez-y les salsifis sur un feu modéré, mettez-y ensuite une pincée de farine, et mouillez peu après avec du bouillon ou de l'eau bouillante ; et quand enfin l'action du feu aura fait réduire une partie du mouillement, vous assaisonnerez le ragoût avec du sel et du poivre, et le lierez avec deux jaunes d'œufs auxquels vous joindrez du persil haché et un filet de vinaigre.

N.º 862. *Choux-Fleurs en Salade.*

Mettez une casserole pleine d'eau sur un feu modéré ; jetez-y un peu de sel, un morceau de beurre manié dans de la farine, une carotte et un oignon piqué d'un gérofle ; lorsqu'elle a pris le bouillonnement, jetez-y les choux-fleurs, et les faites cuire à petit feu, après quoi vous les retirez avec l'écumoire, les faites égoutter, et les dressez sur un plat.

N.º 863. *Choux-Fleurs en Sauce Blanche.*

Préparez-les comme ci-dessus, et servez-les saucés d'une sauce tournée blanche (Voy. n.º 89).

N.º 864. *Choux-Fleurs au Gratin.*

Mettez dans une casserole deux onces de beurre, une once de farine, et posez-la sur un feu modéré ; vous tournerez le tout, lors de la dissolution du beurre, afin de bien mêler les deux objets, après quoi vous y joindrez deux verres de lait, un peu de sel, un oignon piqué et un morceau de carotte ; continuez de tourner la sauce pendant qu'elle bout, et, quand sa réduction commencera à être sensible, ajoutez-y encore quatre jaunes d'œufs, et retirez-la du feu ; vous en ôterez alors l'oignon et la carotte ; vous y joindrez quatre onces de fromage râpé, et quand elle sera bien refroidie, vous en mettrez une cuillerée au fond d'un plat, rangerez par-dessus les morceaux de choux, les têtes en dehors ; vous mettrez encore de la sauce, et sur celle-ci, encore de morceaux de choux que vous couvrirez enfin avec le restant de la sauce ; saupoudrez le tout avec du fromage râpé ; mettez un peu de beurre fondu, et faites gratiner au four jusqu'à ce qu'il ait pris belle couleur.

N.º 865. *Macaronis au Gratin.*

Réunissez dans une casserole un oignon piqué, une once de beurre, un morceau de carotte, sept verres d'eau, un peu de sel, et posez sur le feu ; quand l'ébullition commencera ajoutez-y huit onces de macaronis que vous y laisserez bouillir bien doucement jusqu'à parfaite cuisson ; alors vous les égoutterez au passoir ; vous mettrez sur le feu, dans une casserole sept onces de beurre ; quand il sera fondu, vous y joindrez les macaronis et huit onces de fromage râpé, moitié parmesan, moitié gruyère ; joignez au tout un peu de jus de rôti ou de bœuf, et remuez bien pendant une minute, pour mêler tous les élémens de la préparation ; vous la laisserez ensuite refroidir à moitié, après quoi vous la verserez sur un plat à gratin ; vous saupoudrerez toute sa surface avec du fromage râpé et quelques petits morceaux de beurre, et vous la ferez gratiner au four ; on peut saupoudrer aussi les gratins avec de la chapelure de pain passée au tamis.

N.º 866. *Oignons Farcis.*

Blanchissez les oignons à l'eau, videz-les, et remplissez-les d'une farce faite avec une égale quantité de lard et de veau, quelques truffes, du persil et une échalotte, et assaisonnez à raison d'un gros et demi de sel épice par livre de chair ; vous ferez cuire les oignons dans une braise (Voy. n.º 167) ; après cuisson, dressez-les sur leur plat, et saucez-les avec du coulis ou leur fond de cuisson passé au tamis.

Nota. On peut, dans la confection du hachis, employer, au lieu de lard, de la tétine de veau cuite ou du rognon de veau cuit ; on peut aussi se servir pour viande, des restes de rôti, en y mêlant un peu de moelle de bœuf.

N.º 867. *Pommes d'amour au Gratin.*

Arrangez sur un plat ou tourtière des pommes d'amour partagées et débarrassées de leur eau et de leur graines ; préparez une farce, en passant dans une casserole de l'oignon haché avec un peu d'huile ou de beurre auquel vous joindrez des morceaux de pommes d'amour coupés à petits dés ; peu d'instans après vous retirerez la casserole du feu, vous y mettrez beaucoup de persil, des câpres, un anchois et un peu d'ail, le tout bien haché ; vous joindrez à tous ces objets de l'huile ou du beurre, que vous y mêlerez en remuant le tout une minute, après quoi, au moyen d'une petite cuiller, vous remplirez les pommes d'amour, vous les saupoudrerez avec de la rapure de pain et les ferez gratiner au four ou sur un trépied, feu dessus et dessous.

N.° 868. *Excellente manière de confire les Champignons Oronges.*

Les champignons jeunes et ceux qui ne sont pas ouverts sont les plus propres a être conservés; pelez-les, ôtez-en les queues que vous pelerez aussi, vous laverez ensuite le tout dans du vin blanc sec ou de l'eau, vous les mettrez ensuite à égoutter, après quoi vous les rangerez dans une casserole et y verserez d'huile une assez bonne quantité pour qu'elle puisse les couvrir; vous les ferez bouillir à petit feu, environ vingt minutes, dans de l'huile assaisonnée avec du sel, du gros poivre, une feuille de laurier et 7 a 8 gérofles; ce temps écoulé, joignez-y un demi-verre de vinaigre; faites bouillir vingt minutes encore; enfin retirez la casserole du feu et laissez-la refroidir avec tout son contenu; vous en retirerez après les champignons, vous les placerez dans un vase quelconque, où vous les couvrirez entièrement de leur sauce passée au tamis, et que vous fermerez hermétiquement avec un parchemin ficelé autour; on les conserve ainsi pour s'en servir au besoin.

On sert ordinairement ces champignons froids,

pour hors d'œuvre ; on les emploie aussi en garniture pour les sauces piquantes.

N.° 869. *Manière de conserver les Haricots verts.*

Épluchez les haricots à l'ordinaire ; il importe de les choisir jeunes, placez-les par couche dans un vase et mettez entre chacune d'elle, une couche de sel pilé ; vous les intercallerez jusqu'à ce que le vase soit plein, et finirez par la couche de sel : le lendemain, ce sel ayant pénétré dans les haricots, les aura, pour ainsi dire, condensés, en sorte qu'ils auront diminué de volume à peu près des trois quarts ; recommencez l'opération de la veille, et renouvelez-la le lendemain si le vase offre encore du vide, après quoi vous le couvrirez de sel et le mettrez en réserve ; l'eau, que l'action du sel fait rendre aux haricots, les conserve toujours verts ; lorsqu'au bout de quelques mois on veut les employer, il faut, la veille, les mettre à tremper dans beaucoup d'eau fraîche ; le lendemain les faire blanchir à grande eau ; cette dernière doit être en ébullition lorsque l'on y met les haricots et ne pas quitter le bouillonnement jusqu'à ce qu'ils soient blanchis ; alors jetez-les dans l'eau fraîche jusqu'au moment où vous voulez vous en servir ; ils doivent séjourner, dans cette dernière, trois ou quatre heures avant de les utiliser ; préparez-les ensuite comme il est dit aux haricots verts.

N.º 870. *Sauce au Chevreuil.*

Coupez à gros dés, et réunissez dans une casserole, un morceau de veau ou des débris de viande, des abatis et carcasses de volaille, une tranche de jambon, un peu de carotte, un oignon, un ail, le quart d'une feuille de laurier et un clou de gérofle; exposez le tout sur un feu doux, afin de le faire roussir; joignez-y un peu de dégraissis de cuisson de volaille ou de toute autre cuisson, et remuez de temps en temps afin que rien ne s'attache à la casserole; quand le roux sera uniformément obtenu, vous mouillerez avec un demi-verre de bon vinaigre, et vous le ferez réduire pour mouiller de nouveau avec de l'espagnole (Voy. n.º 80) ou du coulis (Voy. n.º 78) mêlé à un tiers de sa quantité de consommé (Voy. n.º 5) ou fond de cuisson de volaille; faites bouillir cette sauce sur l'angle du fourneau; lorsque la viande sera parfaitement cuite, vous dégraisserez, et enfin passerez au tamis.

Nota. On peut, après la réduction du vinaigre, lorsqu'on n'a ni coulis ni espagnole mettre une pincée de farine dans la casserole et mouiller un instant après avec du jus ou du bouillon, et terminer à l'ordinaire.

N.º 871. *Financière*

Après avoir fait suer, dans une casserole, une petite tranche de jambon coupée à filets, avec du lard rapé ou du beurre ; jetez et passez cinq minutes dans la casserole des ris de veau ou d'agneau, blanchis, parés de leurs peaux, et coupés à morceaux ; ajoutez-y ensuite des tranches de truffes et des champignons ; on peut, selon l'emploi du ragoût, mouiller avec de l'espagnole (Voy. n.º 80) ou du velouté (Voy. n.º 81); vous laisserez un moment bouillir le tout, et enfin vous mêlerez à ces premiers objets des culs d'artichauts, des crêtes de coq, et du palais de bœuf, le tout cuit et coupé à morceaux, et, au moment de servir, vous y ajouterez encore des huîtres cuites dans leur eau, et des queues d'écrevisses.

N.º 872. *Pigeon en Poire.*

Quand le pigeon sera plumé et légèrement flambé, vous en referez les pattes sur la braise : vous couperez seulement les ongles de l'une d'elles, et vous couperez l'autre au nœud ; videz le pigeon par la poche, désossez-le, faites rentrer dans le corps la cuisse désossée, faites une incision à celle dont vous avez conservé l'os afin de le faire rentrer et sortir ensuite par le fondement, ce qui figure la queue de la poire, et enfin farcissez le pigeon avec un gros ragoût mêlé, fait avec des ris d'agneau ou de veau, des truffes, des champignons et des crêtes de volaille ; ensuite vous coudrez la poche dont vous laisserez la peau dans toute sa longueur, et vous le ferez blanchir à la casserole et sur un feu modéré, dans du beurre clarifié et un jus de citron ; le but de cette opération est de raffermir le pigeon et d'en faciliter le piquage qui ne peut avoir lieu que lorsque l'objet est refroidi ; ce résultat obtenu, piquez à menus lardons, et faites cuire comme les entrées piquées (Voy. n.° 167) ; après cuisson, ôtez le fil, glacez la pièce, et posez-la dans un plat, sur une garniture quelconque.

N.° 873. *Cailles en Caisse.*

Coupez, en forme de gobelet, de la mie d'un pain blanc à potage, cuit de la veille, donnez-leur une proportion de deux pouces de hauteur sur deux pouces de diamètre, découpez une cannelure tout autour, et tracez-en le couvert, à trois lignes du bord, avec la pointe d'un couteau ; ensuite vous les ferez frire dans du beurre neuf ; quand ils auront pris belle couleur, vous les ferez égoutter sur un linge, après quoi vous les viderez avec précaution, vous en garnirez le fond et les parois avec une épaisseur de deux lignes de farce à quenelles (Voy. n.° 155), et vous poserez au milieu des cailles désossées (Voy. n.° 397) et assaisonnées, garnies d'un peu de farce cuite (Voy. n.° 158) et d'un petit salpicon (Voy. n.° 165) qui doit occuper le centre de la caille ; lorsqu'elle est placée en rond sur la caisse, posez par-dessus une barde de lard, puis un papier, et enfin faites cuire au four ; vous retirerez votre plat après cuisson, et quand les cailles seront roidies vous en ôterez le papier et le lard ;

vous les égoutterez, les glacerez, et les saucerez d'une espagnole (Voy. n.º 80).

Il est d'usage de piquer au milieu, au moyen d'une lardoire, une des pattes des cailles, en les servant.

N.º 874. *Marinade chaude pour cuire toute sorte de Poisson.*

Faites roussir, à la casserole, dans une quantité suffisante de beurre ou de dégraissis de cuisson, trois carottes, trois oignons, deux porreaux et deux pieds de céleri, le tout coupé à gros dés; joignez à ces objets une feuille de laurier et deux gérofles, et quand ils seront de belle couleur, vous mouillerez avec une bouteille de vin blanc sec, vous assaisonnerez avec du sel, et laisserez bouillir le tout ensemble un quart d'heure, après quoi vous passerez la marinade au tamis.

N.º 875. *Caisse-Fontaine.*

Après avoir coupé, fait frire et vidé des caisses, comme à l'article 873, mettez au fond, et tout autour, de la farce à quenelles de volaille (Voy. n.º 155); faites dessécher un moment au four, après quoi vous les glacerez et jeterez dedans une petite financière.

Nota. Conformez-vous, pour la confection de la financière destinée à remplir les caisses, à l'article 871, à la seule différence qu'il faut que les objets soient coupés à petits morceaux, et qu'on peut y ajouter des blancs de volaille ou de filets de gibier rôti, coupés aussi à petits dés.

N.º 876. *Casserole de Riz.*

Nettoyez bien et lavez à l'eau tiède une livre de riz (Caroline); mettez-le ensuite dans une casserole haute, où vous le mouillerez, de deux fois son volume, d'un bouillon un peu gras auquel il est bon de joindre quelques cuillerées à bouche de dégraissis d'un fond de cuisson de volaille; alors vous poserez la casserole sur le feu jusqu'à ce que le riz commence à bouillir, et la mettrez ensuite sur les cendres rouges; observez qu'il ne faut pas mettre du feu sur le couvert; entretenez néanmoins la chaleur douce, mais continue, qui doit opérer la cuisson du riz qu'il faut écumer et laisser mijoter un bon quart d'heure avant de le remuer; vous le laisserez cuire long-temps, et quand enfin il sera bien épais, vous en égoutterez la graisse et le laisserez refroidir; quand il sera tiède, seulement, vous le travaillerez avec force au moyen d'une cuiller, afin de bien écraser le grain et d'obtenir une pâte lisse; arrivé à ce point, vous renverserez la casserole sur une tourtière et, au moyen d'une carotte cannelée, vous releverez ce riz et lui donnerez la forme et la dimension d'un pâté chaud d'entrée, qu'on peut décorer en colorant une partie du riz avec du safran ou du rouge végétal ou de vert d'épinards, cela dépend du goût de l'ouvrier; quand la casserole est confectionnée on en trace le couvert (Voy. n.º 873), on enduit sa surface de beurre clarifié et on place la tourtière qui la soutient sur une casserole de cuivre et on la met au four chaud ; après une heure de cuisson on la retire , on enlève le couvert, on en nettoye le centre en enlevant tout le riz que l'action du feu n'a pas durci ; on délaye deux cuillerées de ce riz avec un peu de béchamelle (Voy. n.° 82) ou d'espagnole (Voy. n.° 80), selon le ragoût dont on compte remplir la casserole ; enfin on enduit le fond et tout le tour de la pièce, de ce même riz délayé , et l'on y dépose la garniture.

On garnit ces casseroles avec toute sorte de purées de volaille ou de gibier ; on pose sur les purées des œufs pochés, et sur ceux-ci des truffes ; on peut aussi y mettre toute sorte d'émincée et de ragoût.

N.° 877. *Croustade de Pain.*

Coupez un pain à potage, rassi, en forme de croustade ; tracez un couvert sur le dessus et mettez la pièce dans une casserole où vous la ferez roussir de belle couleur dans du beurre clarifié ; quand ce résultat sera obtenu vous l'égoutterez sur un linge propre, vous enleverez le couvert déjà tracé, vous viderez toute la mie qui en occupe l'intérieur et vous établirez sur le fond et les parois une couche de farce à quenelles (Voy. n.° 155) , alors exposez-la au four pour raffermir la farce, et enfin vous la retirerez et la remplirez d'un ragoût quelconque (Voy. n.° 876).

N.º 878. *Gâteau de Mille feuilles.*

Abaissez de la pâte à feuilletage (Voy. n.º 603) à l'épaisseur de six lignes, coupez-en une abaisse ronde, d'un pied de diamètre, que vous festonnerez tout autour, et dont vous enlevez le milieu en décrivant une ligne circulaire à trois pouces du bord ; il doit résulter de ces diverses opérations une couronne qu'on place à la base du gâteau ; coupez sept autres abaisses, en les diminuant successivement de six lignes ; videz-en le centre comme à la première ; dorez-les toutes et mettez-les au four au premier degré de chaleur (Voy. n.º 596) ; quand elles seront presque cuites, vous les glacerez avec du sucre fin, après cela vous glacerez le tour de toutes les abaisses et leur bord du dessus, à la longueur de 6 lignes, avec de la glace royale (Voy. n.º 631) ; vous semerez sur chacune d'elles du sucre de différentes couleurs et vous ferez sécher le tout un moment au four ; ensuite vous égaliserez à huit lignes du bord, différentes gelées, telles que la groseille, l'abricot, etc., enfin vous poserez vos abaisses les unes sur les autres, vous renfermerez dans le vide, et au moment de servir, une crème à la Chantilly (Voy. n.º 675) ou toute autre, et couvrirez le gâteau avec la dernière et neuvième abaisse que vous avez conservée en son entier, que vous avez décorée d'une rosace, que vous avez glacée et colorée avec goût et sur laquelle enfin vous avez posé de petites méringues (Voy. n.º 628).

N.º 879 *Gâteau d'Amandes Suisses.*

Émondez huit onces d'amandes et pilez-les au mortier, en les humectant avec un blanc d'œuf et deux cuillerées à bouche d'eau de fleurs d'orange dans laquelle vous avez fait infuser la rapure d'un citron : joignez à la pâte qui en résulte quatre jaunes d'œufs et huit onces de sucre, et travaillez le tout dix minutes ; vous fouetterez ensuite bien ferme les quatre blancs d'œufs, vous les amalgamerez au restant de la préparation qu'enfin vous verserez sur une abaisse de pâte à feuilletage (Voy. n.º 603), épaisse de deux lignes, dont vous releverez les bords en forme d'ourlet, afin que la pâte d'amande ne coule pas ; vous mettrez le gâteau au four, une demi-heure après sa chaleur primitive (Voy. n.º 596), et quand il commencera à roussir vous le couvrirez d'un papier afin de laisser à la pâte le temps de se cuire.

Nota.

Ce gâteau peut être transformé en gâteau méringué ; il faut à cet effet fouetter bien ferme trois blancs d'œufs dans lesquels il faut faire tomber, à travers un tamis de soie, quatre onces de sucre et la rapure d'un citron, et quand ces objets sont bien amalgamés, on en pose en forme pyramidale de pleines cuillerées à café à côté les une des autres ; on saupoudre ces petites méringues avec du sucre écrasé et on expose de nouveau le gâteau au four, une heure et demie après sa chaleur primitive (Voy. n.° 596), afin de colorer les méringues sur chacune desquelles on peut poser des pistaches.

N.° 880. *Gâteau Suisse des ménagères.*

Prenez chez le boulanger une demi-livre de pâte à pain blanc, abattez-la avec le rouleau à l'épaisseur de 8 lignes, vous en masquerez la surface avec six onces de beurre, vous en releverez les bords, la ploîrez, jeterez un peu de farine sur le tour à pâte, et après en avoir saupoudré cette dernière, vous l'abattrez de nouveau aussi mince que possible ; cette opération doit être renouvelée trois fois, comme pour le feuilletage ; ensuite vous en faites une grande abaisse dans laquelle vous déposez vingt-quatre abricots bien murs, pelés, coupés par le milieu et sautés dans une terrine avec huit onces de sucre rapé, deux cuillerées à bouche d'eau de fleurs d'orange et la rapure d'un citron, on peut y joindre les noyaux d'abricots émondés ; relevez les bords de l'abaisse en forme de bourelet, afin que le jus des abricots s'incorpore à la pâte, au lieu de s'en échapper; enfin mettez au four chaud (Voy. n.° 596).

Nota.

On peut confectionner ces sortes de gâteaux avec toute epèce de fruits préparés comme ci-dessus : on peut même les mélanger, et employer, si on veut, de la crème pâtissière (Voy. n.° 674), sur laquelle on place des fruits ; les pommes seulement doivent être cuites à moitié, au sirop.

N.º 881. *Poupelin.*

Mettez un litre d'eau dans une casserole avec un grain de sel, la rapure d'un citron, quatre onces de beurre, autant de sucre, et faites partir sur le feu : quand le liquide sera en ébullition vous y ferez tomber vingt onces de farine tamisée, en remuant, afin d'obtenir une pâte un peu ferme ; remettez la casserole sur le feu et remuez toujours son contenu afin de le dessécher ; cette opération doit durer cinq minutes, après lesquelles vous verserez la pâte dans un mortier où vous la pilerez fortement, en y amalgamant, au fur et à mesure, deux douzaines d'œufs ; il faut que cette pâte soit plus molle que celle des choux, sans néanmoins qu'elle soit trop liquide : mêlez-y quatre onces de fleurs d'orange pralinées, bien écrasées, ainsi que deux cuillerées à bouche d'eau de fleurs d'orange ; vous la déposerez enfin dans un moule octogone, beurré dans tout son intérieur, et vous mettrez l'objet au four, quinze minutes après sa chaleur primitive (Voy. n.º 596), vous le laisserez cuire assez long-temps : un accident assez ordinaire, c'est qu'à la cuisson une partie de la pâte se détache du moule, il ne faut pas s'en étonner ; quand l'objet est bien cuit, il faut le sortir du four et, un moment après, du moule pour le déposer dans un endroit bien sec ; après avoir ôté toute la pâte de l'intérieur qui n'est pas cuite suffisamment et en avoir rempli le vide avec de la marmelade d'abricots saupoudrés avec des macarons bien écrasés, le poupelin doit être renversé dessus dessous, et recevoir, sur ses huit faces, une couche de gelée de différentes couleurs que l'ouvrier dispose selon son goût ; on peut enjoliver cette décoration avec du citron confit, avec des langues de chat découpées en feuilles de chêne ou de laurier, ou en croissant ; glacez à la glace royale (Voy. n.° 631) ; les sucres de différentes couleurs offrent mille moyens de varier le dessin ; ce gâteau se sert d'ordinaire sur une abaisse de pâte d'amande (Voy. n.° 625) décorée ; on remplace quelquefois la marmelade d'abricots, dont il est parlé, par une crême fouettée (Voy. n.° 675).

N.° 882. *Ramequin.*

Mettez dans une casserole deux verres de lait, un grain de sel, deux onces de beurre, autant de parmesan rapé, et posez-la sur le feu ; quand le liquide sera en ébullition, vous retirerez la casserole et vous délayerez dans son contenu dix onces de farine tamisée ; vous la remettrez alors sur le feu et l'y laisserez cinq minutes pour rapprocher la pâte, en continuant de la remuer ; cet intervalle écoulé, retirez la casserole, ajoutez à son contenu deux onces de beurre, deux onces de gruyère coupé à petits carrelets et une pincée de sucre ; amalgamez bien le tout et joignez-y successivement dix œufs entiers, en continuant toujours de travailler la pâte avec la cuiller de bois ; ensuite vous enduirez légèrement de beurre des feuilles de fer ou de cuivre, sur lesquelles vous poserez, à deux pouces de distance, des portions de pâte équivalentes à une cuillerée à bouche, vous les dorerez, vous piquerez sur chacune d'elles des lardons de fromage de gruyère et les mettrez au four, quinze minutes après sa chaleur primitive (Voy. n.° 596); le ramequin doit être mangé chaud.

N.° 883. *Fromage à la Chantilly.*

Jetez quelques zestes de citron dans un mortier et broyez-les de manière à ce qu'il n'en reste pas de fragmens; pilez-y ensuite huit onces d'amandes que vous humecterez avec du lait bouilli et refroidi; en même temps faites bouillir les trois quarts d'un litre de lait avec un demi-bâton de vanille et huit onces de sucre, lorsqu'il est réduit d'un tiers, laissez-le refroidir, mêlez-le aux amandes et passez le tout quatre fois à la serviette, en pressant les amandes autant que possible: mêlez ensuite à ce lait six gros de colle de poisson clarifiée à l'ordinaire (Voy. n.° 673), et le mettez à la glace: il faut alors le remuer de temps en temps, et quand le lait commence à se congeler, il faut y joindre une quantité semblable de crême fouettée à la Chantilly (Voy. n.° 675), et une bonne cuillerée à bouche d'eau de fleurs d'orange; enduisez un moule avec de l'huile d'amande douce et versez-y le fromage; vous poserez et établirez bien le moule dans six livres de glace pilée, et, au moment de servir, vous le renverserez sur un plat.

N.° 884. *Gâteau Fourré.*

Pilez huit onces d'amandes, humectez-les avec deux blancs d'œufs et mettez ensuite le tout dans une terrine pour y joindre six onces de sucre fin, quatre onces de moelle de bœuf bien hachée, deux onces de macarons ou de débris d'office écrasés, et quatre jaunes d'œufs ; vous broyerez le tout ensemble, après quoi vous y ajouterez quatre cuillerées de crême fouettée à la Chantilly (Voy. n.° 675) ou même de crême pâtissière (Voy. n.° 674), mélangez biens tous ces élémens et versez le tout sur une abaisse de pâte à feuilletage (Voy. n.° 603), pour en faire une sorte de tourte douce ; laissez un intervalle de huit lignes du bord à l'endroit où vous arrêtez la crême ; humectez cette bordure avec un plumet trempé dans l'eau, et couvrez avec une abaisse semblable à la première ; soudez-les l'une à l'autre avec le pouce, cannelez ensuite avec la pointe du couteau, dorez le dessus du gâteau, placez-y une rosace, enfin faites avec le couteau quelques entailles au couvert, et mettez à cuire au four chaud (Voy. n.° 596) ; trois quarts d'heure doivent suffire à l'entière cuisson de l'objet qu'il faut saupoudrer avec du sucre fin et glacer à la flamme ; au sortir du four, vous répandrez sur la rosace du sucre de couleur passé seulement au passoir.

N.° 885. *Poitrine de Mouton farcie à la Ménagère.*

Hachez ensemble quatre onces de veau ou de toute autre viande et quatre onces de lard, assaisonnez dans la proportion d'un gros et demi de sel épice par livre de viande, joignez, à ces objets, du persil, un oignon haché, et, lorsque la farce sera hachée aux trois quarts, vous y ajouterez deux onces de graisse de rognon de veau ou de bœuf et mettrez le tout dans une terrine ; vous mettrez en même temps dans une petite casserole une once de pain blanc à potage, vous le mouillerez avec quatre cuillerées à bouche de bouillon ou de lait, et le ferez dessécher sur le feu ; lorsque le liquide sera absorbé, vous délayerez dans le pain trois jaunes d'œufs, et mêlerez ce mitonnage à la farce déjà confectionnée ; vous y ajouterez aussi deux onces de lard et une tranche de jambon, le tout coupé à petits dés, et enfin une farce aux herbes composée d'une poignée de feuilles de jeunes épinards, d'autant de poirée, d'un peu de fenouil, de deux feuilles de menthe, d'un peu d'oseille et de cerfeuil ; ces objets doivent être d'abord lavés et hachés bien fin, ensuite légèrement saupoudrés de sel, et cinq minutes après être pressés fortement entre les mains, afin de les débarasser de leur eau ; mêlez bien les deux farces en les amalgamant avec une cuiller, de manière à ce qu'elles ne forment qu'un tout ; enfin placez le tout dans une poche pratiquée entre les côtes et la poitrine que vous voulez farcir, cousez l'ouverture tout le long des côtes et mettez à cuire ; la poitrine farcie peut se servir pour bouilli, on peut aussi la préparer dans une braise (Voy. n.º 167) avec une garniture de laitues ou de choux ; toutes les poitrines d'agneau, de veau se préparent de même.

SEL ÉPICE.

Le sel épice est un composé de divers ingrédiens mêlés et pilés ensemble dans la proportion suivante :

20 onces de sel.
2 gros clous de gérofle.
2 gros noix de muscade.
6 feuilles de laurier.
1 gros cannelle.
4 gros gros poivre.
1 gros basilic sec,
1 gros macis concassé.
1 gros coriandre.

Après avoir été pilés, ils doivent être passés au tamis de soie; leur résidu, s'il en reste, doit être de nouveau jeté au mortier et être broyé bien parfaitement, car la proportion exacte de tout ce qui entre dans cet assaisonnement, fruit de mille essais et de cinquante ans d'expériences, exige qu'on ne perde rien; il faut de nouveau passer au tamis, remuer la composition afin que le mélange des ingrédiens qui y entrent soit bien égal, et la serrer dans des boîtes de fer-blanc qu'il est essentiel de fermer hermétiquement.

CARTE DES MENUS ET LETTRES QUI LES INDIQUENT.

Mets.

a	Bouillon, Potage.
b	Hors-d'œuvre.
c	Entrée.
d	Relevé de potage.
e	Rôti.
f	Pièce froide.
g	Entremets doux.
h	Entremets chaud.
i	Hors-d'œuvre d'office, savoir :
i	Huîtres.
i	Beurre.
i	Melon.
i	Figues.
i	Artichauts crus.
i	Anchois.
i	Cornichons.
i	Thon mariné.
i	Filets de maquereau marinés.
i	Champignons confits.
j	Pour le second service, savoir :
j	Saladiers pour salades et citrons.
j	Olives à la picholine.

TABLE.

Bouillon gras. N.º 1	Eau bouillie. *a* N.º 25
id. de volaille au gros sel. 2	Potage au lait. *a* 26
id. de poisson. 3	Cuisson pour les purées. *a* 27
id. maigre. 4	Purée de lentilles. *a* 28
Consommé. 5	*id.* aux haricots rouges ou à la Condé. *a* 29
Blond de veau. 6	*id.* aux haricots secs avec l'obs. n.º 27. *a* 30
Potage au restaurant. *a* 7	*id.* aux petits pois verts. *a* 31
Croûte au pot. *a* 8	*id.* aux pois secs. *a* 32
Croûte au gratin au consommé. *a* 9	*id.* aux féves sèches. *a* 33
Julienne. *a* 10	*id.* aux pommes de terre. *a* 34
Potage aux raves. *a* 11	Purée de navets. *a* 34 (*bis*)
id. à la savoyarde. *a* 12	*id.* aux racines. *a* 35
id. aux navets. *a* 13	Purée économique. *a* 36
id. aux choux. *a* 14	Purée maigre. *a* 37
Garbure aux choux. *a* 15	*id.* aux tomates. *a* 38
Potage aux petits oignons. *a* 16	Riz au bouillon. *a* 39
id. de poisson dit bourride. *a* 17	*id.* au consommé. *a* 40
id. de poisson aux herbes. *a* 18	*id.* au blond de veau. *a* 41
id. aux herbes dit hourtète. *a* 19	*id.* au coulis d'écrevisses. *a* 42
id. aux oignons. *a* 20	*id.* aux tomates. *a* 43
id. au fromage. *a* 21	*id.* à toutes purées. *a* 44
id. au chou et au fromage. *a* 22	*id.* en pilau. 45
id. aux haricots secs. *a* 23	*id.* aux courges. *a* 46
id. aux pois chiches. *a* 24	*id.* au lait. *a* 47
	id. au lait d'amande. *a* 48
	id. au lait et au sucre. *a* 49

Riz à l'eau. *a*	N.° 50	Bisque au riz. *a*	N.° 75
Pâte de Gênes au bouillon. *a*	51	Potage à l'espagnole. *a*	76
Pâte au blond de veau. *a*	52	JUS ET SAUCES.	
		Jus.	77
id. au consommé. *a*	53	Coulis gras.	78
id. au coulis d'écrevisses. *a*	54	Note y relative.	79
		Espagnole.	80
id. aux tomates. *a*	55	Velouté.	81
id. aux diverses purées. *a*	56	Béchamelle.	82
		Allemande.	83
Semoule au bouillon. *a*	57	Jus maigre.	84
id. au blond de veau. *a*	58	Coulis de poisson.	85
Vermicelle au bouillon. *a*	59	Roux au jus de racine.	86
		Sauce tournée au bouillon de poisson.	87
Vermicelle au consommé. *a*	60	Sauce blanche à l'eau.	89
id. au blond de veau. *a*	61	Béchamelle maigre.	90
id. au coulis d'écrevisses. *a*	62	Jus économique bourgeois	91
id. aux tomates. *a*	63	Espagnole économique bourgeoise.	92
id. à toute sorte de purées. *a*	64	Velouté économique bourgeois.	93
id. au lait. *a*	65		
id. à l'eau et au beurre. *a*	66	Béchamelle économique.	94
Macaronis en potage. *a*	67	Sauce allemande économique.	95
Lasagnes. *a*	68		
POTAGES DE LUXE.		Sauce au poulet économique.	96
Excellent bouillon.	69		
Potage à la reine. *a*	70	Consommé économique bourgeois.	97
Observation.	71		
Potage de gibier en purée. *a*	72	Essence de jambon.	98
		Essence de racine.	99
Potage de levreau. *a*	73	Fumet de volaille.	100
Bisque. *a*	74	Fumet de gibier.	101

Sauce espagnole travaillée au fumet de volaille et de gibier.	N.° 102	Petit-deuil.	N.° 126
Aspic.	103	Sauce au charbon.	127
Purée de bécasse.	104	Sauce à l'estragon.	128
id. de volaille.	105	Sauce peluchée.	129
id. d'oignons.	106	Sauce au citron.	130
id. d'oignons à la béchamelle.	107	id. à l'orange.	131
		Remoulade.	132
Demi-glace.	108	Mayonnaise.	133
Purée de pommes de terre.	109	Mayonnaise à la ravigote.	134
		Soubise.	135
Sauce à la purée d'épinards.	110	Sauce à l'oseille.	136
		id. à la chicorée.	137
Beurre d'écrevisses.	111	Sauce Robert.	138
Beurre de Languedoc aux écrevisses.	112	Sauce aux truffes.	139
		Sauce à la pâte en ouille	140
Beurre de Languedoc à la ravigote.	113	Sauce aux pois verts.	141
		id. aux olives.	142
Beurre d'anchois.	114	Émincée aux concombres.	143
Beurre d'ail.	114 (bis)		
Moutarde à la provençale.	114 (ter)	Garniture aux haricots.	144
		Garniture d'aulx.	145
Vert d'épinards.	115	id. aux navets.	146
Sauce hachée.	116	id. aux carottes.	147
Poivrade.	117	Oignons glacés.	148
Hollandaise.	118	Garniture aux pieds de céleris.	149
Sauce aux tomates ou pommes d'amour.	119	id. aux culs d'artichauts.	150
Genevoise.	120	id. de racines.	151
Sauce à la maître d'hôtel.	121	Sauce claire.	152
Beurre noir.	122	Garniture de champignons frais.	153
Sauce au restaurant.	123		
Sauce italienne.	124	FARCES.	
Italienne blanche.	125	Mitonnage.	154

Farce de quenelles de volaille.	N.º 155
Quenelles de poisson.	156
Quenelles de pommes de terre.	157
Farce cuite.	158
Farce fine.	159
Farce au gratin.	160
Farce à la Nîmoise.	161
Farce aux œufs.	162
Farce à la ménagère.	163
Ragoût mêlé.	164
Salpicon.	165
Gascogne.	166

CUISSONS.

Braise pour cuire les entrées.	167
Bouquet pour entrées.	168
Liaison.	169
Cuisson de toute sorte de volailles, en entrée de broche, à la broche, poêlées ou sur le gril.	170
Cuisson en entrée de broche.	171
Cuisson en entrée de broche au four.	172
Cuisson en entrée de broche sur le gril.	173
Poêle.	174
Entrée poêlée.	175
Cuisson pour entrées piquées.	176
Glace pour glacer.	177
Cuisson à la minute de tous filets.	N.º 178
Cuisson de crêtes de volailles et des rognons de coq.	179

MARINADES DIVERSES.

Marinade pour les côtelettes.	180
Marinade au vinaigre.	181
Marinade à l'huile.	182
Marinade aux fines herbes.	183
Marinade chaude pour cuire les poissons.	184

BŒUF.

Pièce de bœuf au naturel. *d*	185
Bouilli aux pommes de terre. *d*	186
Bouilli en sauce. *d*	187
Bouilli en chou-croute. *d*	188
Pièce de bœuf garnie. *d*	189
Côte de bœuf à la ménagère. *c*	190
Côte de bœuf braisée. *c*	191
Côte de bœuf en gelée. *f*	192
Sous-filet de bœuf en braise. *c*	193
Sous-filet en gelée. *f*	194
Sous-filet de bœuf à la broche. *c*	195
Bifteks. *b*	196
Bifteks aux pommes de terre. *b*	197

Bifteks au beurre d'anchois. b	N.°	198	Tête de veau sauce piquante. d c N.°	218
Sous-filet de bœuf sauté. c		199	Tête de veau farcie. d c	219
Bœuf à la mode. c		200	Garniture de la tête de veau.	220
Rosbif. d		200 (bis)	Cervelles de veau en friture b et pâte à frire.	221
Gras double. c		201	Cervelles au beurre noir. c	222
Palais de bœuf. c		202		
Palais au gratin. c		203		
Palais de bœuf à l'allemande. c		204	Cervelles de veau en crépine. c	223
Palais de bœuf à la béchamelle. c		205	Cervelles de veau à l'oseille. c	224
Palais de bœuf en attelée. c		206	Cervelles à la bourgeoise. c	225
Noix de bœuf glacée. d		207	Cervelles de veau en coquilles d'huître. b	226
Noix de bœuf en surprise. d		208	Cervelles en coquilles à la bourgeoise. b	227
Langue de bœuf en sauce piquante. c		209	Coquilles de cervelles au naturel. b	228
Langue de bœuf à l'écarlate. f		210	Brochette de cervelles. b	229
Langue de bœuf en miroton. c		211	Brochette de cervelles bourgeoise. b	230
Langue de bœuf à la broche. c		212	Langue de veau. c	231
Bœuf à l'écarlate. f		213	Oreilles de veau au naturel. b	232
VEAU.				
Tête de veau au naturel. d		214	Oreilles de veau en sauce. c	233
Observation.		215	Oreilles de veau au gratin. b	234
Tête de veau à la béchamelle. d c		216	Oreilles de veau en friture. b	235
Tête de veau à l'allemande. d c		217	Carré de veau piqué à la broche. c	236

Fricandeau à l'eau. c N.° 237	Pieds de veau à l'Hollandaise. c N.° 257
Noix de veau, fricandeau ordinaire. c 238	Fraise de veau. b 258
Noix de veau en papillote. c 239	Poitrine de veau farcie à la bourgeoise. c 259
Noix de veau à la Bourbon. c 240	Pain de foie de veau. c 260
Noix de veau glacée à la Conti. f 241	Foie de veau à la bourgeoise. c 261
Fricandeau de veau. c 242	Rognons de veau au vin. b 262
Fricandeau à la ménagère. c 243	Tendons de veau au blanc. c 263
Fricandeau à la broche. c 244	Tendons de veau aux truffes. c 264
Côtelette de veau piquée en fricandeau c 245	Blanquette de tendons aux petits pois. c 265
Ris de veau piqués. c 246	Blanquette de tendons de veau avec toute sorte de garnitures. c 266
Côtelettes de veau en papillotes. b 247	
Longe de veau en entrée. d 248	Tendons de veau en hoche-pot. c 267
Longe de veau en surprise. d 249	Tendons de veau en haricots vierge. c 268
Rouelle de veau à la bourgeoise. c 250	Tendons de veau garnis. c 269
Rouelle de veau en guise de thon. c 251	Tendons de veau au riz. c 270
Grenadine de veau. c 252	Escalope de filets de veau. c 271
Pieds de veau au naturel. b 253	
Pieds de veau en friture. b 254	Amourettes de veau en friture. b 272
Pieds de veau en poulette. c 255	Sellette de mouton au naturel. d 273
Pieds de veau en poulette à la bourgeoise. c 256	Sellette de mouton en sauce. d 274

Sellette de mouton aux pommes de terre. *d*	N.° 275	Pieds de mouton au naturel. *b*	N.° 294
Sellette à l'anglaise. *d*	276	Pieds de mouton en poulette bourgeoise. *c*	295
Sellette de mouton à l'allemande. *d*	277	Queues de mouton à l'anglaise. *b*	296
Cervelles de mouton à l'allemande. *c*	278	Queues de mouton au riz à la ménagère. *c*	297
Cervelles de mouton à la d'Armagnac. *c*	279	Queues de mouton glacées. *c*	298
Camusar garni. *d*	280	Foie de mouton à la ménagère. *c*	299
Langue de mouton au gratin. *c*	281	Foie de mouton à la lessiveuse. *c*	300
Langue de mouton à la ménagère. *c*	282	Manière de couper les côtelettes.	301
Poitrine de mouton aux haricots bourgeois. *c*	283	Côtelettes de mouton au naturel. *b*	302
Poitrine de mouton farcie à la bourgeoise. *c*	284	Côtelettes de mouton panées. *b*	303
Gigot de mouton à l'ail. *c*	285	Côtelettes de mouton à la Mayence. *c*	304
Gigot de mouton aux haricots. *c*	286	Tête d'agneau farcie. *c*	304 (*bis*)
Gigot à l'eau. *c*	287	Ris d'agneau en poulette. *c*	305
Gigot de mouton à la Nîmoise. *c*	288	Ris d'agneau avec toute sorte de garnitures. *c*	306
Garniture du gigot à la Nîmoise.	289	Ris d'agneau piqués. *c*	307
Rosbif de mouton. *d*	290	Langue d'agneau à la ménagère. *c*	308
Carbonnade. *c*	291	Poitrine d'agneau à la ménagère. *c*	309
Rognons de mouton à la maître d'hôtel. *b*	292	Poitrine d'agneau en blanquette. *c*	310
Rognons de mouton au vin. *b*	293		

Poitrine d'agneau farcie. c . . . . N.° 311	COCHON.
Poitrine d'agneau grillée. b 312	Fromage de cochon. f . . . . N.° 331
Épaule d'agneau en canneton. c 313	Hure de sanglier. f . . 332
Ballotine d'agneau. c . 314	Andouillettes aux truffes. b 333
Carré d'agneau piqué. c 315	Andouillettes à la provençale. b 334
Carré piqué à la broche. c 316	Andouilles de boyaux de cochon. b . . . 335
Carré d'agneau piqué au persil. c 317	Andouilles pour conserver. b 336
Côtelettes au naturel. b 318	Langue farcie aux truffes. b f 337
Côtelettes aux croûtons. b 319	Foie de cochon au chasseur. b 338
Côtelettes au gratin. b 320	Foie de cochon à la ménagère. c 339
Côtelettes en crépine. b 321	
Côtelettes en lorgnette. c 322	Pain de foie de cochon. f 40
Côtelettes d'agneau en papillotes. b . . 323	Gayettes de cochon à la ménagère. c . . 341
Côtelettes d'agneau en fricandeau. c . . 324	Carré de cochon au Robert. c 342
Côtelettes d'agneau à la Soubise. c . . 325	Cervelles de cochon. b 343
Pascaline au naturel. b 326	Côtelettes de cochon aux truffes. c . . 344
Pascaline à la ménagère. c 327	Côtelettes de cochon à la ménagère. c . 345
Pascaline en poulette. c 328	Côtelettes de cochon aux oignons à la ménagère. c 346
Quartier d'agneau rôti. c 329	Sous-filet de cochon piqué. c 347
Derrière d'agneau pour grosse pièce de relevé de potage. d 330	Sous-filet de cochon au Robert. c . . . 348

Sous-filets de cochon en escalope. *c*	N.º 349
Escalope de sous-filet de cochon à la Robert. *c*	350
Épaule de cochon à la marinière. *f*	351
Jambon glacé. *f*	352
Jambon glacé aux truffes. *f*	353
Jambon à la gingara. *b*	354
Jambon aux oignons. *b*	355
Jambon à la Béarnaise. *b*	356
Noix de jambon aux petits pois. *c*	357
Jarrets de cochon glacés. *f*	358
Jarret aux truffes. *f*	359
Jarret de cochon en galantine. *f*	360
Petites saucisses. *b*	361
Saucisses aux truffes. *b*	362
Boudins. *b*	363
Manière de fondre la panne de cochon.	364
Manière de saler le lard.	365
Manière de saler le jambon.	366
Sanglier.	367
Pieds de cochon à la Ste-Menehould. *b*	368
Pieds de cochon, frais, aux truffes. *b*	368 (*bis*)
Cochon de lait marcassinés. *d e*	N.º 369
Cochon de lait rôti. *e*	370
Cochon de lait aux macaronis. *d*	371
Cochon de lait à la Périgueux. *d*	372
Cochon de lait en galantine. *f*	373
Boudins blancs. *b*	374
Jambon à la broche. *d*	375
CHEVREAU.	
Tête de chevreau au naturel. *b*	376
Gibelotte de chevreau. *c*	377
Ris de chevreau. *c*	378
Rôti de chevreau. *e*	379
Fressure de chevreau au sel. *b*	380
Fressure en poulette. *c*	381
Fressure à la ménagère. *c*	382
VOLAILLES.	
Jeune poularde en entrée de broche, cuite à la broche ou sur le gril.	383
Volaille aux truffes. *c*	384
Poularde aux céleris. *c*	385
Poularde aux culs d'artichauts. *c*	386
Jeune poularde en petit-deuil. *c*	387
Poularde à l'estragon. *c*	388

Poularde à l'italienne. c	N°389	Sauté de filets de volaille à la suprême. c	N.°407
Poularde à la Dangis. c	390	Filets de volaille à la Conti. c	408
Poularde à la remoulade. c	391	Sauté de filets de volaille à l'italienne. c	409
Poularde à la pâte en ouille. c	392	Sauté de filets de volaille à l'Espagnole. c	410
Poularde aux tomates. c	393	Sauté de filets à la cardinale. c	411
Poularde à la ravigote. c	394	Observation.	412
Poularde à la cardinale. c	395	Émincée de filets de volaille à la chicorée. c	413
Poularde à l'ivoire. c	396		
Manière de désosser la volaille.	397	Émincée de volaille à la béchamelle. c	414
Poularde à la Napolitaine. c	397(bis)	Émincée de filets de volaille à l'Allemande. c	415
Poularde au riz. c	398	Observation.	416
Poularde en galantine. f	399	Escalope de volaille. c	417
Jeune poularde à la Languedocienne. c	400	Vieille poule de ménage. c	418
Poularde en fricancandeau. c	401	Vieille poule aux champignons secs et à la ménagère. c	419
Poularde à la chipolata. c	402	Vieille poule aux racines. c	420
Poularde en capilotade. c	403	Observation.	421
Filets de poularde, piqués. c	404	Vieille poule en braise. c	422
Sauté de filets de jeunes poulardes. c	405	Garniture d'huîtres. c	423
		Garniture de truffes. c	424
Sauté de filets de volaille à la purée de bécasse. c	406	Garniture de petits pois. c	425

Garniture de céleris. c	N.° 426
Garniture de culs d'artichauts. c	427
Garniture de champignons frais. c	428
Garnitures de morilles. c	429
Garniture de racines. c	430
Garniture de navets. c	431
Garniture de champignons secs. c	432
Garniture d'olives. c	433
Garniture de cardes. c	434
Vieille poule en étuvée, à la ménagère. c	435
Garniture d'aubergines. c	436
Garniture de petits oignons pour certaines entrées de ménage.	437
Chapon.	438
Poulet. c	439
Poulet en tortue. c	440
Poulets en entrée de broche. c	441
Fricassée de poulets au naturel. c	442
Fricassée de poulets à la Hollandaise. c	443
Fricassée de poulets à la dauphine. c	444
Fricassée de poulets au riz. c	445
Filets de poulets en chérubins. c	N.° 446
Poulets piqués en fricandeaux. c	447
Poulets en entrée de broche. c	448
Filets de poulets sautés. c	449
Filets de poulets piqués. c	450
Cuisses de poulets en caneton. c	451
Cuisses de poulets en musette. c	452
Cuisses de poulets en ballottine. c	453
Salade de volaille. f	454
Filets de volaille à la mayonnaise. c	455
Dinde en galantine. f	456
Dinde glacée. f	457
Dinde truffée. d c	458
Dinde en entrée de broche, aux truffes. d c	459
Dinde en côtes de melon. d c	460
Dinde en fer à cheval. d c	461
Dinde en fricandeau. d c	462
Gros dinde pour une partie de campagne. f	463
Vieux dindon dépecé, à la ménagère. c	464

Filets de dinde, piqués. *c*	N.º 465	Ailerons de dinde aux haricots vierges. *c*	N.º 486
Sauce à la chicorée. *c*	466	Ailerons de dinde en hoche-pot. *c*	487
Sauce à l'oseille. *c*	466(*bis*)	Cuisses de dinde à la sauce Robert. *c*	488
id. sauce aux petits pois. *c*	467	GIBIERS.	
id. sauce aux racines. *c*	468	Perdrix aux choux. *c*	489
		Perdrix à l'étouffé. *c*	490
id. sauce émincée de concombre. *c*	469	Perdrix aux racines. *c*	491
id. sauce à la remoulade. *c*	470	Perdrix à la purée de lentilles. *c*	492
id. sauce aux tomates. *c*	471	Perdrix aux lentilles à la ménagère. *c*	493
id. sauce au restaurant. *c*	472	Perdrix aux petits pois à la ménagère. *c*	494
Cuisse de dinde en caneton. *c*	473	Jeunes perdreaux rôtis. *e*	495
Cuisse de dinde en musette. *c*	474	Perdreaux en entrée de broche. *c*	496
Cuisse de dinde en ballottine. *c*	475	Perdreaux en galantine. *f*	497
Aileron de dinde. *c*	476	Filets de perdreaux sautés. *c*	498
id. à la chicorée. *c*	477		
id. aux truffes. *c*	478	Escalope de perdreaux. *c*	499
id. aux petits pois. *c*	479		
id. aux racines. *c*	480	Émincées de filets de perdreaux. *c*	500
id. à la sauce émincée aux concombres. *c*	481	Côtelettes de filets de perdreaux. *b*	501
id. sauce à l'oseille. *c*	482		
id. sauce à la Dangis. *c*	483	Perdreaux à la Périgueux. *c*	502
		Perdreaux en salmi. *c*	503
id. sauce à la remoulade. *c*	484	Hachis de perdreaux rôtis. *c*	504
id. sauce aux tomates. *c*	485	Purée de perdreaux. *c*	505

Perdreaux en poire. c	N.º 506	Pain de foies gras de canard. c	N.º 530
Faisan rôti. e	507	Terrine de foies de canard. f	531
Canepetière. e	508	Jeune oie sauvage.	532
Pintade. e	508	Oie rôtie. e	533
Jeune paon. e	510	Oie à la peau de goret. d c	534
Jeune paon en entrée de broche. c	511	Pain de foies d'oie. c	535
Paon en galantine. f	512	Foie d'oie aux truffes. c	536
Paon aux truffes. c	513	Oie en entrée de broche aux truffes. c	537
Paon en daube. c	514		
Outarde rôtie. e	515	Oie glacée. f	538
Outarde en galantine. f	516	Oie aux olives. c	539
Vieille outarde. c d.	517	Sarcelle.	540
Outarde en daube. c	518	Macreuse.	541
Canards.	519	Salmi de macreuses. c	542
Canards à la broche. e	520	Court-Bouillon de macreuses à la ménagère. c	543
Canards en entrée de broche. c	521		
Canards braisés. c	522	Cailles rôties. e	544
Canard en hochepot. c	522 (bis)	Cailles poêlées. c	545
Canard aux haricots vierges. c	523	Cailles à l'italienne. a	546
		Cailles à la ravigote. c	547
Canard en poire. c	524	Cailles en robe de de chambre. c	548
Canard à la ménagère. c	524 (bis)	Cailles à la crapaudine. b	549
Canard farci. c	525		
Canard farci à la ménagère. b	526	Cailles à la crapaudine ménagère. b	550
Canard aux navets à la ménagère. c	527	id. à la Gascogne. c	551
		id. au gratin. c	552
Canard farci en melon. c	528	Grives rôties. e	553
		id. au gratin. c	554
Foie de canard aux truffes. c	529	Grives en caisse. c	555
		Tourdes rôtis. e	556

Tourdes au salmi à la ménagère. c	N.° 556(bis)
Salmi de tourdes ordinaires. c	557
Alouettes.	558
Pluvier rôti. e	559
Salmi de pluviers. c	560
Salmi de pluviers garnis. c	560(bis)
Salmi de pluviers à la ménagère. c	561
Vanneau.	562
Bécasse rôtie. e	563
Salmi de bécasses. c	564
Salmi de bécasses ordinaires. c	564(bis)
Bécassines rôties. e	565
Salmi de bécassines. c	566
Bécassines à la ménagère. c	567
Bécassines au gratin. c	567(bis)
Bécasseau. e	568
Ortolans. e	569
Ortolans à la ménagère. c	569(bis)
Levreau rôti. e	570
Filets de levreau piqués. c	571
Sauté de filets de lièvre. c	571(bis)
Sauté de filets de levreau au sang. c	572
Gâteau de lièvre. f	573
Civet de lièvre à la ménagère. c	574
Court-bouillon de lièvre à la ménagère. c	N.°575
Cuisses de lièvre en entrée. c	576
Lapereau en civet. c	577
Lapereau à la bourgeoise ou court-bouillon. c	578
Lapereau en poulette c	579
Gibelotte de lapereau. c	580
Lapereau roulé. e	581
Filets de lapereau, piqués. c	582
Coquille de filets de lapin. c	583
Turban de filets de lapin. c	584
Jeunes lapereaux piqués en fricandeau. c	585
Cuisses de lapin aux petits pois. c	585(bis)

PIGEONS.

Pigeon en entrée de broche. c	586
Pigeon à la crapaudine. c	587
Pigeon à la Toulousaine. c	588
Compote de pigeon. c	589
Pigeons au sang. c	589(bis)
Pigeons au soleil. b	590
Gibier faisant la rôtie. e	591

Pièces ne faisant pas la rôtie et qui doivent être

enveloppées d'un papier graissé ou beurré à la cuisson.

Pièces ne faisant pas la rôtie et qui se cuisent à la broche sans papier.

PATISSERIE.

Pâte en ouille.	592
Pâte brisée.	593
Manière de monter un pâté.	594
Pâte Durand, pour mouler toutes sortes de pâtés froids *f* ou chauds. *c*	595
Point du four.	596
Pâté de jambon à la pâte brisée. *f*	597
Pâté de jambon à la Durand. *f*	597(*bis*)
Pâté de perdreaux. *f*	598
Pâté froid de dinde ou chapon. *f*	598(*bis*)
Pâté froid, de veau. *f*	599
Pâté froid de foie de canard. *f*	599(*bis*)
Pâté de lièvre, haché, à la Durand. *f*	600
Pâté chaud de bécassines. *c d*	601
Pâté chaud de palais de bœuf. *c d*	602
Feuilletage.	603
Feuilletage à la graisse de bœuf.	603(*bis*)
Demi-feuilletage.	604
Croustade de pigeons. *c d*	N.º 605
Croustade de filets de sole. *c d*	605(*bis*)
Croustade à la financière. *c d*	606
Vol-au-vent. *c d*	607
Vol-au-vent aux quenelles. *c d*	607(*bis*)
Vol-au-vent aux filets de volaille. *c d*	607(*ter*)
Vol-au-vent à la financière. *c d*	608
Timbale de garniture. *c d*	609
Timbale au macaronis. *c d*	610
Timbale de bécassines. *c d*	611
Rissoles pour hors-d'œuvres. *b*	612
Petits pâtés au jus. *b*	613
Petits pâtés au salpicon. *b*	613(*bis*)
Petits pâtés à la béchamelle. *b*	614
Petits pâtés feuilletés. *b*	615

DOUCEURS.

Pâte royale.	616
Choux au caramel. *g*	617
Choux pralinés. *g*	618
Choux à la Mecque. *g*	619
Beignets soufflés. *g*	620
Beignets sans pareils. *g*	621

Buisson de beignets sans pareils. g N.º 622	Beignets de fécule. g N.º 643
Sultane de petits choux. g 622(bis)	Beignets de pêches. g 644
	Beignets de poires. g 645
	Gauffres à la reine. g 646
Pâte à la Magdelaine. 623	Petites caisses de gauffres à la Chantilly. g 647
Gâteau à la broche. g 624	Gauffres ordinaires. g 647(bis)
Pâte d'amandes. 625	Jeannettes. g 648
Caisses de pâte d'amandes. g 626	Charlotte aussitôt fait. g 649
	Charlotte à l'italienne. g 650
Méringues ou pâte d'amandes. g 627	Charlotte ordinaire. g 651
	Charlotte russe. g 652
Méringues d'office. g 628	Gâteau de riz. g 653
Grosses méringues à la Chantilly. g 629	Riz soufflé. g 654
	Gâteau de vermicelle. g 655
Caisses royales. g 630	Omelette à la célestine. g 656
Glace royale. 631	Omelette soufflée aussitôt fait. g 657
Croquant au Nogat. g 632	
Pâte à brioches. g 633	Mirlitons. g 658
Pâte de gâteaux aux amandes. g 634	Flanc. g 659
	Pommes à la dauphine. g 660
Genoise. g 635	
Fondue au fromage. g 636	Pommes en mirotons. g 660(bis)
Condés. g 637	
Manière de beurrer le moule d'un gâteau de Savoie. 638	Pommes au riz. g 661
	Pêches au gratin. g 662
	Gâteau de pommes de terre. g 663
Pâte à biscuit de Savoie. g. 639	Soufflé de pommes de terre. g 663(bis)
Pastillages. 640	Soufflé à la fécule de pommes de terre. g 664
Pâte d'amandes pour assiettes montées. g 640(bis)	
Pâte d'office. 641	Omelette à la Noaille. g 665
Beignets de pommes. g 642	
Beignets de pommes de terre. g 642(bis)	Pouding à la mie de pain. g 666

Pouding anglais. g N.º 667	Petits pots au consommé. g N.º 686
Sauce pour le pouding. 667(bis)	Petits pots au bouillon. g 687
Macédoine de fruits. g 668	Crême renversée. g 688
Vol-au-vent à la Macédoine. g 669	Crême renversée en rubans. g 689
Sicilienne. g 670	Crême renversée à la vanille. g 690
Gros biscuit à la Macédoine. g 670(bis)	Crême renversée au chocolat. g 690(bis)
Gâteau de savoie en surprise. g 671	Crême renversée au café. g 691
Manière de clarifier le sucre pour le mettre dans la gelée. 672	Crême renversée à la rose. g 692
Manière de clarifier la colle de poisson. 673	Crême renversée à la violette. g 693
CRÊMES.	Crême dans le plat au bain-marie. g 694
Crême pâtissière. 674	Crême anglaise. g 695
Crême fouettée à la Chantilly. g 675	Crême bourgeoise. g 696
Blanc-Manger à la corne de cerf. g 676	Crême en roche. g 697
Blanc-Manger à la colle de poisson. g 677	Crême au chocolat. g 698
Crême vierge. g 678	Crême au café. g 699
Petits pots au lait. g 679	Crême à la vanille. g 700
Petits pots au caramel. g 680	Crême au caramel. g 701
Petits pots à la vanille. g 681	Crême aux amandes. g 702
Petits pots au chocolat. g 682	Crême aux pistaches. g 703
	Crême à la neige. g 704
	Crême économique. g 705
Petits pots au café. g 682(bis)	Gelée d'orange. g 706
Petits pots à la rose. g 683	Gelée de citron. g 707
Petits pots à la violette. g 684	Gelée au rhum. g 708
Petits pots à l'eau. g 685	Gelée au vin de Champagne. g 709

Gelées fouettées. g	N.° 710
Moyen pour parfumer et colorer le sucre.	711

POISSONS.

Bouil-Abaïsse à la Marseillaise. c d	712
Court-Bouillon à la bourgeoise. c	713
Poisson au bleu. d e	714
Poisson au naturel. d e	715
Poisson au blanc. c d	716
Poisson à la financière. c d	717
id. à la Genevoise. c d	718
Merlan en friture. b	718(bis)
Filets de merlan aux cornichons et truffes. c	719
Filets de sole en friture. b	720
Sauté de filets de sole. c	721
Filets de sole en chérubin. c	722
Filets de sole en belle-vue. c	723
Sole farcie aux huîtres. c	724
Sole grillée. b	725
Sole frite. e	726
Poupeton de filets de sole. c	727
Observation.	728
Sole au gratin. c	729
Grenade de filets de sole. c	730
Pain de poisson à la mosaïque. c	N.° 731
Pain à la d'Orléans. c	732
Turbot au naturel. d e	733
Turbot en sauce blanche. c d	734
Raie au beurre noir. c	735
Anguilles en poulette. c	736
Anguilles à la financière. c	737
Court-bouillon d'anguilles bourgeois. c	738
Anguilles à la tartare. c	739
Anguilles d'eau douce.	740
Turban d'anguille c	741
Anguilles roulées. c	742
Carpe au bleu. d e	743
id. au court-bouillon. c	744
Carpe à la Chambord. d	745
Thon au gras. c	746
Thon au bleu. f	747
Loup au naturel. d	748
Loup en sauce blanche. d c	749
Loup à la Chambord. d	750
Baudroie bourgeois. c	751
Maquereau à la maître-d'hôtel. c	752
Maquereau aux poreaux. c	753
Filets de maquereau marinés. b	754

Esturgeon à la sauce piquante. *d c*	N.° 755
Truite au bleu. *e*	756
Morue à la branlade en pierres à fusil. *c d*	756(*bis*)
Morue à la branlade. *c d*	757
Morue à la lessiveuse. *c*	758
Huîtres en poulette *h*	759
Huîtres au gratin. *h*	760
Huîtres en friture. *b*	761
Coquilles d'huîtres liées. *b h*	762
Coquilles d'huîtres. *b h*	763
Rougets grillés. *b*	764
Rougets en étoile. *c*	764(*bis*)
Langouste. *h*	765
Écrevisses. *h*	766
Écrevisses à l'Anglaise. *h*	767
Lamproie. *c*	768
Lamproie à l'oseille. *c*	769
Sauté de filets de toute sorte de poissons. *c*	770
Vive. *c*	771
Sardines fraîches. *b*	772
Arcélis en poulette. *h*	773
Arcélis au gratin. *h*	773(*bis*)
Arcélis à la ménagère. *h*	774
Manière de cuire les escargots.	775
Escargots à la Provençale. *b*	776
Escargots en friture à la ménagère. *b*	777
Escargots à la ménagère. *c*	N.° 778
Escargots en poulette. *c*	778(*bis*)
Gratin d'escargots. *h*	778(*ter*)
Coquilles d'huîtres aux escargots. *h*	779
Autres coquilles d'escargots. *h*	779(*bis*)
Attelées d'escargots. *b*	780

ŒUFS.

Œufs pochés. *h*	781
Œufs frits. *h*	781(*bis*)
Œufs à la béchamelle. *h*	782
Œufs en tripe. *h*	783
Œufs à l'huguenote. *h*	784
Œufs en petite caisse. *h*	785
Œufs brouillés. *h*	786
Omelette aux fines herbes. *e*	787
Omelette aux truffes. *e*	788
Omelette au jambon. *e*	789
Omelette à la Savoyarde. *e*	790
Omelette aux oignons. *e*	791
Omelette à l'Espagnole. *e*	792
Omelette à la paysanne. *e*	793

JARDINAGE.

Épinards au naturel. *h*	794

Épinards aux croûtons. *h*	N.º 795	Céleris à l'espagnole. *h*	N.º 817
id. au sucre. *h*	796	*id.* en poulette. *h*	818
id. aux croûtons. *h*	797	*id.* à la béchamelle. *h*	819
Carottes. *h*	798	*id.* bourgeois, en poulette. *h*	820
Carottes bourgeoises. *h*	799	*id.* en friture. *h*	821
id. aux oignons à la bourgeoise. *h*	800	*id.* au gratin. *h*	822
Pommes de terre en friture. *h*	801	Feuilles de céleris à la ménagère. *h*	823
id. en salade avec des truffes. *h*	802	Pourpier à la ménagère. *h*	824
id. sautés à la Lyonnaise. *h*	803	Pourpier au fromage, au gratin. *h*	825
Court-Bouillon de pommes de terre. *h*	804	Pois en herbes au naturel. *h*	826
Pommes de terre à la sauce blanche bourgeoise. *h*	805	Pois en herbes au jambon. *h*	827
		Petits pois en grains. *h*	828
		id. au jambon. *h*	829
		id. à l'Anglaise. *h*	830
		id. au sucre. *h*	831
Carde à la moelle de bœuf. *h*	806	Petits pois à la crème. *h*	831(*bis*)
Blanc des cardes. *h*	807	Laitues farcies. *h*	832
Cardes en poulette. *h*	808	Choux farcis. *c*	833
Cardes économiques bourgeoises. *h*	809	Concombres farcis. *h*	834
Artichauts au naturel. *h*	810	*id.* au blanc. *h*	835
id. sur le gril, à la berigoule. *h*	811	Champignons oronges à la berigoule. *h*	836
id. cuits à la casserole. *h*	812	Champignons en poulette. *h*	837
id. à la Provençale. *h*	813	Croûte aux champignons. *h*	838
Friture d'artichauts. *h*	814		
Culs d'artichauts à l'Italienne. *h*	815	Champignons à la ménagère. *h*	839
Céleris. *h*	816	Mousserons. *h*	840

Morilles. *h*	N.º 841	Oignons farcis. *h*	N.º 866
Haricots verts en sauce blanche. *h*	842	Pommes d'amour au gratin. *h*	867
Haricots secs au blanc. *h*	843	Manière de confire les champignons.	868
Asperges en salade. *j*	844		
Aubergines. *h*	845	Manière de conserver les haricots vert.	869
Aubergines en friture. *h*	846		
id. en beignets. *h*	847	Sauce au chevreuil.	870
Œufs à l'oseille. *c h*	848	Financière.	871
Ragoût de fèves en grains. *h*	849	Pigeons en poire. *c*	872
		Caille en caisse. *c*	873
Fèves à la Macédoine. *h*	850	Marinade chaude.	874
Macédoine de légumes. *h*	851	Caisse fontaine. *c*	875
Raves au sucre. *h*	852	Casserole de riz. *c*	876
Oignons glacés. *h*	853	Croustade de pain. *c*	877
Truffes en court-bouillon. *h*	854	Gâteau de mille feuilles. *g*	878
Truffes en roche. *h*	855	Gâteau d'amandes suisses. *g*	879
Truffes en salade. *j*	856		
Ragoût de truffes. *h*	857	Gâteau suisse des ménagères. *g*	880
Truffes à la purée de volaille. *h*	858		
		Poupelin. *g*	881
Salsifis au blanc. *h*	859	Ramequin. *g*	882
id. en friture. *h*	860	Fromage à la Chantilly. *g*	883
id. à la bourgeoise. *h*	861		
		Gâteau fourré. *g*	884
Choux-fleurs en salade. *j*	862	Poitrine de mouton farcie à la ménagère. *c*	885
id. en sauce blanche. *h*	863		
id. au gratin. *h*	864		
Macaronis au gratin. *h*	865	Sel épice.	Pag. 447

MISE DE TABLE.

Dîné à huit couverts et à deux services.

    1.er 2.me

b	*i*	*b*	*h*	*j*	*h*	On remplace la soupe par un bouilli ou un relevé de potage *d*, ou bien par une grosse entrée. *c*
c	*a*	*c*	*g*	*e*	*g*	
b	*i*	*b*	*h*	*j*	*h*	

Dîné à douze couverts et à deux services.

    1.er 2.me

	b			*e*	
c		*c*	*h*		*h*
	i			*j*	
b	*a*	*b*	*g*	*f*	*g*
	i			*j*	
c		*c*	*h*		*h*
	b			*e*	

Dîné de seize couverts et à un seul service.

	c		
b	*j*	*b*	Les potages se servent à part, où si l'on veut les mettre sur la table, on les place aux deux flancs ou aux deux extrémités ; on relève les quatre hors-d'œuvres par quatre entremets chauds *h*, et les deux entrées des bouts, par deux rôtis. *c*
g	*c*	*g*	
c	*f*	*c*	
g	*c*	*g*	
b	*j*	*b*	
	c		

Dîné de vingt couverts et à un seul service, potage servi à part.

i	*f*	*i*	
c	*j*	*c*	
g	*b*	*g*	
b	*g*	*b*	On relève l'entrée du milieu et les
c	*c*	*c*	deux hors-d'œuvres des deux contre-bouts par trois plats de rôti *c*, et les quatre autres
b	*g*	*b*	hors-d'œuvres, par quatre entremets chauds. *h*
g	*b*	*g*	
c	*j*	*c*	
i	*f*	*i*	

Dîné de vingt-cinq couverts et à un seul service.

g	*f*	*g*	
c	*j*	*c*	
b	*g*	*b*	
c	PLATEAU.	*c*	On relève les six hors-d'œuvres par
b		*b*	six entremets chauds *h*, et les quatre entrées des contre-coins, par quatre
c		*c*	rôtis. *c*
b	*g*	*b*	
c	*j*	*c*	
g	*f*	*g*	

Dîné de trente à trente-cinq couverts et à un seul service.

```
g    f    g
c    h    c
b    i    b
g    j    g
c   ┌───┐ c
b   │ P │ b
f   │ L │ f
b   │ A │ b
c   │ T │ c
g   │ E │ g
b   │ A │ b
c   │ U │ c
g    j    g
b    i    b
c    h    c
g    f    g
```

On relève les huits hors-d'œuvres par huit entremets chauds h, et les quatre entrées des contre-coins, par quatre rôtis. e

Dans les grandes maisons, et lorsque le dîné dépasse douze couverts, le potage ne se met point sur la table. Placé à côté, il est servi par les domestiques.

La mise de table à un seul service est celle que j'ai adoptée pour les grands dînés; le coup d'œil est plus beau, et rien ne souffre, parce que les mets stationnaires ne sont que des mets froids. Les hors-d'œuvres, remplacés par des entremets chauds, et les entrées, par des rôtis, substituent, en fait, une espèce de second service au premier, sans rien changer à la beauté de la table.

DICTIONNAIRE.

A.

Allonger, c'est ajouter un liquide quelconque à l'objet qu'on prépare.

Abatis, on désigne par ces mots les aîlerons, le cou, les pattes et le gésier de la volaille.

Amalgamer, mêler différens élémens pour en faire un tout.

Aulx, ail.

Abaisse, plaque de pâte réduite, au moyen du rouleau, à une très-légère épaisseur.

Abaisser, rendre mince.

B.

Barder, c'est appliquer une plaque ou barde de lard contre un objet quelconque.

Barde, plaque de lard.

Blanchir, faire subir une cuisson préparatoire dans la proportion indiquée aux recettes; on blanchit à l'eau, au fourneau, quand on veut préparer un rôti, etc.

Bain-Marie, cuisson dans la casserole entourée d'eau chaude que l'on tient presque bouillante, sans qu'elle bouille jamais.

C.

Capacité, c'est la contenance.

Circonférence, c'est tout le tour d'un rond.

Centre, c'est le point du milieu d'un rond.
Congelé, pris.

D.

Détremper, c'est ajouter du liquide.
Dégraissis, c'est la graisse que l'on enlève du pot ou de la casserole.
Dés (couper à), c'est former de petits morceaux carrés dans tous les sens.
Dépecer, découper.
Dégorger (faire), c'est mettre dans l'eau fraîche.
Dresser, mettre sur le plat de la manière la plus convenable.
Diagonale, ligne en biais.
Dorer, passer sur la pâtisserie un plumet trempé dans un œuf battu.
Diamètre, largeur entière d'un rond.
Débris d'office, morceaux de macarons, de cédras, conserves soufflées, etc., que vendent les confiseurs.
Dôme, couverture en demi-boule.

E.

Émincer, se dit, pour couper bien mince.
Ébullition, c'est le bouillonnement du liquide exposé au feu.
Échauder, jeter de l'eau bouillante sur l'objet.
Édulcorer, assaisonner avec du sucre.
Exprimer, presser.
Émonder, nettoyer, ôter la peau des amandes.

F.

Flamber, c'est présenter à la flamme.
Filets, couper à filets, c'est réduire en morceaux longs et minces.
Foncer, poser au fond.

G.

Gratiner, c'est laisser l'objet se recouvrir d'une espèce de croûte par l'action du feu.
Glace, réduit du mouillement dont on se sert pour faire du jus.
Glace, pour glacer les entrées.
Glace, pour toute sorte de pâtisseries.

H.

Humecter, mouiller légèrement.

I.

Intercaller, mettre entre.
Intense, épais.

L.

Losange, carré allongé en forme de lance.

M.

Mortifié, on fait mortifier la viande, en la conservant quelque temps, pour qu'elle devienne tendre.
Mouiller, c'est ajouter un liquide à quelque chose.

Mijoter, on fait mijoter en mettant l'objet bien couvert sur un feu doux.

Mitiger, c'est mélanger.

Manipuler, manier.

N.

Noix, partie charnue au-dedans de la cuisse.

Noix (*sous-*), partie au-dessous de la première.

O.

Oindre, huiler, graisser, mouiller, recouvrir.

P.

Partir, soumettre au feu un peu vif.

Passer, se dit dans plusieurs sens ; on passe au tamis, on passe sur le feu en y présentant l'objet même ; on passe à la casserole, en mettant l'objet dans cette usine et la présentant au feu du fourneau ; on dit également, dans ce cas, passer au feu.

Parures, débris de toute sorte de viandes.

Pocher, jeter à l'eau bouillante, ou tout autre liquide, pendant quelques minutes.

Pourri, on entend par pourri de cuisson, extrêmement cuit.

Partie aqueuse, c'est l'eau.

Piquer, larder.

Paillasse, partie plate et sans trous, élevée à côté du fourneau, sur laquelle on pose des trépieds destinés à achever la cuisson.

R.

Réduire, c'est diminuer de quantité.

Rapprocher, la sauce se rapproche quand elle s'épaissit.

Rayon, la moitié de la largeur d'un rond.

Rayon se dit aussi de plusieurs lignes qui, du milieu d'un rond, se dirigent vers le bord.

S.

Suer, la viande sue quand elle commence à sentir la chaleur ; on la mouille après.

Sautoir, casserole très-peu haute de bords.

Sauter, cuire rapidement au sautoir.

Superposer, posser dessus.

Sommet, le haut.

Simuler, imiter.

Substituer, remplacer.

Saupoudrer, faire tomber sur l'objet une matière quelconque pulvérisée.

T.

Trousser, c'est reployer forcément les membres d'une volaille.

Transposer, c'est changer de place.

Tremper, se dit du potage ; on trempe la soupe en versant le liquide par-dessus.

Tomates, pommes d'amour.

Tourner, se dit d'un objet que l'on façonne avec le couteau.

V.

Volume, c'est la grosseur, la quantité.

Verre, c'est le quart d'un litre.

Vaner la sauce, la soulever quelquefois avec la cuiller ; cette opération a lieu incontinent après l'avoir passée au tamis.

Vert de cuisson, pas trop cuit, encore ferme.

Z.

Zeste, c'est la partie colorée de la peau du citron ou de l'orange ; on l'enlève assez facilement avec un bon couteau.

AVIS.

Les personnes qui ne voudraient pas se donner la peine de confectionner le sel épice, en trouveront chez l'AUTEUR, rue *Notre-Dame*, A NIMES.

www.ingramcontent.com/pod-product-compliance
Lightning Source LLC
Chambersburg PA
CBHW051344220526
45469CB00001B/107